由广东省教育厅人文社会科学重大研究项目
《“9+2”背景下报业市场组织的格局：历史、现状和选择》(04JDXM8600 1)资助

制度变迁视野里的报业市场格局

葛 岩 吴予敏等 著

上海交通大学出版社

内 容 提 要

本书为2009年结项的广东省高校人文社会科学基地重大研究项目《9+2背景下报业市场组织的格局》(04JDXM86001)结项成果，系深圳大学传媒与文化发展研究中心(广东省高校人文社会科学重点基地)代表性研究成果。所收论文以紧密联系的章节编排，从① 区域性报业市场格局，② 报业跨地区经营，③ 域外报业集团化的启示，④ 传播控制制度等角度，分析我国泛珠江三角洲地区(广东、福建、广西、云南、湖南、江西、海南、四川)报业市场在1990年代到本世纪前十年的变化。通过宏观叙述、量化研究、实地调研、案例研究等不同方法，集中分析了我国报业及其区域性竞争的态势，集中探讨报业在发挥"喉舌"功能、适应市场竞争和媒体生态竞争之间的博弈与策略。本书是我国新闻传播研究方面较早从区域性媒体竞争格局关系角度论述媒体生态和经营发展战略的专著，对于认识我国特色的媒体发展(尤其是纸质媒体)具有较重要的参考价值。

图书在版编目(CIP)数据

制度变迁视野里的报业市场格局/葛岩等著. —上海：上海交通大学出版社，2012
(明天文库. 新闻系列)
ISBN 978-7-313-08360-9

Ⅰ. ①制… Ⅱ. ①葛… Ⅲ. ①报业-市场格局-研究-广东省 Ⅳ. ①G219.246.5

中国版本图书馆CIP数据核字(2012)第073777号

制度变迁视野里的报业市场格局
葛 岩 吴予敏等 著
上海交通大学出版社出版发行
(上海市番禺路951号 邮政编码200030)
电话：64071208 出版人：韩建民
南京展望文化发展有限公司排版
上海交大印务有限公司印刷 全国新华书店经销
开本：787 mm×960 mm 1/16 印张：17 字数：289千字
2012年5月第1版 2012年5月第1次印刷
ISBN 978-7-313-08360-9/G 定价：38.00元

序　言

吴予敏

近年来，国内新闻传播学术界出现了一些反映主体观念和学理意识提升的呼声，例如，回到中国本土根基、超越功能主义观念、坚持专业主义取向、加强问题意识和经验研究等等。这体现了一种难得的知识探索的自觉。新闻并非无学。但也不容否认，长期以来，新闻传播学术界难以在社会科学大家庭中取得令人尊敬的地位，在某种程度上，是和它在知识发明上的跟随性、研究取向上的实用性有关联的。传播学引进中国已经三十多年，对于我国新闻传播学的理论观念的丰富和研究方法的更新起到了积极的作用。但是，从另一个角度来说，也使中国的新闻传播学变成西方理论的堆积场。改革开放以来，我国新闻传媒在发展速度与规模、传播内容与形式、执政党或政府规制、体制改革路径、经营管理模式等方面，都发生了巨大的变化。一些重大的演变轨迹与社会的发展稳定、结构转型及体制变革深刻关联着。这些变化的节奏时快时慢，时松时紧，或进或退，按照"摸着石头过河"的中国式实践智慧，走出了特殊的传媒变革的"章法"。面对着这些深刻的变化，理论学术界还难以作出令人信服的、有前瞻性的判断。显然，西方传播学的某些模式，并不足以对中国特色现象给予透彻的解释。仅仅从某些抽象的概念或者刻板印象出发，不可能说明中国传媒生态的问题和变化。而从直接经验的观察体认出发，结合历史性的分析，才可能描述中国新闻传媒的轨迹，进而理解中国现阶段的传媒环境及发展趋势。现在呈献给读者的这本书，可以说是经验研究的一个尝试。

这本书缘起于广东省高等学校重点研究基地——深圳大学传媒与文化发展研究中心——的一个重点项目。这个项目的研究工作是在葛岩博士的带领下进行的。六年前刚刚设计这一项目的时候，由广东省发起，提出过"9+2"的地方协同发展的格局构想。所谓"9+2"的概念，指的是9个内地省份——广东、广西、海南、福建、云南、江西、四川、湖南、贵州，和2个特别行政区——香港、澳门。这个构想，是当时地方行政当局的横向合作战略。在这个战略版图中，有经济社会先发达地区，有国际化先进地区，也有相对欠发达地区。这些地区之间通过横向的资源互补的经济发展布局，或可形成新的经济竞合模式，来避免地区发展之间的不平衡、重复性建设或恶性竞争。“9+2”的经济社会发展构想，与历史上已经形成的高度集权的计划性发展格局，有明显的区别，似乎预示着“联省发展”、“协同发展”的新局面。正是在这个大的发展框架的背景下，项目的设计者才提出了名为《“9+2”背景下报业市场组织的格局：历史、现状和选择》这样一个课题，计划在“9+2”的地域框架内，以报业研究为重点，研究大众传媒的跨地区经营和发展战略问题。其课题设计的假设是，在即将形成的“9+2”的跨地域竞合战略框架中，作为社会发展的风向标和主导舆论阵地的报纸，将如何进行体制性变革来适应新的市场结构。表面上，这好像是一个媒体经营战略和策略研究问题，但可能会导致另一个更深的体制层面的思考：一旦跨地域经济社会发展竞合格局出现，势必意味着跨地域经营的报业的出现，而报业市场的跨地域结构，或可带来垂直性的行政管治架构的改变。这两个层面的问题既联系着历史和现状，也联系着未来；既联系着现实条件，也联系着新的观念和实践选择。当然，我们看到，在后来的官方文件和新闻报道中，“9+2”的概念并没有得到进一步的宣传和推广。除了广东省的某些宣传以外，其他省份和特区的宣传也相对淡漠。在权力高度集中的国家体制之下，跨地域竞合模式的战略构想是否现实并非没有疑问。从问题的提出到问题的展开，再到问题的解答之间，有着不小的距离。不过，我们且不论“9+2”战略构想的命运如何，至少在媒体技术迅速更新、媒体市场不断扩大、媒体竞争日益激烈的情况下，跨地域竞合终成中国媒体生态的现实。

在不断深入的研究过程中，研究者们发现，在几十年的计划经济体制和行政管辖体制下，我国媒体早已形成了行政权力和媒体资源同构的格局。不同的行政区划范围内，有不同层次的权力结构，相对应的就有不同级别的报业。不同级别的报业获得了不同等级的行政授权，同时也获得了不同地域和不同规模的媒体市场控制权。报业之间的竞争与合作，显然受到其行政管治归属和权限的限制，这和报业本身的内容创新、经营策略、经济实力、文化影响没有直接的关系。通常报业乃至媒体竞争的一般性规律在这个特殊的结构中并未出现。对于这个特殊结构的发现，是可以推及各类媒体的，因此是特有的中国媒体生态的基础性结构。研究者们对于这个结构的形成、特点、功能都作了历史的和现实的论证。而新的不容逆转的情况随着媒体技术的迅速发展、媒体市场的跨地域膨胀出现了。媒体技术应用和市场竞争的压力将报业推向变革的端口。那么,传媒的行政权力和市场资源的同构关系会不会因此双重压力而有所松动,甚至有所变革呢?这些变革是走向行政控制体制的固化和强化,还是走向去行政化或弱行政化的方向?这就是本书中多篇报告要研究和回答的问题。无疑,这是一个有中国特点的传媒研究的真问题。

对于这个问题的研究,可以采取多个学科视角进入,可以是产业经济学或制度经济学的,管理学和营销学的,文化地理学和文化产业研究的,新闻传播学或广告学的,或政治经济学的。笔者个人相信传播的政治经济学视角的研究可能更加切中关键,对于制度性结构的形成和变革的趋势,在宏观层面更有解释力。不过这仅仅是个人的见解,不足以干预每个学者的独立观察和解释。笔者以为,传播政治经济学的研究要有中国特色,就需要从中国传媒发展的历史出发,从传媒环境的实际出发。媒体经济问题在中国从来就不是一个纯粹经济学的问题,更不是纯粹的经营管理学问题。不过,传播政治经济学的分析有很大的难度。在一个以马克思主义为指导原则的国度里,真正运用马克思主义的观念、理论和方法进行批判性思考,有时候会遭遇不可思议的困难。这在新闻传播学领域常常如此。传播的政治经济学研究对外往往运用顺畅,对内则躲躲闪闪,难以贯彻。另一个令人感兴趣的现象是,中国在严格的体制性控制之内,还是存在着地方性观念和制度安排的差异。研究这些差异的表现形式和内在原因,可以显示出地方化发展和战略的多样性和机会性。在体制的刚性结构的缝隙中也可能透露出市场的绿地。葛岩博士在他的总报告中,概括了报业与社会的四类结构性关系:第一是地方报业市场与地方经济的关系,第二是地方报业市场与地方社会稳定的关系,第三是地方报业市场与全国经济的关系,第四是地方报业市场与全国社会稳定的关系。“四类关系之间张力的强度决定着报业制度变化或不变化,也因此决定着报业跨地区经营问题的走向。”这四类关系各自形成一对矛盾,而每对关系之间又形成错综复杂的矛盾。可见跨地域报业经营的研究可能由小见大,逐层深化。目前的这个研究是地方化传媒研究的一个很好的开头。我们期待今后有更多的实实在在的经验性研究成果问世。

2011 年 12 月 24 日

目　　录

制度变迁视野里的报业市场格局[①]

葛　岩、卢嘉杰、吴予敏[②]

引　言

本研究的初始问题是观察政府倡导的“9＋2”泛珠江三角洲地区的形成会对所涉省份报业市场的格局产生什么样的影响。通过早期的实证研究，我们发现，不同地区的经济联系，地理距离，很难单独成为推动整合市场形成的变量[③]。沙特阿拉伯和西方有着密切的石油贸易，其经济总量中的大部分来自这种贸易。然而，由于宗教和意识形态的差别，西方报业对于这个与西方貌似联系紧密的国家影响十分有限。美国与沙特的报业市场的联系像它们之间的地理距离一样遥远。很可能，台湾地区和美国的经济联系没有沙特那样密切，但美国的新闻在台湾却可能有更多的需求，更大的影响。

我们对湖南、福建、广西、云南、海南、四川和江西等“9＋2”相关地区报业市场的调研显示，从 1978 年开始，在“事业单位、企业经营”的报业管理制度下，各地区市场经历了类似的发展变化。目前，都形成了由以省、市党报为首的报业集团分割地方市场的格局。虽然竞争仍然存在，但基本格局难以变更[④]。如果把报业市场格局通俗地理解为在一个区域内有哪几家报纸存在，它们彼此的关系是怎样的，这种关系会怎样变化的话，在我们研究所涉的地区范围内，报业的市场格局相当类似。我们的研究还发现，有影响力或财力的报社，如同所有有实力的企业一样，的确有着扩张的冲动。但在本地区市场上，报业集团之间的竞争会导致市场占有率

---

① 本文简写版发表于《上海交通大学学报》(哲学社会科学版)，2008 年第 2 期。

② 葛岩，上海交通大学人文艺术研究院认知与决策研究中心主任，媒体与设计学院教授，深圳大学传媒与文化发展研究中心研究员；卢嘉杰，深圳信息职业技术学院商务管理学院教师；吴予敏，深圳大学传媒与文化发展研究中心主任，深圳大学传播学院教授。

③ 见本书，卢嘉杰，区域合作中省份特征对省际新闻流动之影响——以泛珠三角经济圈为案例。

④ 见本书，林晓光、刘劲松、李新立、杨星星和葛岩等人分别撰写的多省报业市场报告。

的消长，但无法改变格局的架构本身，因为报业集团是党报为首的，而党报是按照行政层级的设计存在，与市场无关。下来的选择是跨地区经营，试图在其他地方市场获得份额。在对于两家广东背景报纸的研究中我们发现，跨地区经营步履维艰，有操作层面的原因，更有制度上的原因[①]。

为什么我国报业只能做地区性经营？如此管理制度的合理性是什么，局限性又是什么？哪些因素在推动着，或制约着管理制度的变迁？制度的变迁又怎样影响或塑造着报业市场的格局？最终，制度和市场会向什么样的方向发展？

欲探讨上述问题，理解我国报业市场格局的历史和走向，我们不得不从报业管理制度——而非经济合作区——的角度来观察中国报业改革以来的变化。由于地方报业市场大体分割完毕，趋于稳定，很长时期内不大可能有大幅度改变，我们着重关注跨地区市场，或报纸跨地区经营的可能性。如下面要讨论的，从我国报业管理制度的基本特征去看，对报纸跨地区经营，报业的跨地区市场的理解有着十分重要的社会和政治层面的意义。

一、背景、问题与思路

事实上，我国报纸受属地行政部门管辖，跨地区经营为制度所不容。近年来，随着以发行、投资、兼并和信息交换为形式的报业跨地区经营活动出现，这种情况有所变化。但与此同时，有关政策时而放宽，时而收紧，常是模糊、多变甚至是自相矛盾的，使从业者和研究者都感到困惑。从我国报业管理制度变迁的角度去看，这是一类引人注目的现象。

1957 年后，我国继承战争时期共产党所属报纸的传统，参考前苏联的媒体管理模式，确定了报纸充当执政党和政府宣传喉舌的基本功能。政府财政则承担报业运营成本。1978 年，“事业单位、企业经营”新管理模式出现，报业开始同时具有政府宣传和市场服务的功能，走上双轨制道路。一般认为，1978 模式的出现或许基于摆脱经济负担的机会主义考虑，唯其深远影响远远超出当年制度设计者的初衷。赢利动机首先带来的是报纸供应量剧增，和报业市场的初步竞争，接着是强势和弱势报纸的明显分化。从 1994 年开始，通过集团化途径，强势报纸进一步强化

---

① 见本书，刘劲松、李明伟分别撰写的《南方都市报》和《新京报》跨地区经营的案例研究。

了其市场势力，乃至形成地方市场垄断或寡头竞争。再则，是强势报纸尝试打破地方壁垒，尝试向其他地区乃至全国扩张。这类竞争，兼并、扩张的发展模式并非独特，几乎存在于大部分产业之中。然而，和一般产业相比，大众媒体明显受到更多的制度约束。中国如此，许多其他国家亦然[①]。不过，在前苏联体制的国家中，报业直接由政府控制，官方意识形态的属性被特别强调。在我国，这种约束的组织结构体现是按照行政管理体制的条块对报业市场的划分，或曰，**与行政权力板块同构的媒体资源分布格局**。其目的是使各级政府能够控制报纸人事任命和审查报纸内容，以实现分级舆论控制，赢利本不在制度设计的目标之中。在1978模式实施后，如何平衡报纸的喉舌功能与市场行为随之成为报业管理者面临的新问题，也成为推动报业制度调整的主要动力。在更大范围内，它还透露着全能国家逐渐放松乃至让渡社会控制权力的渐进过程。

大部分经济学家相信，利用行政权力来实现赢利目标不仅是低效率的，而且，这种低效的资源分配方式还会为权力寻租制造机会。但媒体不是一般产品或服务，有着电冰箱或洗发水无法比拟的政治影响力。有人因此相信，减弱行政权力对报业的控制会导致舆论失控，造成社会不稳定。另一些人则发问，在经济体制日趋市场化，政府职能向公共服务转化的背景下，依靠行政背景赢利，媒体会不会因此成为特殊利益集团的代言人？长此以往，社会稳定是否会受到根本性威胁？双轨制在此显现出其两难困境。保持或改变与行政权力分布同构的报业分布格局则是这一困境的典型体现。

在报业管理制度演变的背景下，以报业的跨地区经营为透视点，与行政权力同构的报业分布格局是否能保持下去，怎样保持，或终将被改变？这是本研究所欲讨论的基本问题。

把报业视为社会结构中的一个子结构，借助制度变迁理论的概念为工具，本研

---

① 报业能够市场化到什么程度是由许多社会条件决定的。在报业的历史上，报纸的所有权和市场化的程度随社会条件的变化而变化。在很多时候，在许多国家，所有权是和特定政党乃至政府相联系的。这在前苏联和“社会主义阵营”是无一例外的现象。在非社会主义制度下，虽然不是以法律形式固定下来的，一些南欧和拉丁美洲国家至今也部分存在这种所有权形式。即便在美国这样的典型自由市场国家中，媒体也较其他许多产业受到更多的限制。对于由资本流动，所有权变更造成的跨媒体经营，跨地区扩张和兼并，除了传统的反垄断法之外，美国政府还利用其他一些行业法规来加以限制。即便如此，美国媒体研究者仍然十分关注由上市报业集团控制的报纸，不断质疑其新闻的公正性。参见 Hallin，Daniel C. Papathanassopoulos，Stylianos，Political clientelism and the media：southern Europe and Latin America in comparative perspective。*Media*，*Culture & Society*，2002(4)，vol. 24：175－195. 亦见 McChesney，Robert W.，*Rich Media*，*Poor Democracy: Communication Politics in Dubious Times*. 1999，New York：The New Press.

究在报业与社会的关系中观察报业管理制度的演变过程，以发现社会结构中影响报业变化的因素，理解诸多因素之间的关系的变化，推测跨地区经营的规则会怎样变化。本文的基本前提假设是：决定1978年后中国报业管理制度变化方向的宏观因素是改革，改革的动力和约束因此是对报业管理制度变化的基本分析框架。在观察和分析中，我们采用动态均衡作为价值判断的依据，因为，如下节将说明的，在我国目前的条件下，这种价值取向有着积极的意义①。

二、改革的一些特征

1. 稳定压倒一切

虽然开始于经济领域，在其深度和广度层面，改革是一次范围广阔的社会变迁。能够如此，是因为改革的出现有着深刻历史原因。自20世纪50年代始，此起彼伏的政治运动，特别是历时十年的"文化大革命"，将全能国家和计划经济体制的弊端发展到极端。它不仅使国民经济濒临崩溃，民众生活极端贫困，把民间和个人权利空间压缩到几近零点，也一而再、再而三地直接伤害着国家统治阶层——从一般执政党员到国家领导者——的利益，使不同利益群体都产生了变革的要求，也使改革——至少作为一种强力的话语方式——能够迅速被社会接受，成为所谓"同意的革命"。或由于此，较长时间里，改革带来了利益的重新组合和分配，却没有表现为那种常见的下层对上层的激烈反叛，或上层之间的残酷搏杀。在很大程度上，改革是自上而下的，是政府主导的。执政党先是为"敌对分子"摘帽平反，用经济目标取代了推行多年的"斗争哲学"，继而更用"三个代表"重要思想取代了党的曾是鲜明的阶级属性。不过，改革绝不意味执政党对国家的领导权力的放弃。相反，执政党努力将改革的种种方式限定在"稳定压倒一切"的渐进框架之中。用结构分析的套话来说，改革是"囿于系统内部"的。自鸦

---

① 依据Van den Berghe的概括，结构—功能主义的动态均衡分析的思路有七个基本特征：(1) 社会必须在整体上被看作由相互关联的部分构成的系统；(2) 因果关系是多重的、交互的；(3) 社会系统处于动态均衡状态，对系统的调整试图通过系统内部尽可能小的变化来实现；(4) 完全的整合是不可能，因此每一系统都有着张力和偏离，或对于系统的负面影响，通常通过制度来获得中立化；(5) 在根本上，变迁是缓慢的、不断适应的过程，而非革命性的突变；(6) 变迁利用区别化、内部化的方式来调整系统外部变化的结果；(7) 系统通过共享的价值获得整合。Vago，Steven(2005)，*Social Change*(社会变迁)，第五版(英文原版影印)。北京大学出版社：294—295。

片战争以来的中国现代史上，或许，它是唯一在避免剧烈动荡条件下大规模社会变革的尝试。它像是一次实验，检验中国能否摆脱祸害甚多的雅各宾俱乐部的幽灵（朱学勤语），检验能否用妥协、渐进，非突变——或"告别革命"（李泽厚语）——的方式来解决现实的困境。正是改革的这种渐进性，使得"稳定压倒一切"成为了改革的第一个特征。

2. 摸着石头过河

改革的另一特征是缺少清晰的路径设计，其方向有着相当的不确定性。无法知道在改革之初，改革的发动者是否清楚改革的长远目标是什么。只是在三十年之后，或能根据改革的结果，来推想发动者心中的愿景：在一党制的政治制度框架里，通过稳定渐进方式来分解计划经济，向市场经济平缓转轨，并缓慢尝试开明和较为透明的政治运作。然而，这种愿景未见得是改革之初的设想。"摸着石头过河"——主流和非主流话语中都反复提及的路径寻找策略——透露出改革走向的不确定性。有"过河"的方向，但在哪里上岸，取决于激流下的石头将过河者引向何方。走出一步并寻找下一个落脚点，目标是在与走向目标的过程相互作用中被不断定义的。这种变迁过程和隐含其中的社会构想既不同于教科书中"计划经济/市场经济"等二元对立的明确定义，亦无简单对应的历史先例可循。因此，研究者缺少逻辑或历史资料的支持来判断改革会遇到什么样的困难，也难以准确地预测它最终能够走多远。

3. 重经济效率

改革的第三个特性是重经济效率。改革首先追求的，也是改革伊始所面临的最尖锐的问题，是经济的低效或无效，是因经济过于落后而带来的对"球籍"的忧虑。追求富裕是当时从上到下共同的心愿，因此上层同意"放权让利"，民众拥护"让一部分人先富起来"。改革不惜与以平等为基本口号的传统意识形态相冲突，并的确以牺牲社会平等（普遍贫困是其基本特征）为代价。在很大程度上，改革实现了它的初衷。三十年来，年均两位数以上的经济增长率为世界历史上绝无仅有，使我国迅速跻身于世界经济总量最大的国家之一。相比之下，适应这种经济变化的政治改革则相对缓慢。所以说"相对"是与俄罗斯和前苏联集团各国政治制度戏剧化的变化比较而言。不过，对比大部分有关经济效率和社会稳定的指标，中国的改革比俄罗斯成功，或更准确些说，平稳。至少，截至目前是如此。

4. 社会矛盾积累

一些微观经济学家断言经济发展效率和社会平等之间是权衡取舍的(trade off),即经济高速增长以社会经济不平等加剧为成本,而社会经济平等又以经济效率降低为代价。将这种断言放在中国改革的案例中检验,总是犯错的经济学家这回竟然正确了。测量社会阶层经济差别的基尼系数表明,我国已经是世界上贫富差别最大的国家之一,按照一般社会学理论,这种差别已抵达危险的临界点[①]。在以医疗、教育公平为标准指标的世界各国排名榜上,我国都叨陪末位[②]。经济高速发展和社会阶层的深度分化,改革的这第四个逐渐显露的特征,使"同意的革命"的浪漫主义憧憬在利益分配的极度反差面前消弭——对反右和"文化革命"的祭奠是其最夸张的形式;使改革的诗意激情渐渐飘坠到冰冷的地面上,演变为对利益分配过程更为清醒的认识[③]。"一部分人先富起来"带来的路径依赖成为批评家关注的问题;分配的公正性开始受到普遍质疑;官员的腐败行为不但遭到公众的舆论抨击,也开始频遇维权群体的行动抵抗。能够为新的社会秩序注入合理性的共享价值尚未建立,用来整合不同利益的旧有意识形态解释力大幅度减弱。人们开始明白,改革不但有代价,而且面对风险,其前途并非总是"光辉灿烂"[④]。于是,在"发展才是硬道理"之后,新的社会议程被提出,曰科学的发展观,曰和谐社会。科学的发展是说要在提高经济效率的同时必须考虑资源、环境、社会正义和人文关怀等多种因素;和谐社会意味着需要缓和不同利益集团之间的冲突,减小不同阶层之间的财富和权力占有的差别。急风骤雨式的经济增长是一种成就,但随之发生的补偿效应或许会使社会变化方向的难以预测,甚至有重归动荡不安式的社会变迁过程

---

① 据李强等人的研究,1994 年中国的基尼指数按照人、户分别为 0.434 和 0.445。据赵人伟、李实等人的研究,1994 年按照户、人与"按家庭人均收入但以家庭为单位",中国的基尼指数分别为 0.409,0.445 和0.444。秦晖相信,这些数据说明"早在 1994 年,中国收入分配的不平等已经明显超过美国"。参见姚洋主编《转轨中国:审视社会公正和平等》。中国人民大学出版社:380。另据中国社会科学院编《2005 年社会发展蓝皮书》,2004 年我国基尼系数为 0.46,2005 年逼近 0.47。在中国人民大学和香港科技大学 2004 年公布的调查中,中国大陆的基尼系数更高达 0.53~0.54,接近通常认为的"社会的震荡临界点"。见周建国,跨越差距鸿沟:贫富差别与农民工城市化问题初探,《上海交通大学学报》(哲学社会科学版),2009(1):13-20。

② 王绍光,政策导向、汲取能力与卫生公平。《中国社会科学》,2005(6):102-120。

③ 陈尧,利益集团与政治过程。《读书》,2005(11):117-124。

④ 按照高尚全的说法,(改革的)"前景既不悲观,但也未可乐观"。见晓雨,中国的改革开放是最伟大的实践:侧记第三届中国改革论坛。《南方周末》,2005 年 11 月 3 日。

的老路。

5. 小结

上述评价绝非是对改革的全面概括。更多的是，它旨在为本研究建立分析的框架，试图说明改革的动力（发展才是硬道理的经济追求），改革的目标和途径的关系（摸着石头过河），改革的根本性约束（稳定压倒一切）和改革面临的难题（社会公正与和谐）之间的基本关系。在整体上，改革意味着变化，变化或多或少带来不稳定。变和稳本来相互矛盾，但改革需要将之统一起来，双轨制因此出现。在改革的每一选择中，利益、价值、信息掌握程度或知识背景的不同都可能导致对同一个问题的不同看法，对事物轻重缓急的不同判断。对公正的追求会不会影响效率，会在多大程度影响效率，以至导致由经济增长萎缩造成的社会动荡？对效率极度强调会不会造成社会正义的丧失和道德价值的崩溃，以至引爆激进的社会运动？以剧烈政治变动的方式建立社会公正，或在公众失语的环境下高效地完成向市场经济的转轨，哪个社会成本更高？对此，研究者都没有清晰的答案。但我们相信渐变的可能性，并质疑把突变当作社会变化唯一途径的信念，至少在理论的层面上如此①。

---

① 这种信念的基础来自现代系统演变理论对于突变的分析。大众哲学家艾思奇曾利用雷峰塔倒掉的故事来解释黑格尔从量变到质变的突变性飞跃："愚民"们为一己私利从雷峰塔的下面一块一块地偷盗砖石。雷峰塔因此开始了从矗立到倒塌的量变的过程。终于有一天，某一块砖石的抽取彻底打破了雷峰塔的力学结构，达到了所谓突变的关键点，完成了量变到质变的飞跃，雷峰塔轰然倒塌。不过，这位生于忧患时代，立志使学问为革命服务的哲学家所分析的只是雷峰塔变化的一种路径。如换一种思路则应当可以发现：雷峰塔从矗立到倒塌能够避免突变或飞跃。假定"愚民"们恰好是从塔的顶端开始抽取砖石。这使塔的高度不断降低，直至最终消失。这一变化的路径同样完成了"量变到质变"的过程，但未出现突变或飞跃。突变并非是不可能避免的。不过，避免突变是有条件的。继续使用雷峰塔的隐喻，当有人开始从塔的顶端抽取砖石时，也会有人从塔的下端做同样的事情。面对这种情况，拆塔的管理者不外有三种选择：(1) 禁止从下端抽取砖石；(2) 允许从下端抽取砖石；(3) 从上端和下端同时抽取砖石。在选择(1)中，原本大家拥有的塔，其砖石只能被拥有脚手架并能够登塔的人从上端抽取，大多数人——没有脚手架和许可证的人理应占大多数——可能感到不公，一哄而上。固然管理者能够雇佣大量保安，以暴力维护秩序，避免塔的倒塌，但这一选择要么带来大规模冲突（保安能够制服下端抽砖者），要么塔以突变方式完成消失的过程（抽砖的人众多，保安无法控制）。在选择(2)中，突变的发生几乎是必然的。而选择(3)既可能避免"一哄而上"，也可能避免塔突变式倒塌，但实施过程中必须小心地掌握上端和下端的抽取速度，乃至判断特定时刻抽取特定部分砖石的时机。既要避免上端的砖抽取过快过多，其他人由于担心无法得到砖而攻击保安，也需防止下端砖石被抽取太多，塔突然倒塌。这一分析的思路是动态均衡的，它所揭示出的避免突变的过程应对改革，对于控制报业管理制度的变化有着启发意义。参见金观涛、华国凡(1983)，《控制论与科学方法论》。科学普及出版社：129—138。

三、报业管理制度变迁：1957 模式

1. 报业的变迁

与改革这一社会变迁的背景相适应，报业管理制度的变化也主要围绕着经济效率和社会稳定之间关系的主线展开。

改革以来，中国的报业发生了什么变化？先从可直接观察到的现象去看。根据新闻出版总署发布的年度报告，截至 2005 年初，全国出版报纸 1 926 种，其中，中央级别的报纸 218 种（11.3%），省级报纸 806 种（41.8%），地市级报纸 848 种（44%），县市级报纸 54 种（2.8%）。在这些报纸中，党报 438 种，晚报都市类报纸 285 种（分别为 153 和 132 种），生活服务类报纸 245 种（其中广播电视类报纸占 51%），行业/专业及其他类报纸 958 种。换言之，三十年来，中国的报纸从不到 50 种增加到约 2 000 余种；报业的收入成数十倍增长；一些报纸的版面也从 4 版增加到 20 乃至 40 版；报纸的内容也从直截了当的政治宣传过渡到兼有信息服务、娱乐服务和广告服务。报业产品前所未有的丰富了。

在这些可直接观察到变化后面是报社组织结构和经营方式的变化。从 1978 年开始，中国报业逐渐改变完全由政府支持的财政状况。以“独立核算、盈余留用”为开始，伴随而来的是报社设法扩大发行，竞争广告收入，重视读者需求，更多地采用聘用制并允许人才流动。赢利已经逐步成为判断报纸成功与否的核心指标。这便是 1978 模式。三十年来，成功的报社从小到大，已发展为动辄年收入数亿元、十数亿元的报业集团。上述种种变化被媒体批评界笼统地称为“市场化”①。

2. 模式形成的背景与内在紧张

被称为市场化的变化是怎样发生的？这种变化与报业管理制度的变化有什么样的关系？是什么样的动力在推动着变化？为回答这些问题，有必要大体回顾中

① 这并不是严格意义上的市场化。市场化的根本特征是各种生产要素——包括劳动力、技术、资本——和所有权的自由交易。目前，在中国的报业乃至大众媒体的诸行业中，资本的流动受到强有力的限制，法律严格规定媒体须为国家所有。行政权力在中国报业经营中的作用不但十分显著，而且常常是决定性的。在使用“市场化”这一通行概念讨论中国报业时，必须考虑到它在我国现实中所包含的上述内容。

国报业三十年来变化的轨迹。

按照唐绪军的说法，中国报业经营的方式可以划分为三个阶段。“第一个阶段自1950年至1956年，可称之为新中国报业经营的第一次市场化尝试；第二阶段自1957年至1978年，可称之为新中国报业经营的非市场化实验；第三阶段自1978年至今，可称之为新中国报业经营的第二次市场化过程。”[①]唐之所以将1978年作为“第二次市场化过程”的起点，因为是年经国家财政部批准，《人民日报》等8家中央级新闻单位开始用“事业单位、企业化管理”的管理模式取代“机关办报”的传统。从财务管理的角度，这种经营方式被概括为“独立核算、盈余留用”。对中国报业而言，这是一个重要的时刻。

自1957年以来，私营和公私合营的报纸便不复存在。报纸被明确定义为宣传品而非商品。因为是政府的喉舌，政府有责任支持报纸的财务，负担报纸的运营费用，甚至，摊派订阅[②]。因为隶属于行政权力，报纸的责任是按照政府的意旨进行宣传，违反宣传政策可能导致查撤报纸负责人，乃至全面整肃。行政权力拥有并完全支配报纸是1957模式的本质。这一模式的出现有其历史的背景：

(1) 该模式和当时的主流意识形态有关。按照当时的“共享价值”，人类已经找到解决社会发展方向问题的根本答案，下来的任务是动员人民，向人民宣传这种意识形态和由它所派生的一系列方针政策。

(2) 该模式还应与战争时代形成的新闻的观念有关。毛泽东曾生动明确地概括了革命党人对宣传的看法：“枪杆子，笔杆子，干革命要靠这两杆子。”舆论宣传是与武装力量并行的革命武器。新闻领域被直呼为“新闻战线”或“新闻阵地”[③]。当社会被清晰地划分出敌我之后，人民的报业自然须要有与敌人战斗的功能。

(3) 该模式也应与前苏联乃至当时社会主义阵营通行的报业管理制度有关。在前苏联的模式下，报纸和其他大众媒体均由执政党和国家拥有。政府对媒体的所有权、人事、内容和发行范围实施全面控制。而在提供大量经济和工业技术援助

---

① 唐绪军.报业经营的探索和改革——新中国的报业经营.《新闻战线》,1999(10)：39－41.

② 同上注。

③ 有关这方面的研究，见张仁善，1949年前后中共的新闻政策及历史效应。《二十一世纪》(网络版)，2006(6)，总第75期。2009－1－9访问。

的同时，苏维埃也向我国输出了其强大的舆论控制体制。[①]

（4）催生1957模式的另一影响因素或是当时极富特色的政治运作过程。自建国始，毛泽东主席便高度重视文化宣传领域的政治斗争。从对电影《武训传》的批判，到反击“右派”的“引蛇出洞”，这种重视日渐增强。文化宣传领域成为发起进行形形色色政治运动的试验场。从土地改革、公私合营、合作化运动、重工业发展战略，再到大跃进，在被迅速推进一系列社会实验工程中，报业一直扮演着鼓吹者和辩护者的角色。

3. 变迁的动力与主体

有意义的问题是，“文革”结束为什么也导致了1957模式的终结？换言之，推动1957模式变化的动力自何处而来？

对报业制度选择的过程尚不见有细致的实证研究，但在吴信训和金冠军眼里，这是一种“被动的举动”[②]，或曰，不得已而为之[③]。吴和金引用前国家新闻出版总署负责人梁衡的说法，认为经过二十余年的不断强化，1957模式在实现了对报纸的全面控制的同时，也造成了“公款办报，公款订报”的局面，使报纸经营成为政府的财政负担。在经济压力和历次政治运动冲击的双重作用下，中国报业不断萎缩。在20世纪70年代，约10亿人口的中国仅有42种报纸，供应量明显不足。换言之，压力是制度变迁的动力[④]。

导致1957模式被放弃或许还有另外的原因。它不似经济原因那样直接，但应同等重要。经一系列由政治运动带来的社会动荡之后，曾赋予我国一系列管理制

---

① 有趣的是，出版自由曾经是列宁欣赏欧洲政治自由的原因之一。但在十月革命胜利的第二天，革命政权查封了一批刊登被推翻的临时政府号召反对苏维埃政权呼吁书的报纸。次日，列宁签署了《苏维埃政府关于查禁敌对报刊的命令》，但同时承诺，“一旦新闻持续得到巩固，所有不利于报刊的行政措施都将废止；在对法律负责的范围内，新闻将得到充分的自由。”“本法令是临时法令，在公众生活恢复正常后将被一项特别法令所取消。”依据陈力丹的分析，苏维埃政权的阶级斗争形式让布尔什维克最终封闭资产阶级报刊。列宁原来设想的由政党和团体来代表各个劳动阶级和阶层的喉舌，使社会拥有实际的出版自由，但最终演变为由布尔什维克一党专政下由党直接领导的苏维埃报刊，只是在新经济时期出现过为时短暂的例外。参见吴非、胡逢瑛(2005)，《转型中的俄罗斯传媒》。南方日报出版社：97。

② 吴信训，金冠军，《中国传媒经济研究：1949－2004》，复旦大学出版社：28页。

③ 财政部财政科学研究所研究员周国放对国企改革的议论间接支持了吴、金的看法。周说：“按有的说法，国企改革是在新自由主义理论指导下产生的。我认为不是这样。”“国企改革是逼出来的，不改革就没法生存，绝非刻意人为设计，也并不是事先有一个什么主义。”见晓雨，中国的改革开放是最伟大的实践：侧记第三届中国改革论坛。《南方周末》，2005年11月3日。

④ 需要说明的是，“文革”后，一些长期从事新闻出版工作且具有理想主义色彩的负责干部，包括一些1957模式曾经的坚定执行者，对于报业和出版业的状况加以深刻的反思。这些人对于推动制度变迁起着重要的作用，是变迁“压力”的重要组成部分，以致有研究者称他们为新闻改革的“志愿者”。

度合理性的意识形态遭到怀疑，无产阶级专政下继续革命的理论被广泛质疑。“实践是检验真理的唯一标准”的提出标志着建筑于高渺理想之上意识形态开始向朴素和严峻的现实靠拢。原本整合社会结构的“共享价值”自身的合理性需要重新检验。在经原有意识形态的塑造又经多次政治运动的规范后，新闻报道和评论早已变得高度程式化，对读者缺乏吸引力和说服力。报纸的经营方式使其与公众的信息需求失去了必要的联系。因此，不仅在经济的意义上，也在舆论引导的意义上，1957 模式都是失败的，是社会结构中的功能缺失的部分①。这样去看，报业制度变迁的压力型动力不仅是经济的，也是政治的。而作为报业的拥有者和变迁压力的直接承受者，拥有变迁能力和意愿的政府是变迁的主体。

4. 变迁的选择

改革之初的 1978 年，变迁主体在逻辑上有三种可能的选择：① 坚持 1957 模式，仍将报纸的功能完全定位于宣传，但试图在原有模式内部设法提高宣传效率，减少运营成本。这是一类和进化相悖的内化(involution)选择。其风险在于原有模式或已无从改进。若持续投入，承担财政责任，仍可能无法改善报业的困境。② 放弃对报纸的控制，将报纸交给市场上。这样政府可摆脱财政负担。但这或意味着政府话语权力的极度削弱，不仅直接与建国以来的报业管理传统冲突，也面临舆论难测乃至社会不稳定的风险，因此不具操作性。③ 继续在宣传层面控制报纸，但设法减轻乃至摆脱财政负担，允许报纸经济独立。这是墨守成规和激烈改革之间妥协或平衡的选择。它是否带来减弱政府舆论控制能力的风险，是否能使政府摆脱财政压力，都仍是需要检验的问题。制度提供者选择了第三种方案，即 1978 模式。要追求经济效率又试图继续将舆论置于能够控制的框架之中是报业制度改革伊始时的基本考量。

四、报业管理制度变迁：1978 模式

1. 模式的内在紧张

在“事业单位、企业化管理”模式中，既可看到 1957 模式的延续，也可发现一些

① Merton, Robert K. (1968). *Social Theory and Social Structure*, rev. ed. New York: Free Press: 40.

有意义的变化。参考西方国家对“非营利机构”的理解，事业单位应是指那些服务于社会发展长远或公益目标，其有效性和合理性无法用直接和短期市场表现来衡量的机构。科研机构、学校、博物馆，卫生保健机构等都是这类组织很好的例子。1978 模式把报社定性为“事业单位”，暗示报纸服从于社会长远目标，但“企业化管理”却透露报纸经营和发展取决于其市场绩效。表面上看，它要求报纸——像学校一样——具有的社会长程稳定发展所需要的非营利性质，但政府不承诺埋单。设想一下，没有政府投入的学校会出现的怎样的财政窘迫，或狂热敛财的景象？这种表面的严峻很快被“独立核算、盈余留用”的财务分配方式消解：赚了就是你的。但如何能使服务于非市场化目标的机构同时又在市场上盈利不是一个容易解决的问题。从出现伊始，1978 年的双轨模式就蕴涵着进一步变动的张力。

2. 变迁的路径

1978 模式为舆论控制带来风险：利益——诸如发行量、广告和对影响力的追求——会不会诱使报纸背离行政部门的控制？换言之，假定行政部门的宣传需求和读者需求有吻合之处，也有背离之处。那么，在那些背离点上，经济利益就可能诱使报纸违背政府的要求以获得市场认可。表面上，当发现违规时，1978 模式仍然赋予行政部门强力控制的权力（如人事安排和经营执照等），但在实际操作中，政府和报纸的互动过程却会复杂得多。

从宣传和控制的角度去看，1957 模式的失败在于它是一类无反馈的舆论控制系统。在该系统中，作为控制者的行政部门无法通过报纸的财政状况或读者反映来了解报纸是否有效实现了舆论引导的系统目标。借用喉舌来比喻，那是一个只有喉舌却没有眼睛和耳朵的系统。喉舌说个不停，但说过一气之后究竟产生了什么效果却无法被控制者察知。很可能，喉舌抒发了自己，但难以完成与别人的沟通。在这种意义上，1978 模式提供了改变这种尴尬状况的可能。在独立核算的压力下，报纸在充当喉舌的同时也必须睁开眼睛，竖起耳朵，了解读者听到了没有，喜欢还是不喜欢听。对此，习惯于 1957 模式的管理者应会感到不习惯，但却有理由采取相对宽容的态度，因为① 1957 模式的失败说明，如果不顾及读者，只是一味地宣传，读者没有理由埋单；② 读者需求和政府的宣传需求并非总处于冲突状态。许多时候，二者可能吻合。如果对②做更细致些的分析，可看出其中隐含的管理者与媒体互动的某种潜规则：由于 1957 模式没有提供有效反馈机制，习惯于“两杆子”思维的管理者或并不知道哪里是宣传与市场需求的结合点。要发现这些结合点，或许要试错。要试错，管理者只能宽容。

同时，1978模式给报社以追逐自身经济利益和社会影响力的机会。为把握这一机会，报纸需要打破旧模式中那些常规的行为方式，需要违规。当遇到这类难辨长远利害的违规时，管理者会采取冷处理。因为，这类违规或许恰好发现了上面提到的吻合点，带来管理者、报纸、广告商和读者的三赢局面。只有当管理者认为违规触犯了改革的根本约束，冷处理才会变为热处理，违规者才会遭到惩处。报业改革初期的大量案例都说明，和其他经济领域相类似，报业的违规者可能不幸地成为“投机倒把”的坏分子，也可能幸运地成为“先富起来”的万元户。从增加娱乐版面，报道市井消息，策划新闻故事，扩大广告容量，到揭露官员腐败行为，报纸一点点地“拱”出来越来越大的活动空间。这当不是计划或设计的结果，而是产生于诸多未明确意识到其所作所为会有此结果的人的各自行动。其改革成果，多不是个体改革者深谋远虑的结晶，而是无数试错在经过大数法则检验后呈现的统计规律。在这样的过程中，同时，管理部门和公众的神经系统也逐渐变得适应较为开放的新闻世界——一类在日趋开放的社会中政府和公众必须具备的媒体素养。“适度违规”，因此，成为管理部门与报社之间游戏的潜规则。在认识论的意义上，它是一类试错过程。在历史环境中，它是“摸着石头过河”的报业版。

利益驱动的“适度违规”似乎没有为报业带来太大的风险。除开20世纪80年代由于纸张价格变动和政治动荡带来的风波之外，1978模式的实施大体顺利。报纸数量大幅度增加，订户大幅度增长，报纸的社会形象获得改善，从业人员的荷包也随之增大。这一切，固然离不开早期报业从业者的智慧，但宏观地去看，1978模式所以能存在多年，能为报业带来活力，主要为报业变化的起始条件和社会大环境方面的原因所决定。从报业去看，经“文化革命”整肃，无论从供应量和内容吸引力上看，中国报纸都差到了无以复加的地步。一旦强力政治控制弱化，低起点使报纸内容和经营的改善变得相对容易。恰如在农村，改革者只需撤除一些强加在农民身上的制度束缚，传统的自发行为就迅速改变了多年来逐之不去的低效生产，让粮票、布票、油票迅速失去存在的必要，使民不聊生的荒村几年间就成了“希望的田野”①。从社会环境去看，初期

① 经济学家发现，剧烈的社会动荡，如战争之后，通常出现高速度经济增长。这种增长的原因是因为市场正常需求的恢复和资源分配向市场方向的倾斜。这种观点或许可以用来解释中国报业得到迅速发展的原因。

报业制度改革的顺利得益于经济的飞快发展和冷战后相对稳定的国际局势。特别是在邓小平南方谈话之后，经济改革的高潮再起，广告需求的高速增长的速度令人目眩。这无疑为以广告为主要收入来源，以行政垄断为市场保护门槛的报纸带来了巨大的市场机会，使得已在位报纸迅速获利[①]。概言之，报业变化与经济改革的进程纠结在一起，是经济改革给报业改革提供了强大的经济利益的驱动力。

随之，报业市场格局发生了变化：① 报业竞争出现。在地方或部门行政权力的支持下，有权办报者纷纷入场，使全国报纸数量的急剧增加，导致竞争出现。② 和报纸数量增加同时出现的现象是报纸版面的增多和“厚报”的出现。这些量的增加意味报纸试图用更多和更丰富的内容吸引读者，也意味着报纸能够满足更大的广告需求，借用喻国明的术语——虽然可能已多少背离了他的原意——是所谓“增量改革”[②]。③ 在一些地区，由于其机关报的定位，党报影响力降低[③]。这是因为报纸不再纯粹是行政部门意旨的产物，市场使报纸同时受到读者和广告主的制约。控制报纸的权力开始分散。④ 大型报社开始成形。在 1994 年，报纸整体数量猛增，同时也出现了拥有多种报纸的报社，如《人民日报》拥有 8 报 1 刊，《经济日报》拥有 4 报 2 刊，《广州日报》拥有 6 报 1 刊。从中央到地方，约 20 余家大型报社迫不及待地挂出“集团”的招牌，其中包括《人民日报》、《经济日报》、《中国经营报》、《北京青年报》、《深圳特区报》、《深圳商报》、《解放日报》、《新民晚报》、《长江日报》、《浙江日报》、《哈尔滨日报》、《厂长经理报》和《信息快报》。事实上的报业联合体正在形成。

供应量的增加和经营表现的差别产生于 1978 模式的内在张力，同时也开始危及该模式的均衡运行。在市场争夺中，自然会出现“好”与“不好”的报纸，且市场表现好的报纸不一定是那些承担喉舌功能的机关报，或管理者眼中的

---

① 1991 年到 1995 年的五年间，中国国内生产总值(GDP)增长率分别为：16.66，23.22，30.02，35.01 和 25.06；广告经营额率分别为：40.25，93.42，97.57，49.36 和 6.46。见宋建武等(2005)，《中国媒介经济的发展规律与趋势》：37。

② 喻国明. 以“增量改革”方式完成转型。http://news.xinhuanet.com/zgjx/2007-02/05/content_5698549.htm。2009-1-8 访问。

③ 依据张涛甫的观察，1980 年代上半期，“在新创办的 1008 家报纸中，非党报为 631 家，占总数的 71.9%。至 1986 年，党报在整个报业中所占的比例已经降为 20.7%。”“在 1980 年 1 月至 1985 年 3 月之间，平均不到两天就有一家新的报纸问世，新办报纸占现有报纸总数的 56.8%。新报纸的涌现，改变了原先的报业结构，改变了原先党报的一元化结构，这些新生的报纸大多为市场化色彩鲜明的报纸。”张涛甫(2006)，中国传媒改革动力机制分析。《二十一世纪》(网络版)，2006(6)，总第 54 期。2009-1-20 访问。

“好报纸”[①]。与此同时,1978 模式规定,决定市场的准入是行政权力而非市场力量。报业市场从来也没有成为真正的市场。在利益驱动下,一些拥有办报权力的行政部门不断推动新的报纸持续涌入市场,那些经营不力的进入者本身却不必承担沉没成本和退出成本。这种免于个人风险的制度安排导致“不好”的报纸层出不穷。它们或求助于主管部门行政补贴,或依赖于行政背景,使用摊派订阅的手段来维持生存。对于“好”报纸——无论这种“好”是由行政地位或由市场表现来定义——而言,把“不好”的报纸逐出市场,以便占据更大的市场份额是其利益所在;对于“不好”的报纸来说,利用行政权力背景挣扎于市场之中是其生存之路。这两种力量的冲突所呈现出的,正是 1978 双轨模式与生俱来的内在紧张。

3. 变迁的选择

面对这样的紧张,作为制度的供应者有四种逻辑上的可能选择:① 退回到 1957 模式,保留“好”报纸,清除“不好”报纸。这意味着失去“好”报纸创造的收入,重新背负财政负担,也可能会重冒宣传失灵的风险,并遭到已在 1978 模式中获利的报纸从业者反对。因此,这种选择并无可行性。② 将报纸交给市场,让市场成为左右报纸的生存的力量。这一选择可摆脱报业管理制度强调执政党舆论控制权力的历史惯性,但却为“压倒一切”的“稳定”带来不确定性。因此,也仅仅是一种逻辑而非实际的选择。③ 继续延续 1978 模式,但这会使“不好”报纸分散“好”报纸的市场份额,减少“好”报纸的收入,且可能带来财政负担。对利益的追逐可能推动一些报纸更加市场化,从而进一步挑战肩负喉舌功能的党报的社会影响力和经济收益。④ 使用行政力量调整现有的管理模式,整顿市场,抑制“不好”的报纸,使“好”的报纸占有更多的市场份额,且保证保党报的经济和社会地位。第四种选择属于制度的微调,其牺牲品只是经营不善的报纸以及支持这些报纸的有关行政部门,成本较小,相对稳妥。况且,该选择中的“市场整顿”不但符合政府利益,也恰好符合那些“好”报纸的利益。由于这类报纸或因经营出色获得相当的市场竞争能力,或因党报地位拥有对管理部门的强大影响力,它们既有制度变迁的意愿,也有变迁的能力,能够和政府一起,成为推动下一轮报业管理制度变迁的主体。

---

① 需要说明的是,在 1957 模式中,政府对于报业是按照行政级别划分的。在 1978 模式中,依行政级别对待报纸的规制没有根本变化,党报和高行政级别报纸通常获得更好的行政资源,而且,由于党报的机关报定位,其市场份额可能缩小,导致经营困难。

五、报业管理制度变迁：1994 模式

1. 变迁的主体

1994 年 5 月，国家新闻出版署发出了《关于书报刊音像出版单位成立集团问题的通知》，标志着 1994 模式的出台。《通知》虽然将集团化限制在“试点单位”，明令不允许组织股份报业机构，不允许吸收与报业无关的企业或商业机构参与，不允许组织跨省区集团，但支持组建报业集团。这个文件还透露，决策者对于集团化并非全无忧虑。虽然 1978 模式的多年推行大体顺利，但在我国的体制内，如报业集团这样有着强大经济独立性的媒体机构毕竟未曾存在过，管理者以往的经验也无法说明这类集团会对“重中之重”的政治稳定会产生什么样的影响。《通知》用一连串“不允许”表现出管理者的谨慎。不允许股份制，不允许报业之外的机构涉入，目的是延续对所有权和人事权的控制；不允许组织跨省区集团，目的是保持延续行政权力和报业组织分布的同构原则，保持舆论控制。双轨制要求报业兼顾政治宣传和经济收益，但当政治稳定和经济收益可能发生冲突时，政治稳定显然更为重要[①]。

从报业管理制度变迁的角度去看，上述《通知》表现出 1994 模式的两个特点，首先，它表现出“扶大灭小”意愿和对经济效率的进一步追求。这种追求也可由新闻出版署组织的首次报业集团问题研讨会来证实。该会议在 1994 年 6 月召开，有 10 家大报参加。与会者为建立报业集团的资格设立了门槛，规定候选人“至少拥有 4 个子报，年利税在 5 000 万元以上，中西部在 3 000 万元以上，高级职称者在 20%以上，中级职称者占 15%以上，设备先进，印刷能力在对开 200 万份以上，发行总量在 60 万份以上，或本地区报纸拥有量不小于 1/15，有现成的发行渠道，有逐步自办发行的能力”者，才有资格进入“报业集团候选人俱乐部”。其次，它意在强化党报的地位。与会者宣布建立报业集团“是加强正确舆论导向的需要，是壮大我国报业经济实力的需要，是强化报业管理的需要，也是推进报社内部体制改革的需要”；因此，明确规定报业集团“需要以党报为主体组建”。

---

① 按照前中央宣传部部长徐光春的话来说：“党对报纸的领导不能变。”“不管报业集团发展到什么程度，都是党委的机关报”；“两个效益的统一原则不能变化。就是经济效益和社会效益相统一，以社会效益为主”；“新闻宣传工作集中统一领导的原则也不能变。”孙燕君（2005），《报业中国》。中国三峡出版社：314。

这种“扶大灭小”，强固党报地位的举措还可以由新闻出版署的《关于同意建立广州日报报业集团的批复》来证实。1996 年 1 月发布的这一《批复》说：“随着社会主义市场经济体制的建立，报纸的竞争也日趋激烈。在这种形式下，适时组建以党报为龙头的社会主义现代化报业集团，可以带动我国报业由规模数量型向优质高效型转移，由粗放型向集约型转移。因而，有十分迫切的现实意义。”这里提到了“竞争也日趋激烈”，而解决的方法是“带动我国报业由规模数量型向优质高效型转移”。就是说，报社的数量应该减少，质量和效率应该提高，理想的报业市场应该拥有高度集中的格局。事实上，从 1995 年开始，中共中央宣传部和国家新闻出版署开始对报纸和期刊实施了三年“治散治滥”的整顿。到 1998 年 3 月，被“压缩”的报纸达 240 余种，占原报纸总量的 1/10。而期刊则被砍掉 1 000 余种，占原来总量的 1/8[①]。按照孙燕君的看法，这三年的整顿的力度尚嫌不足，关闭的多是法制类、娱乐类小报，而行业报纸未能触及。因此，1999 年 8 月中共中央办公厅和国务院办公厅下发《关于调整中央国家机关和省、市、自治区、直辖厅局报刊结构的通知》(30 号文件)，新闻出版署也随即下发《关于落实中央“两办”30 号文件调整报刊结构的意见》，整顿目标确定为数百家行业报纸，要求党报或报业集团吸纳这些报纸。文件还明确规定完成整顿的期限为 2000 年 6 月[②]。最强力度的整治是在 2003 年。它涉及 1 452 种报纸，其中停办者 673 种，迫使其与行政部门支持分离者达 289 种，改为免费赠阅者 87 种，在一定程度上缓解了强迫订阅的行为[③]。

在这样的背景下，当时最具财力的《广州日报》被选做组建报业集团的试点。《广州日报》仅是市级党委机关报，在按行政级别划分的报业层次体系中是级别较低的报纸。除广告收入为全国报纸之首外，其发行量排在前十名之外[④]。而且，在广州市场上，《广州日报》还面临着《南方日报》、《羊城晚报》的强力竞争。孙燕君相信，对《广州日报》的选择耐人寻味。它透露出管理者对试点报社经济表现的看重，而选择行政层次低，发行量相对偏小，仅有地区影响力的报社，可能出自一旦失败，可尽量减少负面影响的考虑[⑤]。

---

① 宋建武等，《中国媒介经济的发展规律与趋势》：98。

② 孙燕君，《报业中国》：375。

③ 宋建武等，《中国媒介经济的发展规律与趋势》：9。

④ 1996 年，《广州日报》的发行量为 61 万份，广告收入 5.3 亿元，拥有 6 报 1 刊。比较之下，国家级《人民日报》的广告收入为 8 000 万元，《经济日报》7 000 万元，《光明日报》3 000 万元。全国报纸的广告总收入为 77 亿元。见孙燕君，《报业中国》：307—308。

⑤ 孙燕君，《报业中国》：308。

对于报社——主要是那些大型的“好”报社——来说，1994 模式所带来的利益是明显的。虽然批评者质疑，报业集团是否只是利用行政力量放大了的报社，或只是一群捆绑在一起假扮航空母舰的舢板，是“规模管理”而非“规模经济”，但至少在心理层面上，“集团”是一类能够带来变化的话语方式。借用福柯式的分析方法，报业集团在与传统的报社，新闻战线，宣传阵地，在与当代形形色色的房地产集团，通讯产业集团，跨国媒体集团，乃至连锁超市经营集团的互文性联系中构建出一种心理的现实：集团化后的报业将有不同的经营方式，将是更加市场化和商业化的。这种心理的现实又推动着现实的现实，使“好”的报社拥有更充分的理由来兼并“不好”的报纸，追求更大的市场势力以及多元经营的机会。在操作层面上，即便遵守种种“不允许”规定，“好”报社仍可发现一些利益空间。其中最重要的是，报业集团可以通过报社的重组和兼并，强化其在给定市场上的势力，形成垄断或双寡头的地方市场格局。在 1994 年，建立报业集团是强势报纸和政府的共同利益所在。主管部门与强势报纸联手使得 1994 模式得以推行。

在第一家报业集团成立的两年多后，1998 年 2 月，新闻出版署认定集团化实验是顺利的，并制定出《新闻出版业 2000 年及 2001 年发展规划》。文中明确表示“要扶植有影响的党报实施兼并，重组，建立以党报为龙头的报业集团，到 2000 年，报业集团要扩大 5～10 家，到 2010 年，报业集团要有较大的发展，经营规模上亿元的报社要达到总数 10%”。自此而始，国家加快了批准报业集团成立的速度。截至 2004 年底，2004 年我国报纸共有 1 926 种，广告总收入 231 亿元，比 1983 年增长了 360 余倍，依然雄踞于第二大广告媒体的位置，全国超过亿元的报社也首次超过了 100 家，报业集团已多达 38 家[①]。

2. 变迁的路径

在制度层面上，新模式遂了“好”报纸之愿，各地市场大体上都由一或两个当地党报为首的报业集团来控制。如何经营这些市场，并从中获取最大利益随之成了这些报业集团们需要回答的问题。从 20 世纪 90 年代中期到晚期，甚至延续到 2000 年之后，大部分报业集团都遭遇了激烈的市场争夺，其中最引人注目的莫过于都市报之间的较量。其激烈程度使得观察家不得不用“攻城掠池”、“硝烟弥漫”、

① 喻国明，中国报业的现状与契机。http://media.people.com.cn/GB/22114/45733/57903/4065418.html。2009-1-8 访问。

“五虎争雄”之类武侠小说式的语言来描绘。为什么都市报成为那个时期报业争夺的焦点？都市报现象与报业管理制度有着什么样的关系？

或许可用一个虚拟的故事或来说明都市报的产生[①]。在经营压力和利益的诱惑下，某城拥有最多媒体资源的党报A开始向市场靠拢，日渐增加软性的社会新闻、娱乐版面、广告版面，乃至尖锐的时评，以期获得经济收益。同时，通过不断加厚报纸，A报仍然保持足够的版面用于政治宣传和舆论引导。A报所为是都市报前报业市场上常见的现象，是在双轨制下或在1978模式下报纸典型的生存方式。继之，同在某城的B报，甚至还有C报和D报也采取这样的经营策略。A报的市场地位因此被削弱。但通过集团化，该城报业形成了以省党报A和市党报C为首的两大报业集团。如此的市场格局减少了竞争者的数量，但加剧了资源接近的A与C之间的竞争强度。如果A进一步在编辑内容上做市场化调整，可能会模糊党报的宣传定位，喉舌功能有渐失之虞。这时，A报有三种选择：① 保持现状，但如果C继续推进市场化则可能危及A的经济收益。② 进一步向市场倾斜，强化与C的市场竞争，但这可能使A背离党报定位，遭到制度性惩罚。③ 分离由于集团化获得的大量资源，保持自己的党报定位、较为严肃的官方采编风格以满足制度要求，同时开办更为市场化的报纸与C竞争，以集团核心的身份分享新报的经济收益和市场影响力，在制度允许的范围内最大限度获利。三类选择中，由于③能够消弭1994模式的内在紧张，因此成为许多报业决策者的选择。如果说，早期厚报竞争是试图利用增加版面的方法，同时满足制度与市场的需求，那么，是同样的逻辑催生了都市报现象。厚报和都市报均属于增量改革，区别在于，版面增加得如此之多，以至于一类更加市场化的报纸得以闪亮登场。在这种意义上，集团化的秘密是允许报社不必把一份报纸双轨化，而是把两份或更多的不同取向的报纸放在不同的轨道上。

尽管新模式为报业带来了如都市报这样的发展空间，但在涉及产权——也因之涉及人事权——方面，在涉及行政权力与报业资源分布结构的方面，“好”报纸们依然受到限制。于是，政府与报业的互动潜规仍然有效，报业集团或报社仍然利用“适度违规”来寻找发展的机会。例如，创办之初，《成都商报》的主办单位没有资金，负责人依靠书商融资启动，且在一年后便占据当地市场的相当份额。1999年6

① 有关实际案例的分析，见Lee，Chin-Chuan，He，Zhou，Huang Yu (2006)，“Chinese party publicity Inc.” coglameration：the case of Shenzhen Press Group. *Media*，*Culture* & *Society*. Vol. 28(4)：581－602。

月，通过由其控股的博瑞投资公司，《成都商报》开始收购上市公司四川电器拥有的地产。同年 9 月，通过一系列眼花缭乱的资本运作，博瑞控股四川电器，使《成都商报》得以借壳上市。虽然之后的一段时里，《成都商报》在公开场合并不承认自己上市，但其作为已成为报业研究中被不断提及的著名“适度违规”的案例①。虽然尚不清楚《成都商报》如何通过层层检查，办理种种手续的细节，但至少从表面上看，其行为和新闻出版署的三类“不允许”大相径庭，暗示 1994 模式下可供发掘的灰色地带面积可观。用欣赏的口吻，孙燕君评论说：“《成都商报》是在中国现行报业管理体制的缝隙中诞生的。既不符合常规和传统，又不违法，不违规。”②

不久后，主管部门就明确放宽了吸引外部资本的规定。从 2001 年《关于文化体制改革试点工作的意见》(中央办公厅 2001 年的 17 号文件)中可看到这样的表述：“新闻媒体由国家主办经营，不吸收外资和私人资本。根据事业发展需要，报业集团、出版集团、广电集团的新闻宣传部门经批准可在新闻出版广播电视部门融资，其经营部门(报刊的印刷发行和广电的传输网络等)经批准可以有限公司或股份有限公司的形式、由集团控股，吸收国有大型企事业单位的资金，但投资方不参与宣传业务和经营管理。”“部分转制为企业的报刊社、出版社，在保证国家控股的前提下，经批准可扩大融资试点。”其实，早在政府明确表态之前的 1994 年，《金华日报》就在经营环节引入国家、集体和个人三类资本，并实行股份划分。几乎是在政府表态同时，上市公司山东三联集团投资 8 500 万元启动《经济观察报》。同一年，上市公司北大青鸟投资 5 500 万元，和《人民日报》合作推出《京华时报》。两年后，2003 年在其 1147 号文件，即《新闻出版体制改革试点工作意见》中，新闻出版署进一步宣布：“实行企业体制的新闻出版试点单位，可以在坚持国有控股的前提下，按照企业融资的规定扩大融资，但外资不得进入新闻媒体和编辑出版环节。”这里透露的，不但是国有资本可以进入报业，甚至，是可以有条件地吸引境外资本③。

这种边走边看，逐步放宽的现象也体现于决策者对跨地区经营的态度中。2001 年中央办公厅和国务院办公厅联合下发的 17 号文件，明确提出媒体发展循跨行业、跨地区及跨媒体方向展开。在 2003 年《关于文化体制改革试点工作的意见》中，制度供应者修改了 1994 模式中对于跨省经营的限制，允许媒体集团“多媒体经营”和“跨地区经营”。文件说：“鼓励出版集团、发行集团、电影集团跨地区经

---

① 参见本书，葛岩，市场格局与创新悖论——四川报业。

② 孙燕君. 报业中国，132。

③ 宋建武等. 中国媒介经济的发展规律与趋势，114－115。

营，选择中央和一些省级报业集团、广电集团跨地区经营。跨地区经营需经批准，主要采取兼并重组、合作联营等形式。着重内涵发展，防止重复建设。实行跨地区经营的集团负责所属单位的宣传导向和经营方向，接受所在地党委和政府有关部门的属地管理，各地党委和政府部门要为跨地区经营提高良好的环境”[①]。2003年以来，新闻出版总署先后批准4种报纸进行跨地区联合办报试点。于是，财力强大，并有着跨境发行历史的广东报业开始尝试进一步向外扩张，2003年11月，南方报业集团的《南方都市报》出资改造《光明日报》属下的《生活时报》，《新京报》出现在北京市场。该报采用报业资本跨地区有限流动的方式，突破了以往仅依靠发行为主的跨地区经营[②]。2005年，新闻出版总署在其报业发展报告中称，经过改革开放后20余年的发展，特别是自上世纪90年代以来报业的充分竞争，在中心城市报业竞争已经达到饱和的程度，急需寻找新的增长空间[③]。至此，1994模式中的三类“不允许”都得到了相当幅度的松动。1994模式之后时代正式登场。

3. 模式的内在紧张

报业的“适度违规”和政策的忽紧忽松体现出1994模式内在的紧张。利用提高产业集中度的方式，1994模式造成了由报业集团主导的垄断式或双寡式市场格局，造成了报业中的既得利益者。然而，这些大了强了的集团们能否满足于自己的地方市场？在一个言必称“资本运作”，动不动就要上市的时代，集团们能否满足于制度规定的资金来源？所以这样发问，是因为大幅度放宽资本对报业的进入，意味着报业所有权性质的改变。大幅度放宽对跨地区经营的限制，意味着行政权力范围与媒体资源控制同构原则的改变。

即便在目前放松管制的“灰色地带”——报社的经营部分，不确定性仍然明显存在。例如，按照管理者的愿望，当外部资本——无论是业外资本，或境外资本——进入报业之后，资本投入者应不过问报纸的宣传编辑工作，即资本投入者只能关注广告、发行，或其他多种经营项目。然而，任何一本报业管理的初级教科书也会告诉我们，作为一类生产机构，报社中编辑、发行和广告是三位一体、密不可分的。编辑的成功与否极大地制约着发行和广告的成功与否；甚至，报社的多元经营也在很大程度上依赖于由编辑和发行成功带来的品牌效应。在资本投入者不过问

① 宋建武等.中国媒介经济的发展规律与趋势：114－117。

② 胡润斌，支庭荣.报业跨地区扩张：是耶？非耶？《传媒观察》，2004(5)：15－17.

③ 见本书，刘劲松，跨地区经营的六大难题解析：以《南方都市报》为例。

编辑工作的条件下，投资效率究竟如何保障便成为一个重要的问题。虽然存在这种不确定性[①]，但由于吸引资本对与变迁主体，特别是媒体集团，具有难以抗拒的诱惑力，这方面的努力从来不曾真正停止，盖因为媒体明白其基本利益所在。

再如，按照行政区域划分报纸经营范围是自 1957 模式以来的惯例。在这种模式下，地方报纸不但受到中央宣传部门的控制，且更直接地由所在地政府控制，人事和重要采编内容都是如此。在这样的制度下，报纸不但需要向公众宣传当地政府所欲宣传的内容，同时也需要向中央政府和外地公布当地政府所欲公布的消息。跨地区报业竞争或导致这种状态的改变。官员腐败、司法不公或企业黑幕的报道有可能伤害当地政府和企业在公众中的形象，甚至带来中央政府对地方政府的不满。一些案例分析和实证研究表明，这种推测绝非空穴来风。在分析跨地区发行的《南方周末》对湖北体育彩票事件等舞弊事件的报道的案例时，孙旭培发现，事件发生地的媒体报道消极乃至集体沉默。孙相信，跨地区舆论监督所遇到的困境是包括西方报业的世界新闻界普遍遇到的问题，但在中国报业管理体制下，这一困境显得更加突出[②]。针对《时差七小时》事件的报道，卢嘉杰利用内容分析方法对事件发生地深圳的报纸和《北京青年报》进行了比较。对报道的量化处理显示，两地报道在批评数量和程度上均呈现出显著差别[③]。也就是说，报纸的确能够更直接、更尖锐地批评地方政府和其他官方机构，形成跨地区舆论监督。在跨地区办报和跨地区舆论监督中，南方报业旗下的《南方周末》、《南方都市报》颇引人注目。《南方周末》的深度报道在读者中有着历久不衰的影响力[④]。《南方都市报》与《光明日报》合办的《新京报》曾多次因跨地区黑幕报道引发社会关注。而《南方周末》的记者辞职事件，《南方都市报》的若干负责人和《新京报》时任主编被拘事件，表现出跨地舆论监督的政治敏感性和当事人面临的风险。

而且，对于报纸跨地区经营的抵制不仅来自地方政府，逻辑上，也会来自 1994 模式的直接获利者，各地以党报为首的报业集团。一个城市的“好”报纸不一定是

---

① 主管部门在 2005 年出台的《国务院关于非公有资本进入文化产业的若干规定》，2006 年 7 月出台的《关于深化出版发行体制改革工作实施方案》意在推动出版、发行集团公司上市融资，但对社会舆论影响更为直接的报业集团的融资问题则多有踌躇。

② 孙旭培. 如何看待“跨地区监督”？——以广东报纸的三篇监督性报道为例. 载展江主编.《中国社会转型的守望者：新世纪新闻舆论监督的语境与实践》. 2002，中国海关出版社：47－58。

③ 卢嘉杰(2005)，两报纸对同一事件不同报道侧重点的内容分析研究：以《晶报》和《南方都市报》对“时差七小时”事件的报道为例。未刊稿。

④ 刘工昌，南方周末的前世今生。《二十一世纪》(网络版)，2008(12)，总第 81 期。2009－1－5 访问。

区域性的“好”报纸，更不一定是全国性的“好”报纸。因此，其他地区强势报业集团的跨地经营会威胁当地报业集团的利益。这使原本在1994模式中结成同盟，成为制度变迁主体的“好”报纸们遭到分化，其中的一些可能成为报业跨地区经营的坚强的抵抗者①。

六、报业管理制度变迁：1994之后

1. 为什么叫“1994之后”

从1994模式的建立至今，报业集团化在全国范围内基本完成。通过一段时间的争夺，各集团下党报、都市报、专业报划分出大体稳定市场份额。且如上述，在外部资本进入报业，报业跨地区经营等敏感方面，主管部门继续采取其时紧时松的暧昧态度，业界则继续其行之有效的制度变迁策略，“适度违规”，使新的尝试屡有出现。但在制度层面且就报业市场格局而论，① 主管部门长期未发布大幅度调整1994模式的政策，只是在本研究行将结束的2009年春季，新闻出版总署发出了进一步制度调整的信号；② 报业的市场大体仍然处于1994模式的框架之中，即在整体上，省级和市级报业集团稳定地划分了各地的报业市场；除少数地区外，各地市场大体呈现垄断或双寡头市场格局。因此，这里用“1994之后”来表示长达十数年中国报业状况。与动荡不安的20世纪80和90年代相比，这是中国报业制度层面相对稳定的时期，但推动变迁的动力并未因此消失。这种动力既体现在报业内部，也体现在媒体和社会环境之中。

2. 报业和媒体环境内部的变迁动力

在现有的报业市场格局之中，90年代末那样激烈的竞争已经明显的缓解。但同时，各地市场接近饱和，进一步发展的空间越来越小。面对新媒体的重压，寻找新的增长点成为报业的当务之急。但在大规模吸引外部资本、跨地区经营等领域的制度前景暧昧不清的条件下，报业能够做些什么？

报业做过多样的尝试。首先，90年代，不少初入市场的报业经营者曾把多元

---

① 有关地方报业对于外地报纸的抵制，参见本书，李明伟，中国报业跨地区经营研究——以《新京报》为例。

经营看作报社扩张的方向，勇敢地进入其他行业，如酒店业、房地产业、旅游业等，但成功者不多，且至今未见新的大规模尝试。其次，自1978模式实施以来，包括报业在内的媒体逐渐形成自身的特殊利益。为能在制度允许的范围中获得最大利益，许多媒体机构避开政治敏感的严肃新闻，转而努力发掘不与制度边界碰撞的盈利空间，并使这一空间不断获得复杂的内化。结果，娱乐内容在我国媒体中大量涌现，娱乐手段无所不用其极，以致有观察者用“娱乐至死”来痛心疾首地描述这类媒体的狂欢。而蜂拥而来的娱乐大比拼使同质化竞争日趋激烈，娱乐媒体的盈利空间不断缩小[①]。第三，目睹网络的高速发展，不少报业领导者明确意识到数字化媒体势不可挡。许多报社因此开始尝试“数字化生存”，纷纷建设网站，创立报纸的网络版，也试图建造提供多样信息服务的所谓“立体化网上信息综合体”。然而，对大多数尝试而言，实际效果并不明显。报社网站常仅起到报纸在线窗口的作用，在读者中影响有限。这并非是因为我国报业缺少创造力。事实上，西方大报多年来也试图利用网络以改善经营状况。但除了美国《华尔街日报》、法国《费加罗报》等少数几个案例之外，成功者也并不多见[②]。有理由猜想，网络提供了无数的信息来源。每个网站都面对无数的竞争者。网络使用者利用“拉”(pull)而非“推”(push)的方式来获得信息。因此，除非提供十分独特的信息服务或拥有跨地区乃至跨国家的品牌力量，如《华尔街日报》，很难让大量网络使用者主动“拉”来网络报纸的服务。报业拥有的采访、编辑、创意和资源怎样才能与网络有效地整合起来，使报纸在新媒体领域中获得竞争优势？这并非是容易解决的问题。中国如此，世界亦然。

既然变化中困难重重，报业是否可以选择什么都不做？在目前集团化的市场格局中稳定，已拥有地方市场的集团们能否“小富即安”地存在下去？由于新媒体特别是网络媒体的发展，报业的居安不变其实也并不容易。20世纪的最后二十年中，网络代表的数字化通讯技术深刻改变了媒体的竞争环境，使原本已不断遭到电视挑战的报业在媒体产业中所占比重进一步缩小。这不仅是说，在人们媒体使用时间的分配中，读报的比例在缩小，而且是说，报刊阅读者的绝对数量在减少。无

---

① 有意义的是，以社会批评见长的严肃媒体往往成为我国报业市场的成功者，如以深度报道和社会批评而知名的《南方周末》经营上颇为成功。原因在于，公众有着严肃媒体的巨大需求。当大量媒体以娱乐为基本取向时，严肃媒体处于短缺供应状态。参见刘工昌，南方周末的前世今生。《二十一世纪》(网络版)，2008(12)，总第81期。2009-1-5访问。

② 费加罗报网站成为法国最受欢迎的报业集团网站(作者不详)。http://news.sohu.com/20080915/n259560033.shtml。2009-1-9访问。

论是国内还是国外的市场调查都一再证明，媒体使用者，特别是青年媒体使用者，纷纷转向新媒体，使得网络媒体和户外媒体迅速攫取了原本属于报业的广告利润①。与此同时，如《基督教科学箴言报》那样的百年老报不得不结束其印刷版，历史长达二百年的《泰晤士报》竟也黯然地由大报改版为小报②。这一切都以戏剧化的方式提示我国业者，危险不仅存在于市场报告中，且正在身边发生。

2004 年，当各地市场的格局初显稳定之时，报业的广告收入增长幅度却开始明显下降。广州、青岛和深圳等重要市场甚至出现负增长。2005 年，“国内报业集团今年上半年营业额大幅下滑，广告实际收入大都下跌 10%～30%，跌幅在 40%以上的也为数不少，平均跌幅超过 15%”；过去二十年间报业广告收入的年均增长约 33%，而 2005 年仅为 10%左右。两相对照，吴海民相信“都市报的冬天已经提前到来”，并宣称 2005 年是报业从上升到下滑通道的“拐点”，而互联网等新媒体广告的持续增长是报业“拐点”的直接原因，因为，吴引证说，“艾瑞市场咨询推出的《2004 年中国网络广告研究报告》显示，2004 年中国网络广告市场规模已达到 19 亿元，较 2003 年增长 75.9%；预计 2005 年网络广告的市场规模将达到 27 亿元，较 2004 年增长 42.1%；到 2006 年，网络广告规模预计达到 40 亿元。”③2008 年，则超过 68.7 亿元④。

吴的看法在报业引发了广泛共鸣。更让业界忧心的是，报业的衰退是世界性现象。从 1995 年到 2003 年，欧洲的报业下降了 2%；美国的报业从 1995 年到 2003 报业的发行量下降了 5%。日本的报业在 1997 年、1998 年达到其顶点后，虽有反弹，但整体下滑的趋势十分明显⑤。在美国竟有人耸人听闻地预言，2044 年，准确些说，2044 年 10 月，“最后一位报纸读者将结账走人。”⑥虽然，忧虑声中也有

---

① 王积龙，欧洲报业发展趋势观察。《中国记者》，2006(12)：76－77；王积龙，(2006)，从 2005 年福特斯调查公司报告看美国媒体市场流变。《新闻界》，2006(1)：97；王积龙，(2006)，2006 年美国广告市场媒体并购中的三项期待。《西南民族大学学报》，2006(1)。

② 美国各大报业集团发行量大幅下降纷纷宣布裁员(作者不详)。http://news.sohu.com/20081030/n260345960.shtml。2009－1－9 访问。又见崔保国，报业蓝海战略。http://www.baoye.net/News.aspx?ID=229163。2009－1－9 访问。

③ 吴海民，博弈加剧 2005：中国媒体大变局。http://tech.sina.com.cn/bbs/2005/1130/18391291.html。2009－1－5 访问。

④ 中国互联网广告收入 2008 年将达到 68.6 亿元。《解放日报》，2006 年 8 月 14 日。

⑤ 崔保国，报业的数字化转型。http://media.people.com.cn/GB/22114/82179/82180/5640390.html。2009－1－9 访问。

⑥ 美国报业：灭亡边缘的恐龙(作者不详)。http://news.sohu.com/20081022/n260179214.shtml。2009－1－9 访问。

少数不同的意见，但很少有人怀疑网络媒体在严峻挑战印刷版报纸的生存，大多数人更相信报业整体上的衰落无法避免①。

概言之，不同媒体之间的市场竞争日渐激烈。以网络为代表的新媒体在不断蚕食着传统报纸的盈利空间，逐渐增大其对报业的压力。这种压力或可成为报业管理制度进一步变迁的动力。

3. 社会环境中的变迁动力

在媒体领域的变化之外，社会环境的变化也难以回避地影响着报业。如前述，改革的成功主要体现在它结束了多年无休无止的政治动荡，为经济带来的史无前例的高速发展和国民生活水平的显著改善。三十年后，改革面临的挑战则在于如何化解在"发展才是硬道理"原则指导下积累的种种社会问题。其中，最为严峻的是社会贫富差别加大，分配制度不合理问题；公共权力的腐化及其与公众利益冲突日益加深，以及追求高速发展带来的资源滥用与环境破坏。在中央政府那里，从"一部分人先富起来"的路径设计到构建和谐社会目标的提出，所透露出的即是改革进程间的相互承接，也是改革目标的逐渐调整。而改革进程和目标的变化是否会影响到报业管理制度和报业市场成为难以回避的问题。换言之，改革带来的社会整体结构的剧烈变化要求重新考虑作为社会结构中组成部分的报业是否也需要调整，是否需要加大其反应社会矛盾的反馈功能，以保证社会结构的平衡运行。

如上所述，报业跨地区经营蕴涵的最大不确定性，在于它或意味着行政权力与媒体资源的同构关系的打破。地方决策者或担忧跨地区报纸的舆论监督能力威胁到地方政府和企业利益；中央决策者或担忧舆论失控带来社会稳定的动摇②。事实上，新闻媒体应具有舆论监督的功能本是教科书式的老生常谈，本无需争辩。问

---

① 本文写作期间，由于金融危机，发达国家的报业遭受到更严重的打击，甚至出现"美国大城市将看不到当地报纸"悲观看法。落基山新闻报，西雅图邮报，费城询问报，圣何塞信使报，底特律新闻报，旧金山纪事报或以倒闭，或在申请破产，或面临关闭。纽约时报和华盛顿邮报大幅度消减经费，全美最大的报业集团甘耐特集团在过去两年中裁员 8 300 人。吴晓鹏，美国：违约陷阱把经济拖下水。《中国新闻周刊》，2009(12)：30－33。

② 据 2005 年第 3 期《传媒》杂志报道，新闻出版总署副署长石峰表示，跨地区办报"在操作层面上还存在不少问题，特别是管理体制问题。如果跨地区合作经营后削弱了对媒体的有效监管，这种形式就值得研究。我认为报刊跨地区经营是改革发展的必然趋势，形式应该是多种多样的，现在这几家的形式还比较单一。由于管理体制改革还不到位，目前还不宜全面铺开。"另据《中国报业》2005 年第 3 期报道，中宣部部长刘云山在深圳表示，鉴于跨地区办报过程中，属地管理问题尚未得到很好解决，因此暂停审批跨地区办报，但已获批跨地区办报可继续试点。

题在于，在舆论由国家全面控制向开放渐进的社会中，如何才能平稳地完成过渡，开放到什么程度才是合适的。理解这种“既要这样，又要那样”的困境，需要回到对改革这种特殊社会渐变方式的分析。具体说，对双轨制的分析。

研究者相信，双轨制的出现是由改革的初始条件决定的，即改革启动于全能国家的政治与社会环境。在其约束下，政府成为改革或渐进式社会变迁的主要推动者。双轨制的功能在于有效聚合、平衡、协调各种自发变迁群体的利益冲突，以减少社会变迁的成本，例如，避免激进的改革或反改革运动。换言之，双轨制是一类允许新旧利益格局并存的改革方式[①]。就报业制度的改革而言，制度供应者多变且不时自相矛盾政策反映出平衡在新旧制度下既得利益集团间相互关系的努力[②]，即平衡行政权力、报社、广告商和读者的利益关系。其基本特征是尊重在旧有体系下形成的各个利益者的现状（如行政部门对媒体所有权、人事权的控制，党报的地位等），也是在不对旧利益格局构成本质性威胁的前提下允许某些自发的变迁追求，获取制度外的经济或社会收益，如适度违规。这样，在制度外变迁主体缺席的条件下，双轨制相对顺利地解决了旧有体制对新制度的激烈排斥的问题，并保证变迁“囿于系统内部”。具体到报业，由于1978模式和1994模式没有伤及社会的稳定和政府对舆论的控制，却戏剧性增大了报业经济收益，变媒体为公认的“暴利产业”，使媒体集团成为崛起的新的既得利益者[③]，报业变迁才能获得制度化的肯定。

然而，双轨制是有风险的。“由于‘双轨制’的存在，产生了大量可供相关权力人或集团追逐的‘租金’，从而造成了寻租行为、腐败现象的泛滥。”“正是这些在‘双轨制’下获取大量‘租金’的权力人或集团构成了非均衡状态的既得利益集团，他们的存在对制度变迁的推进构成了来自权力层面的巨大阻力。”王覃军相信，在政府主导型的社会变迁中，由于政府必然面临产出最大化与租金最大化这两方面权衡

① 王覃军，中国政府主导型制度变迁的逻辑及障碍分析。http://www. lunwen tianxia. com/product. free. 4732924. 1/。2009-1-9访问。

② 宋建武及其同事追踪分析了改革以来政府有关部门媒体政策的文件和宣传部门负责官员的相关讲话，从中概括出现行的媒体政策的三大特性：过渡性、矛盾性和多变性。在宋看来，三大特性中核心的性质是矛盾性。这种矛盾性表现为(1) 对于(外部)资本的怀疑心态与要求媒体做大做强的融资需求之间的矛盾；(2) 媒体的跨地区发展与现行政治控制和行政管理体制的矛盾；(3) 媒体的跨媒体经营要求与我国媒介现行的分业种管理体制的矛盾；(4) 媒体主管部门希望加强媒体实力与地方政府及财政部门企图增加财政收入之间的矛盾。宋建武等，《中国媒介经济的发展规律与趋势》：123—127。

③ Lee, Chin-Chuan, He, Zhou, Huang Yu(2006), “Chinese party publicity Inc.” coglameration: the case of Shenzhen Press Group. *Media, Culture & Society*. Vol. 28(4): 581-602.

和选择的困难，从而无法顺利解开所谓“诺斯悖论”[①]，即政府需要同时考虑经济收益（产出最大化）和考虑非经济收益（统治的最大稳定和政府租金最大化）时面临的困境。而“只有当产出最大化与租金最大化的综合收益大于成本时，制度变迁才会发生。”[②]依此思路，报业管理制度能否进一步调整，跨地区经营能否获得制度化肯定，会更多地取决于所涉利益相关者的利益的考虑，会取决于制度供应者能否在变迁中获得大于成本的综合收益。就报业跨地域经营而言，这种收益与成本的判断应该有三个基本角度：

第一，跨地区经营对整体报业经济而言是否能提高效率。这是经济效率的问题。

第二，当跨地区经营中的异地舆论监督发生，对于地方政府和企业利益，对于缓和或激发当地社会矛盾起到什么样的作用。这是局部政治的问题。

第三，当跨地区报业组织形成，行政权力与媒体资源的同构原则发生变化，对于整体的社会稳定和政府权威造成什么样的影响。这是全局政治的问题[③]。

上述三类角度反映出报业与社会的四类结构性关系：① 地方报业市场与地方经济的关系；② 地方报业市场与地方社会稳定的关系；③ 地方报业市场与全国经济的关系；④ 地方报业市场与全国社会稳定的关系。四类关系之间的张力的强度决定着报业制度变化或不变化，也因此决定着报业跨地区经营问题的走向。

---

① “诺斯悖论”由诺斯在 1981 年提出。诺斯相信，国家具有双重目标，一方面通过向不同的势力集团提供不同的产权，获取租金的最大化；另一方面，试图降低交易费用以推动社会产出的最大化，从而使税收增加。在诺斯眼里，这两个目标经常是冲突的。诺斯悖论描述了国家与社会经济相互联系和相互矛盾的关系，即“国家的存在是经济增长的关键，然而国家又是经济衰退的根源”。另外，由于存在着投票的悖论（the paradox of voting）、理性的无知（rational ignorance），加之政治市场的竞争不充分和交易的对象难以考核等因素，政治市场的交易费用高昂。结果，政府作用的结果往往是经济增长的停滞。

② 王覃军，中国政府主导型制度变迁的逻辑及障碍分析。http://www. lunwen tianxia. com/product. free. 4732924. 1/。2009 - 1 - 9 访问。

③ 中央政府对跨地区监督的态度是一个需要依据具体情况做具体分析的问题。从政治角度去看，比之地方政府，中央政府会更关注社会整体的公正和和谐，即在地方经济指标之外，也关注社会的和谐和公正等问题。一些令地方政府尴尬的丑闻，对于中央政府来说，或是应该予以揭露和批评的。事实上，对于地方上发生的欠薪、滥用行政或司法权力、掠夺性征用土地的行为，中央政府通常比地方政府表现出更明确的不容忍态度。因为这样更符合巩固政权合法性的全局利益。然而，对媒体的暴露性报道，特别是当报道涉及政治上十分敏感，且短期内无法解决的社会问题，中央政府的宽容态度应该是有限度的。中央政府的态度底线应是不愿见新闻报道引起公众对政府总体执政能力的质疑，和引发群体性抗议行为。从经济利益的角度去看，拥有强大报社的地方政府应该不会禁止自己属下的报纸向其他地方扩张，而不拥有强势报纸的地方政府应该不乐于见到其他地区报纸在本地区的扩张，因为竞争可能导致地方政府直接管辖报纸失去市场份额，降低其舆论影响力量，还可能使自己处于“跨地区舆论监督”之下。换言之，比之中央政府，地方政府在政治和经济两方面都更少支持异地报纸在本地区跨地经营的动机。

4. 可能的选择

首先讨论第一个问题，即经济效率问题。从纯粹经济和全局的角度去看，行政权力与媒体的同构分布无疑是低效的资源分配方式，不利于报业产出的最大化。因为，市场需求与行政权力的分布并不一致，按照行政区域划分媒体资源是低效的分配方式。当论及报业跨地区经营问题时，主张放宽管制的我国媒体研究者常常引用西方报业集团跨地经营的案例，证明这是“做大做强”的必由之路，意在游说决策者。但事实上，跨地区不是问题，报业跨地区才是问题。虽然一些地方报纸或在竞争中消失，但中国报业的竞争整体实力会因降低行政壁垒而加强，甚至，使业界和政府向往的中国报业全球竞争力不再那样虚渺。从报业经济全局去看，松动跨地区经营限制是正面和积极的，甚至从地方经济去看也是如此。因为，假定跨地区的报纸通常具有更好的市场表现，会导致一些当地报纸的收入减少乃至消失，但这些跨地区报纸可通过赋税方式对当地做出补偿，并为当地带来就业机会①。

概言之，如果决策者从地方报业市场变化与地方经济的关系，地方报业市场变化与经济的关系着眼，跨地区经营不应受到强大阻力。经济效率问题不是一个真实问题。

真实的问题是行政权力与舆论引导的关系问题。对此，中央和地方的收益—成本考虑或并不一致。就政治利益而言，比之地方，出于对政权合法性的关注，中央应会更关注社会整体的和谐公平。事实上，对于地方拖欠薪金、滥用行政或司法权力，或掠夺性征用土地行为，中央通常比地方表现出更坚决的不容忍态度。不过，当媒体报道涉及政治敏感且短期内难以解决的社会问题，可能引起对于政府执政能力怀疑，甚至激发群体事件时，宽容或触及底线②。与之对照，地方政府会更多忧虑他地报纸在本地的扩张。这类扩张不但可能导致本地报纸失去市场份额，降低地方政府的舆论影响力量，还可能使地方政府面对异地媒体监督，并被迫将地方问题放置在全国舆论关注之下。因此，比之中央，地方或会更缺乏支持异地报纸在本地经营的动机。

从报业层面去看，多数占有地方市场的报业集团应乐于保持现有市场格局。

---

① 某省的一位领导人在支持异地报纸在其管理的地区发展时，曾向其同事解释，外地来的报纸为当地创造了更多的就业机会。对某报负责人的访谈记录，2006-1-27。

② Zhao Yuezhi(2000), From commercialization to coglomeration: the transformation of the Chinese press within the orbit of the party state. *Journal of Communication*, Vol. 50(2): 2-26.

1994 模式为它们建立了保护主义屏障，改变该模式会强化竞争，带来市场的不确定性。只有少数拥有强大品牌影响力的报业集团，在当地市场高度饱时，可能对政府施加影响，求得跨地区发展的机会。换言之，就直接的利益相关者而言，跨地区经营制度化虽有获利者但为数不多。

如果说，制度变迁的基本动力为利益型和压力型[①]。对于大部分利益相关者而言，报业跨地区经营制度化调整并非其利益所在。倘若或大或小的调整出现，更可能是压力的产物。这种压力首先表现为社会结构内生性的，即改革以来中国社会矛盾的累积，迫使媒体考虑不同利益群体提供一些诉求渠道，将出现的问题或可能出现的问题引入社会议程，对社会系统运行状况做出及时和公平的反馈，用引发微调的方式来避免社会结构某些部分的失灵，乃至社会整体的结构性崩溃。然而，由于我国媒体管理制度变迁的路径依赖，也由于既得利益集团的强大，媒体还不能适应社会的变化。当社会矛盾的积累似乎到了微小的矛盾都可能引起矛盾集中爆发的程度，进一步的改革便会被积累的矛盾所绑架，使长远的稳定成为当前稳定的牺牲。

制度变迁的另一类压力是外生的。外生的技术因素网络便是这样一类因素。网络无远弗界和互动的特征模糊了传统上大众传播和人际传播的界限，削弱了媒体掌控者和一般公众之间传播能力的鸿沟，打乱了原有话语权力的分配规则[②]。因此近年来我国发生的一些社会冲突得以首先在网络上披露，其中也有迅速获得传播，形成社会舆论关注焦点的案例。虽然，网络的匿名环境常常引发不负责任的行为，网络能否成为、如何成为严格意义上的公众论域仍是可以争论的问题[③]，毋庸置疑的是，新媒体侵蚀着——如果尚未和解——主流媒体对舆论的垄断程度。网络不但成为日渐重要的政治表达途径，甚至开始迫使主流媒体被迫追随网民率先设立的社会议程[④]。传

---

① 陈戈，储小平，现代中国报业制度变迁的一个理论解说。http://www. cenet. org. cn/cn/CEAC/。2007-6-20 访问。

② Yang, Guobin (2003), The co-evolution of Internet and civic society in China. *Asian Survey*, Vol. 43 (3): 405-422.

③ Zhou Yuqiong, P. Moy (2007). Parsing framing processing: The interplay between online public opinion and media coverage. *Journal of Communication*, Vol. 57(1): 79-98.

④ 依据范士明的研究，“BBS 上议题的形成不是简单地跟从传统媒体，而是以原创为主。网上的热门讨论和有意思的意见再以电子邮件、QQ、MSN 和其他方式转发出去，形成更广泛的传播。当某一种网上意见变得十分强烈时，可能升级为网上签名请愿等活动。例如，2003 年的孙志刚案就是如此，线民的强烈反应导致更大范围的讨论最终导致《城市收容条例》的废除。在 2004 年反对日本争取成为联合国安理会常任理事国时，据称 2 个月内网上就收集了 4 000 万以上的签名。”见范士明，新媒体和中国的政治表达。《二十一世纪》(网络版)，2008(3)，总 72 期。写作本文期间发生的云南“躲猫猫”事件是最新的例子。

说中的"五毛党"[①]，以及删帖、屏蔽网站等手段其实很难真正改变网络舆论的走向。当网络作为外生性技术因素与内生性社会矛盾因素相结合，旧有舆论控制方式舆论有效性就变得颇堪怀疑。于是，各地政府纷纷成立专门的网络管理部门，强化对网络的控制。但同时，"互联网执政"口号的提出则表示出对新兴话语权力的承认，标志着网络舆论开始对政治进程发生影响。在这样的背景下，通过控制报业来实现舆论控制的重要性正在降低[②]，通过限制报纸跨地区经营来制约跨地舆论监督难免逐渐成为效率堪虞的制度安排。

沿着上述思路为基础，可以审视一下不同选择中包含的利益和风险：

第一，对于报业跨地区经营的大幅度开放，或对现有报业集团的规模加以收缩都可算作选项。由于前者为稳定带来的不确定性，由于后者或危及产出的最大化，且它们并非地方政府与大量报业集团的利益所在，这两个选项仅有逻辑意义而无实际可能的选择。

第二，就市场格局而言，尽可能维持现状，既可以使得大部分报业集团避免更为激烈的竞争，持续维护其在 1994 模式中获得的利益，也可以避免地方政府管理方面的困难。这可能是相关利益者综合收益最大的选择。然而，① 随社会矛盾持续积累，网络舆论与报纸宣传偏离幅度或持续加大，报纸在社会议程设置中的舆论引导力量继续衰退，限制报业跨地区经营的政治意义随之减弱[③]；② 报纸影响力衰减与网络受众群不断扩大两因素间相互作用，加速广告投入持续向新媒体的流动，开始在大众媒体中边缘化报纸，直接危及报业集团的经济利益，引发这一利益群体的反弹。

第三，在维持现有报业管理体系的同时，强化对网络言论的控制。使用技术和行政手段或能更有效地控制特定事件的传播，保护报业集团的既得经济利益。不过，这类控制能否改变网络舆论整体的走向却值得怀疑，甚至可能深化矛盾[④]。更

---

① 在我国的网络术语中，"五毛党"指受雇发帖支持强势利益集团的网民。因传说发一这样的帖子可获五毛钱报酬，故有"五毛党"之名。笔者之一的 IT 咨询业友人就曾受雇于某著名网络游戏公司发帖，以行业中人的身份为其产品辩护。据其透露，获得的报酬远远高于五毛人民币。

② 郭亮，中国互联网的发展及其对民意的影响(2004 年 4 月 6 日在耶鲁大学的演讲)。转引自范士明，新媒体和中国的政治表达。《二十一世纪》(网络版)，2008(3)，总 72 期。

③ 2009 年 2 月，中央电视台附楼大火后，网络和短信中大量幸灾乐祸的言论透露出公众对于官方主流媒体的不信任乃至反感的态度。

④ 前不久"草泥马"在网络上的流行进一步透露出网络控制所引发的尖锐冲突。参见 Wines，Micheal，A Dirty Pun Tweaks China's Online Censors。载 *New York Times*，March 12，2009，A1，New York Edition. 本文写作期间出现的河南灵宝青年王帅因发帖批评当地政府非法征地，导致灵宝警方异地捕人，后因网络舆论压力公开道歉一事是最新的例子。

需考虑的是，当网络衍生的舆论监督功能受控时，具体的、局部的矛盾或因无法解决进入社会议程而加速积累过程，或孕育更大规模的社会冲突，危及社会的长远稳定。

第四，继续尝试渐进的报业跨地区经营。在1994模式后，如若干报社先后获得了主管管理部门批准，成为跨地区经营的试点。但在2005年后，这类的尝试没有再出现[①]。而停止试行的根本原因是担忧“削弱了对媒体的有效监管”[②]。事实上，除了《新京报》之外，其他作为试点的报纸并未有就异地监督问题与有关地方政府产生强烈矛盾。但由于管理部门仍然对此感到忧虑，现实中，这一选项已由第二选项取代。

第五，大幅度缓和社会矛盾，消弭网络舆论与社会稳定之间的冲突。果能如此，报纸的跨地区经营便更多地转化成为地区间经济利益分配问题。虽然这一选项在逻辑上有理由存在，但其能否，何时才能具有现实的操作性却不得而知。

综合上述分析，就报业跨地区经营而言，作为制度变迁主体的行政部门和大多数媒体集团缺少明确的利益驱动，却面临失去利益的风险。如卡尼曼和特沃斯基在前景理论研究中所证明的，决策者通常倾向于① 给已经拥有的利益赋予更大的权重；② 给或将损失的利益赋予更大的权重。参考他们的发现，虽然上述第二、第三选项均包含社会风险，但由于选择带来的风险不会即时发生，而选择带来已拥有利益损失确实肯定和即时的，因此，这两项成为现实选择的概率最大。就跨地区经营而言，只有当风险获得充分显现，并开始造成利益相关者可见和直接的重大损失时，综合收益的考虑才有可能推动进一步制度变迁，引发对于权力的进一步让渡。

2009年4月14日，在本报告完成的时候，中央电视台的《对话》节目访问了国家新闻出版总署的负责官员。节目披露，在新近发布的《关于进一步推进新闻出版体制改革的指导意见》中，主管部门批准49家报业集团上市。仅2009年就有10余家在做上市准备工作。相关的新闻报道透露，在今后的三五年间，中国将出现六七家资产、销售均超过百亿元的大型出版传媒企业，将允许社会资本参与这类企业的股份制改造过程。这被媒体读解为“非公资本进入新闻出版业首次受到政策鼓

---

① 《中国报业》2005年第3期报道，中宣部部长刘云山在深圳表示，鉴于跨地区办报过程中，属地管理问题尚未得到很好解决，因此暂停审批跨地区办报，已获批跨地区办报可继续试点。目前，跨地区办报在政策执行中还是收紧的。转引自本书，刘劲松，跨地区经营的六大难题解析：以《南方都市报》为例。

② 2005年第3期《传媒》杂志刊发对新闻出版总署副署长石峰专访中，石峰表示跨地区办报“在操作层面上还存在不少问题，特别是管理体制问题。如果跨地区合作经营后削弱了对媒体的有效监管，这种形式就值得研究。”转引自本书，刘劲松，跨地区经营的六大难题解析：以《南方都市报》为例。

励”。文件特别指出，“积极支持条件成熟的出版传媒企业，特别是跨地区的出版传媒企业上市融资”。

如果上述《指导意见》能够顺利实施，这将是1994年以来我国报业管理制度的又一次重要调整。它意味着多年以来，媒体剥离内容与经营，将广告、发行、印刷，有线电视、数字电视线网和影视媒体的广告，以及网络传媒、户外媒体的渠道等上市融资的尝试，包括一些媒体借壳上市的行为，在国有控股的条件下，被证明是安全或比较安全的，因此正式获得了制度化认可。媒体所有权会进一步向多元化方向发展。从《指导意见》和有关报导中看，出版企业的跨地区经营获得明确肯定。根据相关报道，主管官员虽然明确提出报业集团上市，但这似乎并没有明确提及报纸跨地区经营问题。事实上，非报纸出版物不具备地方新闻内容，原本没有跨地区的敏感性。很可能，在新的制度安排中，报业的市场格局仍然会大体保持现状。

管理制度层面的这一最新的变化，印证了本报告对报业管理制度变迁的动力分析。上市将极大扩展报业集团的融资能力，增强了它们在新媒体压力下竞争的能力，自然为媒体利益群体所希望的，也符合政府一直追求的做大我国媒体的愿望。十几年的尝试已证明业外资本的进入不会造成舆论引导方面的风险，这种制度调整的正面综合收益便应十分明显。报业集团可以上市，但只要仍然停留在本地市场上，报业的活动就仍然在行政权力与报业资源分布的同构的框架之中。可以认为，管理制度的这一变化与新媒体带来的市场压力有关，但变迁动力主要是利益型的，它为报业集团和管理部门带来利益。至于报业集团们在金融市场上获得了更多资金之后，会不会继续寻求跨地区市场的扩张，至今，还只能按照“摸着石头过河”的思路去想象。

如果说，新的制度安排可能会缓解报业面对新媒体的市场压力，但它可能无助于解决网络在议程设置日趋增长势头。这是因为它既无助于缓解不断积累的社会矛盾，也不能限制网络使用者的日益增多。这一新的制度举措说明，行政权力与媒体资源分布的同构原则还将作为管理制度的基本特征存在。如此，依据卡尼曼的决策理论，跨地区的报业市场的形成便不大可能出现在日程表上。而且，倘若这类市场最终形成，它只能是压力所致：**报纸跨地区经营制度化出现的可能性，应是网络社会影响力的函数**。换言之，当网络信息成为达到一个临界数量的公众获取新闻的基本和主要来源，报纸的舆论引导力量式微到无足轻重的程度，对于报纸跨地区经营的制度限制将意义全无。

七、余 论

近年来,我国研究者倡导媒体集团化的文章大量出现,但对集团化可能带来的社会后果的讨论却鲜见被关注。媒体集团化的源头在西方。在一定意义上,中国媒体集团化是对西方——特别是美国——媒体集团化的呼应。这不仅因为我国集团化倡导者多以西方媒体集团化来证明集团化是我国媒体发展的必然之路,也因为对抗跨国媒体集团,保卫国家媒体安全也是媒体研究者用来敦促政府推行媒体集团化最为常见的理由①。在西方,主张市场开放的新自由主义者和自由左派围绕集团化问题有着尖锐的交锋。其争论焦点在于高度集中的媒体市场格局将如何改变媒体资源的分配,在于谁在这种产业格局的变化中获利,更在于新的媒体资源分配方式对西方社会赖以生存的民主制度将造成什么样的冲击②。相形之下,我国媒体研究者对于集团化,对于地方报业市场格局的集中化大体持拥抱态度,研究兴趣多在集团经济效率或集团管理等方面,鲜有人思考市场格局变化的政治经济学意义。虽然偶见有少数研究者质疑建立在行政权力基础上的媒体集团是否能真正具有市场活力,其关注也未曾脱出经营问题的窠臼。

追求做大做强的中国的媒体集团和美国由新自由主义思潮孕育出的媒体集团产生于全然不同的社会环境,其背后的理据也大不相同。美国的新自由主义者所追求的是限制政府在市场上的行为,允许媒体以更加企业化,或更“自由”的方式,通过兼并、合并,形成跨地域、跨国界的经营方式。左翼民主派则担忧这样会使舆论被少数人控制,资本将摧毁多元的观念市场,从而令言论自由和民主制度空洞化。他们主张政府限制大媒体的扩张,控制不同媒体企业拥有的市场份额,以保证不同利益集团声音都拥有传播渠道。两种对立观点争论的核心是给资本以更多的“自由”,还是相信民主是更高的社会价值。其争论的实质是“自由”与“民主”两个资本主义核心价值之间的内在矛盾在新的技术条件和全球化政治、经济环境中的体现。

我国媒体市场变化的推动力量也来自市场和政府。市场力量媒体使媒体获得扩张的冲动,媒体的管理部门也并不否定这样的冲动。然而,管理部门乐见的是媒

---

① 卢嘉杰,中国媒介集团化研究的论域与争论盲点.《新闻界》,2005 年第 6 期:23 - 25,30。
② 见本书,葛岩,美国关于媒体集团化的争论。

体扩张应保持与行政权力的分布同构，尝试在一类非市场化前提下有效地实现市场盈利。虽然，西方和中国在相近的时间里出现了媒体集团化的现象，虽然，有观察家把我国的媒体集团化视为西方新自由主义影响的结果，二者之间真实的联系，其实，虽有也寡。

区域合作中省份特征对省际新闻流动之影响

——以“泛珠三角经济圈”为案例

卢嘉杰[①]

一、研究介绍

1. 问题的提出

不同区域之间的新闻信息流动是一个久为关注的问题。1970年，在联合国教科文组织(United Nations Educational, Scientific and Cultural Organization)有关“新世界信息和传播秩序”(New World Information and Communication Order)的讨论中，论者就已经指出，发达国家和发展中国家之间的新闻信息流动是不平衡的，其原因是由于西方媒体在全球范围内处于支配的地位。正是这种不平衡，使得发展中国家在国际新闻中常被描述为负面的形象[②]。

从国际传播的角度来看，“新闻流”(news flow)通常被认为是某一特定国家的新闻媒体对于别国的新闻报道。早期的研究者认为，这种新闻的流动反映并且强化了相关国家之间一方对于另一方在政治、经济和文化关系上的支配。一直以来，由于这种观念的影响，研究焦点多数都集中在跨国界的新闻流动之上，甚少关注一个国家内的区域间的新闻流动[③]。然而，近10年来，这种跨国研究的角度开始被应用于局部地区和国内研究。例如，Hamelink主张可以把这种新闻的流动放到北美

---

① 卢嘉杰，深圳信息职业技术学院商务管理学院教师。

② Natarajan, K. & Hao, X. (2003). An Asian voice? A comparative study of Channel News Asia and CNN, *Journal of Communication*, Vol. 53 (2): 300 - 314.

③ Zhu, J. & Huang, Y. (2002). Weak links within a centralized national system: Inter-provincial relations vis-à-vis news coverage from 1955 to 1996, *The China Review*. Vol. 2 (1): 149 - 172.

的背景下去研究[①]，祝建华和黄煜则认为中国大陆也是一个观察地域间新闻流动的有意义的例子[②]。本研究也是利用这一角度观察国内地区间新闻流动现象的一种尝试。

2000 年 6 月初，广东与周边 8 省和港澳特别行政区最高领导人在香港、澳门和广州，举办首届“泛珠三角区域合作与发展论坛”，并签订了《泛珠三角区域合作框架协议》[③]。“9+2”[④]区域合作关系这一新因素的引入，为研究中国大陆不同区域间的新闻流动提供了新的研究视角[⑤]。

此项研究要回答的问题是：① 在中国大陆政治和经济转型的环境下，有哪些因素在影响着省际新闻的流动？② 这些因素的影响力大小有何不同？③ 区域合作的发展是否将影响省际新闻的流动？对这些问题答案的探索包含了 4 个层次。

首先，需要描述在“9+2”这个背景下区域间新闻报道各阶段的状况，测量新闻数量、新闻类型、涉及区域、报道态度（负面/正面/中立）等变量，以此为根据，阐述一个给定区域间新闻流动的状态。

其次，需要检验所涉及地区的特征（如面积、人口、GDP、地理位置）与其出现在省际新闻报道中的关系，以探讨各个特征对媒体新闻选择决策机制可能产生的影响。

第三，基于上述的分析，推断省际新闻报道的选择标准。

第四，研究还将试图发现这些新闻报道选择标准背后可能存在的深层机制。

2. 此项研究的意义

随着中国改革的深入，新闻媒体的社会角色已逐步从过去单纯的宣传喉舌过渡为宣传与营利并重。在单纯为宣传喉舌的时代，影响新闻媒体选择新闻的决定性因素毫无疑问是政府下达的宣传任务。然而，一旦新闻媒体需要考虑其自身的生存问题时，其选择新闻的标准是否会有所改变？如果有，是怎样的改变？在这样的背景下，当区域合作这一新变量被引入时，会为区域内的新闻流带

---

① Zhu, J. & Huang, Y. (2002). Weak links within a centralized national system: Inter-provincial relations vis-à-vis news coverage from 1955 to 1996, *The China Review*. Vol. 2 (1): 149-172.

② 同上。

③ 杨汝万，沈建法编，《泛珠三角与香港互动发展》，序言。香港中文大学香港亚太研究所，2005.

④ 9 个内地省份：广东、广西、海南、福建、云南、江西、四川、湖南、贵州；2 个行政特区：香港、澳门。

⑤ 由于香港和澳门的社会制度及新闻出版法规与中国大陆相异，出于可比较性的考虑，此研究实际上只对中国大陆 9 省的区域间新闻报道进行研究。

来新的选择标准吗？如果会，在新的新闻选择标准的影响之下，跨地区新闻报道会有什么特征？

此外，媒体改革还动摇了传统上以行政区划分报纸出版发行范围的市场组织形式。换言之，地区性行政权力对于新闻媒体的控制可能减弱。这一变化是否会体现在新闻报道中，以何种形式获得体现？

上述问题的核心，是以中国政治和经济体制转型的宏观环境为背景，从地域间新闻报道的视角，考察媒体新闻报道选择标准或在发生的转变。此项研究因此有以下几点理论意义和实践意义：

(1) 实践意义在于，通过建立一个能够分析各个因素对新闻选择决策产生影响的模型，以科学、系统的方法来证明为何在中国现有的环境之下，有些新闻会比其他新闻更具有“新闻性”。这一模型将有助于学术界和业界对于新闻价值的判断由目前占主流位置的凭主观经验方法向科学客观的方法转变。

(2) 再者，此模型将有助于更准确、直观地看到，新闻报道受到哪些因素的影响，决定不同报纸的新闻报道的影响因素组合有何不同，以及在区域合作的不同阶段中，新闻选择与其他因素之间的相关性。

(3) 从理论层面来看，更为重要的是，此研究虽以泛珠三角为研究案例，然一旦分析模型被证明有效，其他研究者日后对中国其他区域进行同类研究时，该模型可成为一个参照系统，为同类研究提供遵循、修正或挑战的基础。

3. 研究对象的选择

此项研究以报纸媒体作为研究对象，选择了《南方日报》和《南方都市报》作为研究样本。此选择基于以下原因。

从历史上看，报纸是一种深受地域所限制的媒体，主要是服务于特定的地区或社区[①]。在这种意义上，南方报业传媒集团或许是一个例外。集团旗下的《南方都市报》是中国影响力最大的都市类报纸[②]。在深圳市场，《南方都市报》的零售量甚至超过了深圳当地报纸[③]。从市场总量来说，《南方都市报》走向全国只不过是时

---

① Yang, T. (1995). Factors affecting foreign news coverage: U. S. and British media coverage of the Soviet (1931 - 32) and Chinese (1959 - 61) famines. PhD dissertation. US: University of Missouri-Columbia.

② 范以锦.《南方报业战略》. 广州：南方日报出版社，2005：62.

③ 同上：406 页。

间的问题[①]。

与《南方都市报》贴近民生的风格不同，作为南方报业传媒集团的旗舰媒体，《南方日报》恪守“政治家办报”的理念，强调正确的舆论导向，积极实践“三贴近”的办报方针……发挥了党报在舆论宣传方面的主导作用[②]。

二者不但同是以广州为基地的广东报纸，且属于同一报业集团。这样，从与其他省份的关系来看，两报有相当多的一致性。从报社管理的内部机制来看，两报统一由一个管理团队管理。两报的区别仅在于一是党报，另一是都市报，一个主要承担政府政策的宣传，社会舆论引导的功能，另一个则较多地关注市场需求。因此，比较两报，可以排除多种干扰变量，凸显在我国报业管理体制下党报与都市报定位，或报纸形态，对跨地区新闻流动所带来的影响。

如上所述，出于对市场化程度、地域覆盖面的考虑，本研究选择了《南方都市报》作为研究样本。为了进一步比较党报与都市类报纸之间功能定位的差异，也选择了同属南方报业传媒集团的党报《南方日报》作为另一研究样本，以期观察中国报业两种基本形态报纸在本研究问题框架中的表现。

二、文献回顾及理论框架

1. 文献回顾

如第一章中所说明，此项研究主要涉及三个研究领域：国际新闻流的研究、新闻选择标准的研究及中国大陆区域间新闻报道的研究。故在论述研究的理论框架之前，有必要先对上述三方面的相关研究成果进行回顾。

国际新闻流的研究

在前人关于国际间新闻流的研究中，大多数研究者都把关注点放在媒体如何再现客观世界的问题之上[③]。而国际新闻研究所(International Press Institute)于1953年在其所发表的报告中指出，发达国家和发展中国家之间的新闻流通是不

---

① 范以锦.《南方报业战略》.广州：南方日报出版社，2005：71页。

② 同上：180页。

③ Zhu, J. & Huang, Y. (2002). Weak links within a centralized national system: Inter-provincial relations vis-à-vis news coverage from 1955 to 1996. *The China Review*. Vol. 2 (1): 149 - 172.

平衡的。此后，这种新闻流的不对等日渐成为国际传播研究的重要主题①。直到20世纪70年代和80年代早期，此问题一直是“新世界信息和传播秩序”讨论的焦点。

20世纪90年代，前苏联解体、东欧剧变、社会主义阵营瓦解等一连串的事件打破了原有的地缘政治格局，全球化逐渐成为世界发展的潮流。与此同时，仍然有些学者相信，现存的世界基本格局依然遵循着以前的世界秩序②。一部分学者更认为，由于西方发达国家大规模地使用新的信息技术，国际新闻流一面倒的问题在冷战后进一步恶化③。被讥为“文化帝国主义的支持者”的一些研究人员认为，国际新闻流应该或只能是单向的，而自命为“全球多元文化的拥护者”的研究者则坚持国际新闻流应是多向的观点④。国际新闻流的话题其实一直以来都受到研究者们的密切关注。研究发现，在宏观层面上，不同的国家对于国外新闻报道的选择会遵循一定的模式。祝建华和黄煜将这些模式概括为4种⑤：

(1) 拥有强大的政治和经济力量的国家会比别的国家有更多的机会出现在他国的国际新闻中；

(2) 两国之间的相互报道多数是不对称的——信息较丰富的国家会更频繁地出现在信息较匮乏的国家的国际新闻报道中，而不是相反；

(3) 信息匮乏的国家之间的新闻流比较少；

(4) 有负面影响的新闻会得到大范围的传播。

以38个国家为样本，Wu曾进行过一项关于国际新闻报道的系统决定因素(systemic determinants)的研究⑥。该研究将贸易、领土面积、文化纽带(cultural ties)、传播资源(communication resources)、地理距离(两国首都之间的直线距离)等这些国家特征(traits)定义为系统决定因素，或系统考察中的独立变量。用多元回归的方法，Wu分析出了38个主国家(host countries)中的新闻媒体在选择与

---

① Zhu, J. & Huang, Y. (2002). Weak links within a centralized national system: Inter-provincial relations vis-à-vis news coverage from 1955 to 1996. *The China Review*. Vol. 2 (1): 149 - 172.

② 同上。

③ 同上。

④ Nossek, H. (2004). Our news and their news: The role of national identity in the coverage of foreign news. *Journalism*. Vol. 5 (3): 343 - 368.

⑤ Zhu, J. & Huang, Y. (2002). Weak links within a centralized national system: Inter-provincial relations vis-à-vis news coverage from 1955 to 1996. *The China Review*. Vol. 2 (1): 149 - 172.

⑥ Wu, H. D. (2000). Systemic determinants of international news coverage: A comparison of 38 countries. *Journal of Communication*. Vol. 5 (2): 110 - 130.

214个客国家(guest countries)有关的国际新闻时如何受到这些因素(或独立变量)的影响。研究发现,国际新闻报道的不平衡不仅仅体现于单个国家上,在全球层面上同样也存在这一现象——处于非洲和拉丁美洲的国家只得到了极少的新闻报道。有趣的是,传统上被认为一定与新闻报道紧密相关的特征——例如贸易、政治和经济实力等等——在研究结果中却并非一直发挥强大的影响。该研究的结果透露,在不同的国家中,影响国际新闻选择的因素的组合方式是不同的。遗憾的是Wu仅罗列出了38个主国家在选择国际新闻时所考虑的主要影响因素,并没有对统计结果进行进一步的归纳总结(例如没有分析国家特征与新闻选择标准之间的关系)。无论如何,Wu的研究所涉及的地区众多,观察的变量相对全面,且新闻来源同时包括报纸媒体和电子媒体。无论是就代表性,或是就方法论而言,该研究都对类似研究有启发意义。

对国际新闻流的研究经过了数十年的发展,无论是在概念化(conceptualization)还是方法论上都已经进入了一个相对成熟的阶段。前人所建立的基础为日后的相关研究提供了一个完整的框架。一些研究视角,只要作些必要的调整或改动,即可以运用到不同的背景之中,且得出有趣也有意义的结果[①]。例如,祝建华和黄煜视中国大陆为分析案例,以1955-1996年间[②]30个省和直辖市[③]的党政机关报为样本,对各报纸中的省际新闻进行了研究[④]。该研究发现,中国大陆的省际新闻报道数量非常少,而且,与全球国际新闻的分布情况相似,高度集中在发达地区。这一现象反映出大部分省和直辖市之间只有低等级的互动。此外,该研究还发现,在国家信息交换网络中,并没有发现任何明显的区域性的或以其他因素为基础而联结起来的团体。此发现与近年来中国不断宣称的区域分权制和水平多元主义的崛起相矛盾。因此,研究者对区域分权制和水平多元主义的真实状态表示怀疑。通过新闻流的视角,该研究透视了中国大陆现行的区域政治问题——一个在传统上为政治学和经济学所关注的问题。除了详细描述了中国大陆的省际新闻报道状况之外,由于其时间跨度较长,该研究通过纵向分析的角度揭示了一些中国大陆省际新闻报道的发展趋势。

---

① Zhu, J. & Huang, Y. (2002). Weak links within a centralized national system: Inter-provincial relations vis-à-vis news coverage from 1955 to 1996. *The China Review*. Vol. 2 (1): 149-172.

② 该研究选取其中的1955-1956年、1975-1976年及1995-1996年三个时间段。

③ 该研究进行时重庆仍未成为直辖市,故当时只有30个省和直辖市。

④ Zhu, J. & Huang, Y. (2002). Weak links within a centralized national system: Inter-provincial relations vis-à-vis news coverage from 1955 to 1996. *The China Review*. Vol. 2 (1): 149-172.

值得注意的是，Yang 突破了区域间新闻流研究在过去只关注新闻数量(quantity)的局限，引入了关于新闻质量(quality)的研究[①]。以《纽约时报》(*The New York Times*)和《泰晤士报》(*The Times of London*)[②]对于苏联饥荒(1931-1932)和中国饥荒(1959-1961)的报道为研究案例，Yang 总结出了数十个影响区域间新闻报道的数量和质量的因素(如表1、表2所示)。

表1 影响区域间新闻报道的因素[③]

	外国因素	本国因素	个人因素
通讯记者	➢ 是否身处相关国家 ➢ 控制 ➢ 限制 ➢ 审查 ➢ 内容 ➢ 背景 ➢ 突发或热门新闻 ➢ 转载新闻的比例 ➢ 与其他记者的竞争 ➢ 受访者的政治态度 ➢ 报道覆盖量的限制	➢ 读者的反馈 ➢ 编辑的方针 ➢ 新闻预算	➢ 安全(自身/他人) ➢ 伦理 ➢ 世界观 ➢ 奇思妙想 ➢ 经济/政治观点 ➢ 语言
编辑(出版商)	➢ 是否继续派驻人手 ➢ 配置何种通讯服务	➢ 内容 ➢ 背景 ➢ 报纸版面的限制	➢ 伦理 ➢ 世界观 ➢ 奇思妙想 ➢ 政治/经济观点

注：内容因素包括——时效性、影响力、人情世故、冲突等。背景因素包括——贸易关系、文化关联性、政治关系及地理接近性等。

其中，影响报道质量的因素要多于影响数量的因素。

① Yang, T. (1995). Factors affecting foreign news coverage: U.S. and British Media coverage of the Soviet (1931-1932) and Chinese (1959-1961) famines, PhD dissertation, US: University of Missouri-Columbia.

② 《泰晤士报》英文原名为 *The Times*，但在英国以外的地区有时会被称为 *The London Times* 或者 *The Times of London*。

③ Yang, T. (1995). Factors affecting foreign news coverage: U.S. and British Media coverage of the Soviet (1931-1932) and Chinese (1959-1961) famines, PhD dissertation, US: University of Missouri-Columbia.

表 2 各因素对区域间新闻报道的数量与质量的影响[①]

因素		量化因素	质化因素
通讯记者			
➢	是否身处相关国家	X	X
➢	控制		X
➢	限制	X	X
➢	审查		X
➢	内容	X	
➢	背景	X	
➢	突发或热门新闻	X	
➢	转载新闻的比例	X	X
➢	与其他记者的竞争	X	X
➢	受访者的政治态度		X
➢	报道覆盖量的限制	X	
➢	读者反馈		X
➢	编辑方针	X	X
➢	新闻预算	X	X
➢	安全(自身/他人)	X	X
➢	伦理		X
➢	世界观		X
➢	奇思妙想	X	X
➢	经济/政治观点		X
➢	语言	X	X
编辑/出版商			
➢	是否继续派驻人手	X	X
➢	配置何种通讯服务	X	X
➢	内容	X	
➢	背景	X	
➢	报纸版面的限制	X	
➢	伦理		X
➢	世界观		X
➢	奇思妙想	X	X
➢	政治/经济观点		X

① Yang, T. (1995). *Factors affecting foreign news coverage: U. S. and British Media coverage of the Soviet* (1931 - 1932) *and Chinese* (1959 - 1961) *famines*, PhD dissertation, US: University of Missouri-Columbia.

Yang 认为，尽管《纽约时报》和《泰晤士报》对两次饥荒都作了一定数量的报道，但它们的报道却是不够准确的。这些不准确的报道为公众和政府机构营造了一个“虚假的现实”(pseudo-reality)，把实际发生的“饥荒”(famine)轻描淡写地说成“食物短缺”(food shortage)。而正是这一传播失当，使得国际社会未能对两次饥荒给予援助，共造成了 5 600 万人死于两次饥荒。

综上所述，国际新闻流研究的发展按照臧国仁的观点可以分为三个阶段①，以下为李美华所进行之总结②：

> 第一代研究者多出自第三世界，依据依附理论观点以量化内容分析方法探讨西方媒体如何报道国际新闻，从而对发展中国家在西方国际新闻媒体之负面形象提出严厉批判，随后并在联合国教科文组织(UNESCO)提出“世界资讯传播新秩序”(New World Information and Communication Order，简称 NWICO)，要求各国正视并改正此类国际新闻之“不平衡”现象。

第二代研究者易弦更张，由一群以美国为主的西方学者陆续发表研究成果，说明西方新闻媒体并未对发展中国家报导偏颇，其因反倒可能在于第三世界之灾难较为醒目，易于吸引国际媒体关注。

> 时至 1980 年代，第三代研究者主张以中庸持平态度看待国际新闻报导，吁请上述两代研究者注意“教条化”(doctrinaire)取向对研究结果之可能影响，建议两方阵营不应采取对立态度，而应捐弃成见以各国实际状况进行深入且务实性的分析。

进入 20 世纪 90 年代以来，关于国际新闻流是否平衡的争论已经日渐淡化，研究者们对于国际新闻流影响因素的观察改为从全球化理论、政治经济学及文化研究等视角出发。③

新闻选择标准的研究

新闻流是跨地域新闻选择的结果。论及新闻选择这一话题时，新闻价值无疑是首先进入人们视野的影响因素。那么，什么是左右新闻选择的新闻价值观？

---

① 臧国仁. 国际新闻传播研究的系统观.《新闻学研究》，1989(41)：159－200.

② 李美华. 从国际新闻流通理论探讨台湾报纸国际新闻报道内容之转变(1998－1999).《新闻学研究》，2005(85)：111－139.

③ Boyd-Barrett & Rantanen 编.《新闻全球化》，冯复华，李美馨译. 韦伯，2004。

Hall 等人将新闻定义为："由社会所构建的范畴引导的，由对事件进行分类和选择的系统所引发的一个复杂过程的最终产品。"①而所谓"分类和选择"的标准，根据 Hall 等人的论述，就是一个判断"哪些事物是平凡的，而哪些事物超出人们平常的期望"的标准。不过，他们接着作了补充说明，指出这种"超乎寻常性(extraordinariness)"并非新闻价值的全部。新闻的一些其他属性同样是构成新闻价值的元素，例如：对精英人物和精英国家的关注；具有戏剧性；能够突显人类幽默、悲伤、感性等特征的拟人化效果，以及事件所产生的负面后果等元素同样能够构成(至少看上去是构成)新闻价值的一部分。

虽然 Hall 等人对他们所理解的新闻价值进行了阐述，但其界定是松散的。它是洞察力的产物，却难以应用在对新闻价值进行评估的实际操作中。另外一些学者列出了若干能够检验新闻价值的因素，或曰标准。他们认为，若要判断新闻是否具有新闻价值，可以通过检验它是否包含以下条件：一定的频次、强度、清晰度、文化上的相近、中肯、前后一致、可预知或不可预知、连续性、构成成分(composition)、精英人物和精英国家、负面性及民族中心主义(ethnocentricity)②。

1976 年，Shultz 对上述清单进行了补充，添加了化合价(valence)、动力(dynamic)、认同性(identification)、地位(status)，以及政治和地理上的相近和优势③。随后，一些学者将新近、简洁、超乎寻常、及时、新奇、感性以及技术上易于处理也纳入到检验新闻价值的因素中④。

和研究者相比，从业者对于新闻价值有着相当不同的判断方法。Mayer 就直言不讳地说："如果一个记者连自己都认为说服他/她的编辑或制作人，甚至认为他/她所报道的东西是不合理的，那么，他/她所报道的事件就不能算是新闻。"⑤通过这句话我们大概可以看出，在新闻业界内，判断一件事情是否具有新闻价值，更多时候所依靠的是记者本身的经验和洞察力。这是因为，记者具有判断新闻价值

---

① Kisuke, C. S. (2004). An investigation of the role of news values in the selection of news sources in a contemporary third world newspaper: A case study of the *Daily Nation*, M. A. dissertation, US: Rhodes University.

② 同上。

③ Staab, F. J. (1990). The role of news factors in news selection: A theoretical consideration, *European Journal of Communication*, 1990, Vol. 5 (4): 423 - 443.

④ Kisuke, C. S. (2004). An investigation of the role of news values in the selection of news sources in a contemporary third world newspaper: A case study of the *Daily Nation*, M. A. dissertation, US: Rhodes University.

⑤ Mayer, M. (1993). *Making News*, Massachusetts: Harvard Business School Press: 67.

的能力，虽然他们有时也会想当然[①]。

苏蘅认为，新闻价值是新闻从业人员在选择新闻题材时所凭借的标准，是新闻决策者主观的认知与判断，判断事件的重要性与对阅听大众的吸引程度[②]。新闻人员关于"什么可以吸引读者兴趣以及社会文化情况中对新闻的共识是什么"的个人主观判断又可称为"新闻价值"，它是一种共识，也是这个领域的工作者熟悉的概念。

Whitney 和 Becker 曾经对美国俄亥俄州哥伦布和戴顿（Columbus and Dayton, Ohio)的 46 名新闻工作人员进行过实验。研究发现，新闻编辑在选择新闻时受到通讯社很大的影响，地方媒体的独立政治议程难以形成[③]。

Nossek 通过分析三家报纸（*New York Times*, *The Times* & *Ha'aretz*）对四件国际新闻（北约轰炸波斯尼亚，法国在太平洋进行核试验，发生在里昂的犹太学校门外的汽车炸弹袭击，BBC 驻斯里兰卡办公室爆炸案）的报道，证明了一旦记者或编辑认为所报道的外国新闻与自己的祖国有关时，其国家框架（national frame）会凌驾于专业框架（professional frame）之上[④]。如果把研究的范围缩小到一国之中，记者和编辑是否也会有类似的"区域认同感"呢？就本研究面临的问题而言，这是一个引人深思的有趣问题。

除了新闻事件本身的新闻价值之外，经济因素同样是影响新闻媒体选择新闻信息的一个重要因素。Gaunt 分析了美国、英国和法国的区域报纸对于国外新闻的报道情况，他发现，虽然三国的媒体形象有所不同，但总体来说，它们的新闻内容——尤其是国外新闻——却显现出惊人的一致。为了解释这一现象，Gaunt 运用了分类学的方法，研究了到底有哪些因素在影响着新闻媒体对于国外新闻的选择，以及这些不同种类的因素之间是如何相互作用的。经过研究后，他认为，由于在一个民主的社会中，媒体无法接受任何其他形式的资金，因此，利润似乎已经成

---

① Kisuke, C. S. (2004). An investigation of the role of news values in the selection of news sources in a contemporary third world newspaper: A case study of the *Daily Nation*, M. A. dissertation, US: Rhodes University.

② 苏蘅，消息来源与新闻价值——报纸如何报道"许历农退党"效应，《新闻学研究》，1995(50)：15—40。

③ Singletary, M.，《大众传播研究：现代方法与应用》. 刘燕南，和铁红，朱霖，施敏［译］. 北京：华夏出版社，2000：158.

④ Nossek, H. (2004). Our news and their news: The role of national identity in the coverage of foreign news. *Journalism*. Vol. 5 (3): 343 - 368.

了新闻选择决策机制中看不见的把关人[①]。

概括地说，在西方主流新闻学领域中，决定什么事件能够成为新闻的因素有以下几点：事件本身的特性、新闻从业人员的专业性、新闻从业人员的心理因素、经济因素。

但如果把研究的背景放到中国大陆，纵使新闻事件本身的新闻价值及其所带来的经济效益对新闻选择有着举足轻重的影响，政治宣传任务却总是一个不容忽视的影响因素，甚至可以说是最具影响力的因素[②]。在这样一个环境下，新闻选择必须符合3个标准，即新闻价值、宣传价值、新闻法规，三者缺一不可。在具体的新闻实践中，新闻工作者就不仅要考虑新闻事件的新闻价值，尤其应该从宣传价值的角度进行把握[③]。

王勇则选择了一个更为严肃的角度——党性原则——来讨论新闻选择的问题。他认为，新闻活动必须体现党的思想意识、思想方法、政治主张、组织原则和行为准则，以马克思主义的立场、观点、方法认识世界、反映世界、影响世界，处理新闻工作中的各种问题[④]。同时，他还引述了以下两段发言作为他的论据：

(1) 1980年1月，邓小平明确提出“党报党刊一定要无条件地宣传党的主张，要合乎党的原则，遵守党的决定”。

(2) 1989年11月，江泽民对“新闻自由”问题作了如下的论述：“要加强党对新闻事业的领导，警惕国际敌对势力和国内顽固坚持自由化立场的人，把‘新闻自由’作为实现‘和平演变’的一个重要手段。”

在讨论新闻选择标准时，研究者常会推测，由于新闻媒体在西方和亚洲社会中充当的角色不同，它们进行新闻选择时所采用的视角也会不同[⑤]。然而，多少有些令人意外，Natarajan 和 Hao 在对 CNA（Channel News Asia，总部在新加坡）和 CNN 进行了比较研究之后，发现代表亚洲价值观的 CNA 和代表西方价值观的 CNN 在选择新闻时并没有显著不同的衡量标准，且 CNA 也没有表现出比 CNN

---

① Gaunt, P., *Choosing the News: The Profit Factor in News Selection*, New York: Greenwood Press, 1990.

② 王勇.党性原则——政治家办报的核心与灵魂.《采写编》,2005(3): 21.

③ 刘庆军，王丽霞.当前社会背景下的新闻选择.《新闻界》,2004(5): 63-64.

④ 王勇.党性原则——政治家办报的核心与灵魂.《采写编》,2005(3): 21.

⑤ Natarajan, K. & Hao, X. (2003). An Asian voice? A comparative study of Channel News Asia and CNN, *Journal of Communication*, Vol. 53 (2): 300-314.

更能体现所谓的“亚洲价值观”[①]。

面对上述的种种新闻选择标准，Donsbach 认为，这些传统的或现行的新闻决策理论模型都只把焦点集中在了新闻要素、惯常的目标(institutional objectives)、信息源对于公共关系的控制力量以及记者个人的信念方面。这些视角都无法解释影响新闻决策的更深层因素。有见及此，他选择从心理学的角度出发，去研究记者在做新闻决策时所经历的认知(perception)、推断(conclusion)、判断(judgment)3个阶段。通过一系列的实证研究，Donsbach 认为有两个心理需求能够解决新闻决策：认知的社会批准需求(a need for social validation of perceptions)和保持个人固有立场的需求(a need to preserve one's existing predispositions)[②]。

根据上述文献回顾可知，关于新闻选择标准的研究可以说至今仍无一个放之四海而皆准的结果。西方主流新闻学从事件本身的属性、经济效益、新闻从业人员的专业性以及他们的心理因素等方面去解释为何有些事件能够成为被报道的新闻，另外一些却不能。而在中国大陆的环境下，新闻媒体所承担的政治宣传任务则是另一对新闻选择产生重大影响的因素。

之所以在此对新闻选择标准的相关研究成果进行回顾，是因为新闻流是跨地域新闻选择的结果，因而一般新闻的选择标准同样也能应用于区域间新闻流的选择当中。因此，回顾新闻选择标准的相关研究对于省际新闻流的研究同样具有意义。

中国大陆区域间新闻报道的研究

为使本项研究所处的背景更清晰，有必要对有关中国大陆的区域间新闻报道研究进行回顾。传统上，中国的区域研究大多从政治和经济的角度着眼[③]，但从传播的角度出发进行研究也并非不见先例。

在研究中国大陆省委机关报对于省际新闻的报道时，黄煜曾对中国大陆的区域研究进行过论述。他认为，自 1979 年改革开放以来，地方与地方的关系发生了深刻的变化。相对于毛泽东时代而言，这些变化较为集中地体现在地方自主权和

---

① Natarajan, K. & Hao, X. (2003). An Asian voice? A comparative study of Channel News Asia and CNN, *Journal of Communication*, Vol. 53 (2): 300 - 314.

② Donsbach, W. (2004). Psychology of news decisions: Factors behind journalists' professional behavior, *Journalism*, Vol. 5 (2): 132 - 157.

③ Zhu, J. & Huang, Y. (2002). Weak links within a centralized national system: Inter-provincial relations vis-à-vis news coverage from 1955 to 1996, *The China Review*. Vol. 2 (1): 149 - 172.

区域之间联系的加强上[①]。通过分析过往的研究，黄煜总结出了近年来学术界对中国大陆区域研究的3种取向。黄煜和祝建华对这3种取向做了详细的概括[②]：

(1) 第一种是“中央—地方”的研究取向。这是研究中国问题的传统思路，主要着眼点为中央和省(地方)之间的关系。它使用不同的政治经济理论、模式及分析方法，探讨中央与省在不同时期和不同问题上的互动内容及形式。在后毛泽东时代，中央与省的关系在权力架构、利益维护、政策制定，以及资源分配方面已经逐渐演变重组。所以，这一研究取向的重心一方面着眼于权力转换与政治经济交往的意义，另一方面着眼于中央与地方关系制度化进程的影响。数十年来，已有大量论述及丰富的文本可供参考。

(2) 第二种取向是“区域比较”。这种方法近年日渐受到青睐，凸显其重要性。它主要关注区域发展中的不同社会及经济问题。另一个研究重点集中在区域间的不平衡现象和发展模式的分析。这方面也开始积累了不少研究成果。

(3) 第三种是“省的个案研究”取向。这方面的研究近年开始受到一些学者重视。此类个案研究通常选取一个省份，或者集合数个省份为对象，就领导层权力来源、政策制定、发展战略、经贸投资及资源分配进行研究，以期发现其中的变化及模式。

对于这3种研究取向，黄煜有如下的评价[③]：

(1) “中央—地方”研究取向主要关注“省与中央(北京)”之间的政治经济关系，而忽略了省和省之间的水平互动关系。

(2) “区域比较”方法将诸多省份划为大区(例如沿海地区、内陆地区、中部地区、西北地区等)，而不是针对省际关系和它们的互动情况探讨其性质，这样在解释区域发展或其他问题时，忽视了省际互动和其间差异这一重要因素。此外，这种研究方法较多关注经济发展方面而甚少涉及其他方面。

(3) “个案研究”取向虽然提供了某个省份的详细资料，但这种方法难以令人了解全貌。不过它可以为下一步的省际研究奠定基础。

在上述基础之上，黄煜提出了第四种研究方向——系统的省际关系互动研究，以作为对前面三种研究取向的补充。这种研究的基本思路是将被研究对象视为某种同质单位(例如，“省”被视作中华人民共和国内实行社会主义制度的最重要行政

---

① 黄煜. 省际新闻流通与省委机关报.《现代传播》，2001(1)：27－32.

② 黄煜，祝建华. 中国大陆省际新闻流通之研究(1955－1996).《新闻学研究》，2000(64)：161－181.

③ 黄煜. 省际新闻流通与省委机关报.《现代传播》，2001(1)：27－32.

管辖单位)，研究的问题需涵盖或适用于所有这类单位，并对它们之间的交互关系或这种联系的某个方面进行系统分析。这种研究取向的益处是显而易见的，困难在于收集资料难度很大，不仅数量庞大，而且头绪繁多。另外，如果缺乏整合性的分析框架或理论模式也使研究不易进行[①]。

同时，黄煜和祝建华也指出，虽然关注中国问题的学者们都承认研究中国大陆地区变化及区域互动关系的重要性，但是，至今无人能系统从事此项工作并以丰富的实证事例去推动这个课题的研究。大部分的研究都集中在中央与地方关系和数个省的个案或比较研究方面[②]。

黄煜和祝建华的研究填补了这一空白，该研究呈现出一定程度的创新努力：

(1) 它提供了一个初步的省际/区域间新闻传播研究的整体框架。通过对新闻流量之间关系的分析，它首次将国际传播中跨国新闻流通的研究框架拓阔为对中国国内省际的研究。并用以检验这一方法对于某些大国(例如：俄罗斯、中国大陆、印度等)其区域之间的信息流通研究的有效性。研究者希望借助必要的调整和补充，拓阔相关的研究领域，以增强该理论框架的解说能力。

(2) 运用长时段系统的资料搜集和内容分析的研究方法，探索中国大陆新闻媒介省际新闻资源纵向分布，并初步描述其新闻流通之状况和时空变化之连续性。

(3) 就后毛泽东时代中国出现的区域化、地方化互动趋势及横向网络发展的情况，从新闻传播的角度提供第一手资料，从而逐步尝试勾画出一幅当代中国的地理政治信息地图，它可以为诸如政治科学、公共管理，以及社会与经济领域的其他研究工作提供基础资料。

泛珠三角区域作为此项研究的背景，虽然尚未见关于新闻问题的专题研究，但其他相关研究亦具一定参考价值，如张秀萍和余树华从产业集群的角度对泛珠三角区域进行了有关区域竞争力问题的研究。他们认为，目前泛珠三角地区在生产要素流动性、产业链合理配套，以及产业优化升级与梯度转移等方面仍然存在着许多问题。面对着这些问题，政府的规范和协调行为显得尤为重要[③]。

在当今社会中，对于信息的掌握和处理在生产中已是不可或缺的一种竞争力。在文化产业中，信息本身便可被视为一种生产要素。而即使是在传统的行业当中，信息所发挥的协调沟通功能也是必需的。本研究中所关注的区域间新闻流，即是

① 黄煜. 省际新闻流通与省委机关报.《现代传播》，2001(1)：27－32.

② 黄煜，祝建华. 中国大陆省际新闻流通之研究(1955－1996).《新闻学研究》，2000(64)：161－181.

③ 张秀萍，余树华. 泛珠三角产业集群与区域竞争力问题探悉.《南方经济》，2005(12)：98－100.

受众了解其他地区的信息的主要渠道之一。因此,对区域间新闻流的研究可以看作是观察跨地区产业集群研究的其中一个视角。

对现有研究成果的一点补充

文献回顾透露,对区域间新闻流的研究发端于国际间新闻流动的不对称。历数十年发展,国际间新闻流的研究为国家内部区域间新闻流研究积累了有启发性的理论框架和研究方法。在这一前提下,有关国家内部区域间新闻流的研究吸取了国际间新闻流的成果,并取得了相当的成绩。然而,实际环境的变化似乎始终走在研究者们前面,影响区域间新闻流的因素不断涌现。以中国大陆为例,近年来,区域内合作的浪潮日渐高涨,珠江三角洲、长江三角洲、京津冀地区、东北地区等区域已逐渐发现地理接近的省份进行合作能促进产业链和产业集群的形成,对提高区域竞争力大有裨益。其中最引人注目的是 2003 年 11 月由广东省发起的"泛珠三角经济圈"区域合作。

如前述,黄煜和祝建华对中国大陆的省际新闻流做了长期的、大范围的研究。不过,也许是由于当时区域合作尚未引起人们的注意,黄煜和祝建华在研究省际互动时只是把各个省和直辖市看作是相对独立的个体,在这个基础上来研究它们之间的互动。与过往的研究不同,本项研究所选择的研究对象是"9+2"框架下的大陆 9 省之间的新闻流互动。在"9+2"这个区域合作概念的影响之下,9 省之内的新闻流互动是否会与相对独立的其他省和直辖市之间有所不同?对此问题的探索是本研究试图做到的一个视角意义上的突破。无论研究表明区域合作的概念会或不会对省际新闻流产生明显的影响,本项研究的成果将会成为日后以中国其他区域为研究对象的同类研究的参考指标。对于新闻业界来说,本项研究的成果亦能为其跨地域发展战略提供有益的参考(如,总结出各类新闻事件在各地区的发生分布情况,将有利于新闻事件的挖掘和作出及时的采访准备)。

2. 理论框架

通过分析在泛珠三角区域合作关系发展的不同阶段,样本报纸有关该区域新闻报道的差别,本研究试图验证这种区域合作关系对于新闻报道的影响,并尝试找出是哪些因素在影响着省际新闻报道。支持实现本研究目的的宏观理论基础是传播学研究中有关真实世界和报道中的世界之关系的理论,以及新闻选择如何作为连接这两个世界的桥梁的"把关人"理论。

一方面,现实社会的变化促使新闻报道随之作出改变;而另一方面,新闻报道同时也在公众头脑中建构了一场社会的改变。在日常生活中,某些真实事件由于远离日常生活或含义过于艰深,人们往往只能通过媒介所构建的图景去了解现实。Lippmann 指出,在大多数情况下,人们都未能直接了解他们所处的环境。而对于他们未曾经历的事件,对该事件的印象便是他们行动的依据。在大众传媒高度发达的现代社会,大部分人对未曾经历的事物的印象多来自媒体。换言之,大众媒体在公众和社会现实之间构筑起了一个被 Lippmann 称为"拟态环境"(pseudo environment)的屏障。Lippmann 接着指出,人们往往是对这个拟态环境作出反应,而非真实的环境,但这些反应却又作用于真实的世界。

但是,拟态环境一定是虚假(pseudo)的吗？或者我们应该更准确地问:"拟态环境和真实世界的关联在哪里?"作为杰出的政治专栏作家,Lippmann 敏锐地察觉到了新闻报道和真实事件之间的差异,可惜的是,他没有进一步明确指出是何种因素造成了这种差异。

即使全世界的所有记者昼夜不停地工作,也不可能亲历世界上的每一个事件[①]。新闻工作者是构建拟态环境的过程中的"把关人"(gatekeeper)——是控制信息在信道中流通的个人;他们可以扣压信息、构成信息、扩展信息或重复信息[②]。正如 Rosten 在他 1937 年对华盛顿地区的通讯员的研究中所说:"报纸既不是编年史或年鉴,也不是历史记录……新闻业的整个进程依靠一个词:选择。"[③]我们从中不难看出,新闻对于真实事件有选择性地报道是造成拟态环境偏离真实世界的一个重要原因。

正如绝大多数重要的传播学研究范式一样,新闻选择中的把关功能这一设想同样源于其他学科。[④] 在第二次世界大战期间,Lewin 参与了一项利用传播改变人们饮食习惯的研究计划。在研究过程中,Lewin 发现:家庭主妇是她们家庭消费的新食品的把关人——如果一个家庭主妇不打算烹饪腺型肉类的话,那么她的家庭就不会食用它们。显然,把关概念可以用于各种传播环境中,正如 Lewin 本人所言:"这种情况不仅适合于食品系统,而且适合一条新闻通过某种传播渠道在群体

---

① Lippman, W.,阎克文,江红译.《公众舆论》.上海:上海世纪出版集团,2006:243.

② Rogers, E. M.《传播学史:一种传记式的方法》,殷晓蓉译.上海:上海译文出版社,2002:354.

③ 张国良编.《20 世纪传播学经典文本》.上海:复旦大学出版社,2003:547.

④ Yang, T. (1995). Factors affecting foreign news coverage: U.S. and British Media coverage of the Soviet (1931 - 1932) and Chinese (1959 - 1961) famines, PhD dissertation, US: University of Missouri-Columbia.

中的流通。”[①]

在 Lewin 去世(1947)后不久,White 和其他传播学者研究了把关人在大众媒体环境下的作用,诸如报纸的新闻电讯稿编辑,它控制着国内和国际新闻向一家地方报纸的流动[②]。自此以后,把关概念在传播学领域中被广泛引用——尤其是在国际新闻流和新闻选择标准这两个主题上。研究者开始关注影响新闻工作者把关行为的一些因素,这些因素可分为外部因素(如新闻发生地的经济实力、人口、政治、地理接近程度等)和内部因素(如新闻专业主义、个人知识结构、情感价值观等)。美国学者 Shoemaker 在其著作《把关》一书中综述了大众传播中的信息“把关”现象及其有关研究,回顾了“把关”(守门)概念的形成史以及媒介信息“把关”研究的发展,总结了 Lewin 和 White 等人的理论,考察了大众传播中的信息“把关”过程,并将其分为 5 个层次:个人层次、媒介工作常规层次、组织层次、媒介外社会团体层次及社会系统层次[③]。把关理论相关研究案例前文有所回顾,此处不再赘述。

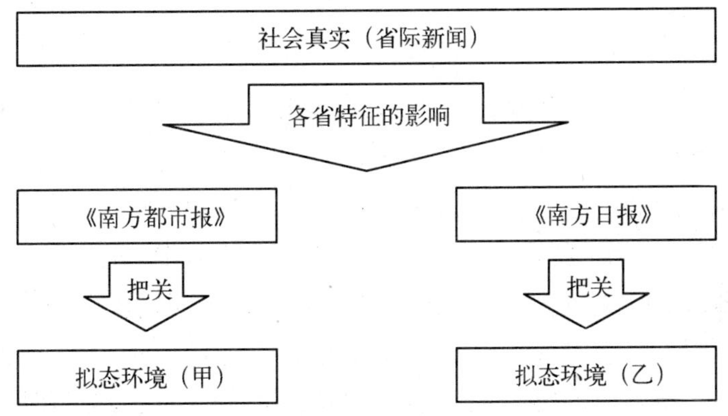

图 1 研究理论框架图

上图为此项研究的理论框架图示,它表示了这样一个过程:面对同样的社会真实(省际新闻),《南方都市报》和《南方日报》如何在各省特征的影响下,经过把关过程,最后塑造出两个不同的拟态环境。

概言之,本项研究从观察报纸新闻如何建构拟态环境出发,以把关理论为框

---

① Rogers, E. M.《传播学史:一种传记式的方法》,殷晓蓉译. 上海:上海译文出版社,2002:354.

② 同上。

③ 张国良编.《20 世纪传播学经典文本》. 上海:复旦大学出版社,2003:547.

架,在"泛珠三角区域合作"的背景下,考察是哪些因素在影响着报纸新闻地域间的流动,以及这种流动建构着一种什么样的拟态环境。

三、研究方法

1. 概述

本研究同时采用了定量分析与定性分析的方法。这一选择由研究关注的问题所决定。在本研究试图回答的 3 个问题中,① 在中国大陆政治和经济转型的环境下,有哪些因素在影响着省际新闻的流动;② 这些因素的影响力大小有何不同,需要使用内容分析法和定量统计寻找答案;③ 区域合作的提出是否影响了省际新闻的流动,则需要利用能更深入探讨权力与利益关系的定性分析方法来帮助推测深层的制度机制。

2. 资料来源及抽样

本次研究的资料来自深圳大学图书馆,该馆藏有 1984 年至今的《南方日报》及 2005 年至今的《南方都市报》[①]。根据资料的可获取情况,作者选择了 2005 年和 2006 年的《南方日报》及《南方都市报》作为产生样本的总体。

研究人员以周为单位将一年划分为 52 周,用随机抽样[②]的方法,在每年中抽取 3 周的《南方都市报》作为样本。由于《南方日报》的新闻量较少,因此对其的抽样是每年随机抽取 4 周。在报纸栏目选择方面,由于研究主题是区域合作关系(主要是经济层面的)如何影响报纸的跨地区新闻报道,在进行内容分析时决定将体育、娱乐、副刊、彩票等栏目排除在外。又因为研究所选定的区域为"9+2"地区,因此国际新闻栏目亦被排除。此外,基于媒介研究者 Sigal 对新闻所下的定义,即"新闻是人们宣称已经发生或将要发生的事情"[③],报纸中社论、时评等内容也不构成分析对象。

---

① 作者曾赴深圳报业集团搜集资料,但发现该处所藏之《南方都市报》仅有 2006 年之后的。而深圳市图书馆由于距离深圳大学路途较远,故未采用其所藏资料。

② 将一年中的 52 周分别以 1 至 52 编码,然后利用 Excel 随机抽取 3 周。

③ Jackson-Brown, G. (2005), *Media coverage of South Central Los Angeles: The Los Angeles Times and the Los Angeles Sentinel, 1990 -2000*, PhD dissertation, US: Indiana University.

作为一份市场取向，贴近市民日常生活的报纸，《南方都市报》中有大量的“软新闻”或“广告软文”。显然，若将样本中有关“9+2”地区的这类付费“新闻”加以分析的话，将会干扰对区域间新闻流动真实状态的认识。此外，作为机关报的《南方日报》和以消费品形式流通的《南方都市报》在版面数量及新闻数量上都有较大的差异，这使两份报纸的统计数据在可比性方面存在着缺陷。出于对可比性的考虑，两位编码员经过共同商榷，最终决定在随机抽取的样本中甄选出 720 篇与研究主题相关程度较高的新闻报道作为内容分析的对象。

3. 测量变量

在本研究的测量中，因变量设定为是否关于“9+2”、首要省份、各地区被报道的次数、新闻主题、报道立场；自变量设定为报纸名称（涉及管理制度以及报纸的功能定位）、刊载日期、各地区特征（人口、面积、GDP、地理位置）。以下为各变量的操作定义：

是否关于“9+2”：在阅读整篇新闻报道后，编码员需要根据内容判断该新闻是否与“9+2”这一主题相关。结果可以是：与地区相关——新闻事件发生在“9+2”区域范围内，但不涉及“9+2”相关政策（如“广东首次公布食品污染图谱”）；与政策相关——新闻事件与“9+2”相关政策有关，而不考虑其发生地点（如“泛珠三角区域合作有望写入国家‘十一五’规划”）；无关——与“9+2”地区及政策均无关系（如“胡锦涛在越南国会发表演讲”）。

首要省份（地区）：编码员需要通过分析新闻报道的内容后选择一个在报道中占主要地位的省份（地区）。在此，有必要对编码员的编码标准进行说明。

就本项研究的主题来考虑，要研究区域间新闻的流通，首先必须厘清“区域间新闻”的定义。由于本项研究的对象是“9+2”案例中大陆 9 省之间的新闻流，因此，“区域间新闻”这个概念在本次研究中可以理解为“省际新闻”。什么才算是“省际新闻”？这个看似简单的概念其实包含了许多难以界定的模糊区域——是不是一定要涉及外省的人和事？是不是一定要发生在外省？外省人在本省所引发的新闻能否算是省际新闻？

文献回顾部分已提到，国家内区域间新闻流研究的理论框架是自国际新闻流的研究发展而来的。因此，以往研究中对“国际新闻”的定义可以帮助理解“省际新闻”。在国际传播领域，传播研究者将“国际新闻”以消息主角人士与地点排列出 4 种形式：① 本国人士在本国，② 本国人士在外国，③ 外国人士在本国，④ 外国人士在外国。形式①与④性质分明，前者是国内新闻，后者毫无疑问是国际新闻。形式②与③较为复杂。一般研究的惯例是以事件发生地点而不是事件主角为划分标准。据此，本国的领导人到外国访问（形式②）是国际新闻，而一位外国领导人的来到（形式③）属国内新闻[①]。

综上所述，这一变量主要是以新闻事件的发生地点作为判别标准：新闻事件发生在哪一个省，该新闻便属于与该省相关。若某一新闻事件的发生地点不属于新闻报道的必要元素，该新闻此变量的值则为“不适用”。

各地区被报道的次数：即各地区以首要省份（地区）的身份出现在新闻报道中的次数。每条新闻算作1次。

新闻主题：在经过试验以及后来的分析实践后，新闻主题这一变量的值经过了多次修改，最终确定为以下9个：民生、政治（政策）、经济、犯罪、灾难（意外、疫情）、文化教育（科技）、运动体育、城市发展、人物报道。其中，括号中的内容表示该值同时所涵盖的主题。

报道立场：指新闻报道所产生之舆论影响，通过正面、负面以及中立3个选项来记录。

报纸名称：指登记被分析的新闻报道被刊载于《南方日报》抑或是《南方都市报》。

刊载日期：记录新闻报道刊载的日期，用8位数的方式记录。例如2005年11月1日的编码为20051101。由于研究的目的是为了比较2005年与2006年的数据间的差异，为了便于统计，在进行数据录入时，省略了年份以外的信息。

各地区特征：各地区人口数、面积以及GDP数据来源于《中国统计年鉴2006》配套光盘、“百度知道”（http://zhidao.baidu.com）及“中华人民共和国中央政府门户网站”（http://www.gov.cn）；各地区的地理位置在此被定义为其省会与样本报社所在地（广州）之间的直线距离，数据由作者测量所得。方法是测量《中国地图集》[②]“中国行政区”地图中广州与南宁、长沙、武汉、贵阳、福州、昆明、成都、南昌以及海口9个城市[③]之间的直线距离，然后根据该地图的比例尺（1∶25 000 000）换算获得。

---

① 黄煜，祝建华. 中国大陆省际新闻流通之研究（1955－1996）.《新闻学研究》，2000(64)：161－181.

② 中国地图出版社编制，《中国地图集》，北京：中国地图出版社，1994年。

③ 由于香港和澳门的社会制度及新闻出版法规与中国大陆相异，出于可比较性的考虑，因此未被列为主要研究对象。

四、研 究 发 现

1. 研究发现

内容分析的统计结果见下列各表。

表 3　与“9+2”地区相关的新闻篇数(2005 年《南方都市报》)

	频　　次	百 分 比
与地区相关	122	67.8
无　关	58	32.2
总　计	180	100

表 4　“9+2”各省份(地区)以首要省份(地区)出现在新闻报道中的频度(2005 年《南方都市报》)

	频　　次	百 分 比
广　东	105	58.3
广　西	2	1.1
福　建	3	1.7
湖　南	2	1.1
贵　州	2	1.1
四　川	2	1.1
香　港	4	2.2
澳　门	2	1.1
9+2 以外地区	31	17.2
不适用	27	15
总　计	180	100

表 5　新闻报道主题(2005 年《南方都市报》)

	频　　次	百 分 比
民　生	45	25
政治(政策)	47	26.1

续　表

	频　次	百分比
经　济	9	5
犯　罪	22	12.2
灾难(意外、疫情)	19	10.6
文化教育(科技)	23	12.8
运动体育	1	0.6
城市发展	9	5.0
人物报道	5	2.8
总　计	180	100

表6　报道立场(2005年《南方都市报》)

	频　次	百分比
正　面	31	17.2
负　面	34	18.9
中　立	115	63.9
总　计	180	100

表7　与“9+2”相关的新闻篇数(2006年《南方都市报》)

	频　次	百分比
与地区相关	121	37.2
无　关	59	32.8
总　计	180	100

表8　“9+2”各省份(地区)以首要省份(地区)出现在新闻报道中的频度(2006年《南方都市报》)

	频　次	百分比
广　东	104	57.8
广　西	3	1.7
福　建	1	0.6
湖　南	2	1.1

续　表

	频　　次	百　分　比
湖　北	1	0.6
贵　州	1	0.6
四　川	1	0.6
海　南	1	0.6
香　港	7	3.9
9+2 以外地区	38	21.1
不适用	21	11.7
总　计	180	100

表 9　新闻报道主题(2006 年《南方都市报》)

	频　　次	百　分　比
民　生	37	20.6
政治(政策)	32	17.8
经　济	10	5.6
犯　罪	34	18.9
灾难(意外、疫情)	22	12.2
文化教育(科技)	33	18.3
运动体育	1	0.6
城市发展	5	2.8
人物报道	6	3.3
总　计	180	100

表 10　报道立场(2006 年《南方都市报》)

	频　　次	百　分　比
正　面	29	16.1
负　面	58	32.2
中　立	93	51.7
总　计	180	100

表 11　与"9＋2"地区相关的新闻篇数(2005 年《南方日报》)

	频　次	百 分 比
与地区相关	82	45.6
无　关	98	54.4
总　计	180	100

表 12　"9＋2"各省份(地区)以首要省份(地区)出现在新闻报道中的频度(2005 年《南方日报》)

	频　次	百 分 比
广　东	69	38.3
湖　北	2	1.1
贵　州	4	2.2
四　川	1	0.6
香　港	4	2.2
澳　门	2	1.1
9＋2 以外地区	31	17.2
不适用	67	37.2
总　计	180	100

表 13　新闻报道主题(2005 年《南方日报》)

	频　次	百 分 比
民　生	34	18.9
政治(政策)	23	12.8
经　济	15	8.3
犯　罪	14	7.8
灾难(意外、疫情)	20	11.1
文化教育(科技)	49	27.2
运动体育	2	1.1
城市发展	3	1.7
人物报道	20	11.1
总　计	180	100

表 14　报道立场(2005 年《南方日报》)

	频　　次	百　分　比
正　面	120	66.7
负　面	33	18.3
中　立	27	15
总　计	180	100

表 15　与"9+2"地区相关的新闻篇数(2006 年《南方日报》)

	频　　次	百　分　比
与地区相关	141	78.3
与政策相关	2	1.1
无　关	37	20.6
总　计	180	100

表 16　"9+2"各省份(地区)以首要省份(地区)出现在新闻报道中的频度(2006 年《南方日报》)

	频　　次	百　分　比
广　东	133	73.9
湖　北	1	0.6
云　南	1	0.6
四　川	1	0.6
香　港	6	3.3
9+2 以外地区	19	10.6
不适用	19	10.6
总　计	180	100

表 17　新闻报道主题(2006 年《南方日报》)

	频　　次	百　分　比
民　生	47	26.1
政治(政策)	26	14.4

续　表

	频　　次	百　分　比
经　济	15	8.3
犯　罪	25	13.9
灾难(意外、疫情)	17	9.4
文化教育(科技)	29	16.1
城市发展	7	3.9
人物报道	14	7.8
总　计	180	100

表 18　报道立场(2006 年《南方日报》)

	频　　次	百　分　比
正　面	61	33.9
负　面	30	16.7
中　立	89	49.4
总　计	180	100

2. 数据分析

首先,为了分析《南方都市报》和《南方日报》在新闻报道上有何差异,需要将"报纸名称"分别与"是否关于'9+2'"、"首要省份"、"新闻主题"及"报道立场"等进行 crosstabulation 分析,分析结果见下列各表。

表 19　"9+2"地区报道与报纸交叉统计(2005)

	南方日报	南方都市报	总　　计
与地区相关	82	122	204
无　关	98	58	156
总　计	180	100	360

表 20　首要省份与报纸交叉统计(2005)

	南方日报	南方都市报	总　　计
广　东	69	105	174
广　西		2	2

续 表

	南方日报	南方都市报	总　计
福　建		3	3
湖　南		2	2
湖　北	2		2
贵　州	4	2	6
四　川	1	2	3
香　港	4	4	8
澳　门	2	2	4
9+2 以外地区	31	31	62
不适用	67	27	94
总　计	180	100	360

表 21　新闻主题与报纸交叉统计(2005)

	南方日报	南方都市报	总　计
民　生	34	45	79
政治(政策)	23	47	70
经　济	15	9	24
犯　罪	14	22	36
灾难(意外、疫情)	20	19	39
文化教育(科技)	49	23	72
运动体育	2	1	3
城市发展	3	9	12
人物报道	20	5	25
总　计	180	100	360

表 22　报道立场与报纸交叉统计(2005)

	南方日报	南方都市报	总　计
正　面	120	31	151
负　面	33	34	67
中　立	27	115	142
总　计	180	100	360

根据2005年的数据显示,《南方都市报》比《南方日报》更关注与"9+2"相关的新闻。而在"9+2"地区中,两报都主要关注广东,但《南方都市报》的关注范围较广。而在新闻主题方面,最显著的差异是《南方日报》有20篇人物报道,而《南方都市报》则只有5篇。值得注意的是,《南方日报》中的正面报道有120篇,比例高达2/3,而《南方都市报》则只有31篇。但出乎作者意料,《南方日报》与《南方都市报》的负面新闻报道数量相若,分别为33篇和34篇。《南方都市报》的新闻报道立场多数为中立(115篇)。

表23　"9+2"地区报道与报纸交叉统计(2006)

	南方日报	南方都市报	总　计
与地区相关	141	121	262
与政策相关	2		2
无　关	37	59	96
总　计	180	100	360

表24　首要省份与报纸交叉统计(2006)

	南方日报	南方都市报	总　计
广　东	133	104	237
广　西		3	3
福　建		1	1
湖　南		2	2
湖　北	1	1	2
贵　州		1	1
云　南	1		1
四　川	1	1	2
海　南		1	1
香　港	6	7	13
9+2以外地区	19	38	57
不适用	19	21	40
总　计	180	100	360

表 25 新闻主题与报纸交叉统计(2006)

	南方日报	南方都市报	总　计
民　生	47	37	84
政治(政策)	28	32	58
经　济	15	10	25
犯　罪	25	34	59
灾难(意外、疫情)	17	22	39
文化教育(科技)	29	33	62
运动体育		1	1
城市发展	7	5	12
人物报道	14	6	20
总　计	180	100	360

表 26 报道立场与报纸交叉统计(2006)

	南方日报	南方都市报	总　计
正　面	61	29	90
负　面	30	58	88
中　立	89	93	182
总　计	180	100	360

到了 2006 年,《南方日报》对于“9＋2”的关注度大幅增加,相关报道从 2005 年的 82 篇增加到 2006 年的 143 篇(其中有 2 篇涉及“9＋2”相关政策);而《南方都市报》则为 121 篇,与 2005 年的 122 篇相当。在新闻主题选择方面,民生新闻仍然是两份报纸的关注重点。至于报道立场,《南方日报》的正面报道从 2005 年的 120 篇减少至 61 篇,《南方都市报》则为 29 篇,较 2005 年减少 31 篇。而负面报道方面,《南方日报》为 30 篇,较 2005 年减少了 3 篇;但《南方都市报》的负面报道不减反增,达到 58 篇。

将《南方日报》和《南方都市报》作横向比较虽然能够看出不同的报纸在报道与“9＋2”相关的新闻时的差异,但却不能够反映在“9＋2”区域合作发展的不同阶段相关的新闻报道有何不同。因此,有必要将两份报纸的“刊载日期”分别与“是否关于‘9＋2’”、“首要省份”、“新闻主题”及“报道立场”进行交叉分析。以下各表为分析结果:

表 27 "9+2"地区报道与刊载日期交叉统计(《南方都市报》)

	2005	2006	总计
与地区相关	122	121	243
无　关	58	59	117
总　计	180	100	360

表 28 首要省份与刊载日期交叉统计(《南方都市报》)

	2005	2006	总　计
广　东	105	104	209
广　西	2	3	5
福　建	3	1	4
湖　南	2	2	4
湖　北		1	1
贵　州	2	1	3
四　川	2	1	3
海　南		1	1
香　港	4	7	11
澳　门	2		2
9+2 以外地区	31	38	69
不适用	27	21	48
总　计	180	100	360

表 29 新闻主题与刊载日期交叉统计(《南方都市报》)

	2005	2006	总　计
民　生	45	37	82
政治(政策)	47	32	79
经　济	9	10	19
犯　罪	22	34	56
灾难(意外、疫情)	19	22	41
文化教育(科技)	23	33	56
运动体育	1	1	2

续 表

	2005	2006	总 计
城市发展	9	5	14
人物报道	5	6	11
总 计	180	100	360

表 30 报道立场与刊载日期交叉统计(《南方都市报》)

	2005	2006	总 计
正 面	31	29	60
负 面	34	58	92
中 立	115	93	208
总 计	180	100	360

通过比较分析 2005 年和 2006 年两年的数据，可以发现《南方都市报》对于“9＋2”的相关新闻是持续关注的。虽然 2006 年与 2005 年在新闻数量上相若，但报道所覆盖的地区由 2005 年的 8 个增加到 9 个。根据数据显示，在新闻主题方面，民生、政治(政策)、犯罪、灾难(意外、疫情)以及文化教育(科技)一直都是《南方都市报》所关注的焦点。在两年的数据比较中，一个比较重大的变化发生在报道立场上。在 2006 年的数据中，持正面和中立态度的新闻数量都有所减少，换言之，即是负面新闻有所增加。

《南方日报》的定位与《南方都市报》不同，那么其在“9＋2”区域合作实施的不同阶段里，对于相关新闻的报道是否也会有异于《南方都市报》呢？关于这个问题，可以从以下分析结果中得到答案。

表 31 “9＋2”地区报道与刊载日期交叉统计(《南方日报》)

	2005	2006	总 计
与地区相关	82	141	223
与政策相关		2	2
无 关	98	37	135
总 计	180	100	360

表 32　首要省份与刊载日期交叉统计(《南方日报》)

	2005	2006	总　计
广　东	69	133	202
湖　北	2	1	3
贵　州	4		4
云　南		1	1
四　川	1	1	2
香　港	4	6	10
澳　门	2		2
9+2 以外地区	31	19	50
不适用	67	19	86
总　计	180	100	360

表 33　新闻主题与刊载日期交叉统计(《南方日报》)

	2005	2006	总　计
民　生	34	47	81
政治(政策)	23	26	49
经　济	15	15	30
犯　罪	14	25	39
灾难(意外、疫情)	20	17	37
文化教育(科技)	49	29	78
运动体育	2		2
城市发展	3	7	10
人物报道	20	14	34
总　计	180	100	360

表 34　报道立场与刊载日期交叉统计(《南方日报》)

	2005	2006	总　计
正　面	120	61	181
负　面	33	30	63
中　立	27	89	116
总　计	180	100	360

与2005年相比,《南方日报》在2006年对于“9+2”相关新闻的关注度大增,而新增比重基本上都集中在广东省。而在新闻主题方面,民生新闻跃过了文化教育(科技)新闻成为第一位。最后是报道立场的变化,正面报道从2005年的120篇下降至61篇,负面报道基本持平,而持中立立场的报道则从2005年的27篇上升至89篇。

为观察“9+2”区域合作这一因素对省际新闻流的影响,研究同时对“新闻主题”、“报道立场”与“是否关于‘9+2’”做了crosstabulation分析。

表35 新闻主题与“9+2”地区报道交叉统计(2005年《南方都市报》)

	与地区相关	无关	总计
民生	33	12	45
政治(政策)	27	20	47
经济	8	1	9
犯罪	15	7	22
灾难(意外、疫情)	9	10	19
文化教育(科技)	16	7	23
运动体育	1		1
城市发展	9		9
人物报道	4	1	5
总计	122	58	180

表36 报道立场与“9+2”地区报道交叉统计(2005年《南方都市报》)

	与地区相关	无关	总计
正面	26	5	31
负面	24	10	34
中立	72	43	115
总计	122	58	180

表37 新闻主题与“9+2”地区报道交叉统计(2005年《南方日报》)

	与地区相关	无关	总计
民生	19	15	34
政治(政策)	9	14	23

续 表

	与地区相关	无 关	总 计
经 济	11	4	15
犯 罪	3	11	14
灾难(意外、疫情)	4	16	20
文化教育(科技)	32	17	49
运动体育	1	1	2
城市发展	2	1	3
人物报道	1	19	20
总 计	82	98	180

表 38 报道立场与"9＋2"地区报道交叉统计(2005 年《南方日报》)

	与地区相关	无 关	总 计
正 面	64	56	120
负 面	10	23	33
中 立	8	19	27
总 计	82	98	180

表 39 新闻主题与"9＋2"地区报道交叉统计(2006 年《南方都市报》)

	与地区相关	无 关	总 计
民 生	29	8	37
政治(政策)	19	13	32
经 济	8	2	10
犯 罪	21	13	34
灾难(意外、疫情)	17	5	22
文化教育(科技)	17	16	33
运动体育	1		1
城市发展	3	2	5
人物报道	6		6
总 计	121	59	180

表 40　报道立场与“9+2”地区报道交叉统计(2006 年《南方都市报》)

	与地区相关	无　关	总　计
正　面	26	3	29
负　面	34	24	58
中　立	61	32	93
总　计	121	59	180

表 41　新闻主题与“9+2”地区报道交叉统计(2006 年《南方日报》)

	与地区相关	与政策相关	无　关	总　计
民　生	43		4	47
政治(政策)	16	2	8	26
经　济	12		3	15
犯　罪	14		11	25
灾难(意外、疫情)	10		7	17
文化教育(科技)	26		3	29
城市发展	6		1	7
人物报道	14			14
总　计	141	2	37	180

表 42　报道立场与“9+2”地区报道交叉统计(2006 年《南方日报》)

	与地区相关	与政策相关	无　关	总　计
正　面	51	1	9	61
负　面	18		12	30
中　立	72	1	16	89
总　计	141	2	37	180

通过以上数据可以发现,《南方都市报》对于“9+2”区域的关注程度略高于《南方日报》,在“9+2”区域范围内能找到各类主题的新闻,而“9+2”以外地区的新闻类型则较少。相比之下,《南方日报》则体现出一种报道上的平衡,在新闻主题方面的体现就是无论是“9+2”以内或是以外,都能发现绝大部分类型的新闻。此外,还有一点值得注意的是,在报道立场方面,与“9+2”区域相关的正负面报道之比率要

高于非“9＋2”地区。这一发现验证了区域合作关系对于媒体报道立场的影响。

由于此项研究其中一个预期目标是要找出各地区的特征（人口、面积、GDP、地理位置）对区域间新闻流的影响，因此需要以新闻数量为因变量，各地区的人口、面积、GDP、地理位置（省会和广州之间的直线距离）为自变量进行回归分析。需要申明，此项研究之所以进行回归分析，其目的是为了确定重要的变量，而不是为了预测。分析结果见以下各表。

表 43 模型摘要（2005 年《南方都市报》）

Model	R	R^2	Adjusted R^2	Std. Error of the Estimate
1	0.975[a]	0.950	0.900	10.93

a. Predictors：(Constant)，距广州直线距离、人口、面积、GDP

表 44 方差分析（2005 年《南方都市报》）

	Sum of Squares	df	Mean Squares	F	Sig.
Regression	9 076.679	4	2 269.170	18.981	0.007[a]
Residual	478.210	4	119.553		
Total	9 554.889	8			

a. Predictors：(Constant)，距广州直线距离、人口、面积、GDP

表 45 回归系数（2005 年《南方都市报》）

	Unstandardized	Coefficients	Standardized Coefficients	t	Sig.
	B	Std. Error	Beta		
(Constant)	9.365	15.584		0.601	0.580
人　口	−5.53E-03	0.004	−0.417	−1.350	0.248
GDP	5.686E-03	0.002	1.039	3.391	0.028
面　积	0.780	0.677	0.310	1.152	0.314
距广州直线距离	−3.28E-02	0.025	−0.343	−1.287	0.268

通过 2005 年《南方都市报》的数据所得出的回归模型的决定系数为 0.95，方差分析的显著性水平为 0.007，因此该模型具有解释力。从标准化回归系数的排列中可以看出，4 个自变量对因变量的影响程度由高至低的排列为：GDP>面积>省

会距广州直线距离>人口,其中后两者的回归系数为负值。统计意义检验表明,只有 GDP 这一自变量的显著性水平小于 0.05,其非标准化回归系数为 5.686。

再看《南方都市报》2006 年数据的回归分析。

表 46　模型摘要(2006 年《南方都市报》)

Model	R	R^2	Adjusted R^2	Std. Error of the Estimate
1	0.976[a]	0.952	0.904	10.61

a. Predictors: (Constant), 距广州直线距离、人口、面积、GDP

表 47　方差分析(2006 年《南方都市报》)

	Sum of Squares	df	Mean Squares	F	Sig.
Regression	8 939.334	4	2 234.834	19.836	0.007[a]
Residual	450.666	4	112.666		
Total	9 390.000	8			

a. Predictors: (Constant), 距广州直线距离、人口、面积、GDP

表 48　回归系数(2006 年《南方都市报》)

	Unstandardized Coefficients		Standardized Coefficients	t	Sig.
	B	Std. Error	Beta		
(Constant)	10.940	15.111		0.724	0.509
人　口	−5.52E-03	0.004	−0.412	−1.416	0.230
GDP	4.735E-03	0.001	1.015	3.458	0.026
面　积	0.784	0.650	0.315	1.206	0.294
距广州直线距离	−3.41E-02	0.025	−0.360	−1.365	0.244

2006 年《南方都市报》数据的回归分析模型的决定系数为 0.952,方差分析的显著性水平为 0.007,因此该模型具有解释力。但与 2005 年《南方都市报》数据的回归分析模型一样,在 4 个自变量中,只有 GDP 的显著性水平小于 0.05,其回归系数为 4.735,小于 2005 年的结果。根据标准化回归系数显示,4 个自变量对因变量的影响程度由高到低依次为:GDP>面积>省会距广州直线距离>人口,其中后两者的回归系数为负值。

定位为机关报的《南方日报》,决定其新闻报道的各个影响因素影响力大小与《南方都市报》是否会有不同? 对《南方日报》的数据所做的回归分析试图回答这一问题。

表 49　模型摘要(2005 年《南方日报》)

Model	R	R^2	Adjusted R^2	Std. Error of the Estimate
1	0.960[a]	0.922	0.843	9.00

a. Predictors: (Constant),距广州直线距离、人口、面积、GDP

表 50　方差分析(2005 年《南方日报》)

	Sum of Squares	df	Mean Squares	F	Sig.
Regression	3 816.078	4	954.020	11.773	0.017[a]
Residual	324.144	4	81.036		
Total	4 140.222	8			

a. Predictors: (Constant),距广州直线距离、人口、面积、GDP

表 51　回归系数(2005 年《南方日报》)

	Unstandardized Coefficients		Standardized Coefficients	t	Sig.
	B	Std. Error	Beta		
(Constant)	4.560	12.830		0.355	0.740
人　口	−3.19E-03	0.003	−0.365	−0.945	0.398
GDP	3.675E-03	0.001	1.020	2.662	0.056
面　积	0.408	0.557	0.247	0.732	0.505
距广州直线距离	−1.87E-02	0.021	−0.297	−0.891	0.424

通过 2005 年《南方都市报》数据所得出的回归模型决定系数为 0.922,方差分析的显著性水平为 0.017。但是,4 个自变量与因变量的线性联系检验的显著性水平都大于 0.05。该模型并非一个理想的模型。

从之前的统计分析结果中已经可以看出,《南方日报》2005 年与 2006 年的数据之间相差甚大。这是否意味着其 2006 年的回归模型会与 2005 年有明显差异呢?

表 52 模型摘要(2006 年《南方日报》)

Model	R	R^2	Adjusted R^2	Std. Error of the Estimate
1	0.973[a]	0.947	0.895	14.35

a. Predictors: (Constant),距广州直线距离、人口、面积、GDP

表 53 方差分析(2006 年《南方日报》)

	Sum of Squares	df	Mean Squares	F	Sig.
Regression	14 813.761	4	3 703.440	17.997	0.008[a]
Residual	823.128	4	205.782		
Total	15 636.889	8			

a. Predictors: (Constant),距广州直线距离、人口、面积、GDP

表 54 回归系数(2006 年《南方日报》)

	Unstandardized	Coefficients	Standardized Coefficients	t	Sig.
	B	Std. Error	Beta		
(Constant)	9.459	20.421		0.463	0.667
人　口	−7.75E-03	0.005	−0.448	−1.472	0.215
GDP	6.457E-03	0.002	1.072	3.489	0.025
面　积	0.999	0.878	0.311	1.137	0.319
距广州直线距离	−3.77E-02	0.034	−0.308	−1.116	0.327

根据 2006 年《南方日报》数据所获得的回归模型,其决定系数为 0.947,方差分析显著性水平为 0.008。在 4 个自变量中,只有 GDP 与因变量的线性联系检验的显著性水平小于 0.05,其影响系数为 6.457。标准化回归系数显示,4 个自变量对因变量的影响力度由高到低依次为:GDP>面积>省会距广州直线距离>人口,后两者的回归系数为负值。

以上述统计分析结果为基础,本次研究发现以下现象。

第一,从对“9+2”相关新闻的关注趋势来看,在 2005 年至 2006 年间,《南方都市报》所刊载的“9+2”相关新闻数量基本持平,而《南方日报》却表现出明显的增加,且增幅主要集中在与广东相关的新闻上。而在新闻报道覆盖范围方面,两份报纸的新闻报道所覆盖的地区数在 2005 年至 2006 年间基本没有变化，但《南方都市报》在“9＋2”区域内的覆盖度始终高于《南方日报》。

第二，在新闻主题方面，各类主题受关注程度的排序见表 55。

表 55　各类新闻主题受关注程度排行

	2005 年		2006 年	
	《南方都市报》	《南方日报》	《南方都市报》	《南方日报》
民　生	2	2	1	1
政治(政策)	1	3	4	3
经　济	6	6	6	6
犯　罪	4	7	2	4
灾难(意外、疫情)	5	4	5	5
文化教育(科技)	3	1	3	2
体育运动	9	9	9	9
城市发展	6	8	8	8
人物报道	8	4	7	7

根据表 55 的统计结果，可通过计算各类主题的平均排名来确定其综合排名。结果见表 56。

表 56　各类新闻主题受关注程度排名

新闻主题	平均排名	综合排名
民　生	1.5	1
政治(政策)	2.75	2
经　济	6	6
犯　罪	4.25	4
灾难(意外、疫情)	4.75	5
文化教育(科技)	3.75	3
体育运动	9	9
城市发展	7.5	8
人物报道	6.5	7

有一点需要说明的是，由于《南方都市报》和《南方日报》都设有专门的体育新

闻版，但未被列为此研究中内容分析的样本来源，因此体育运动类新闻受关注程度低是笔者预料之中的结果。文化娱乐类的新闻虽然在两份报纸中也有专门的版面，但在不包括这类专版的本项研究中，却仍然能成为第三位受关注的新闻主题，这也许是因为记者和编辑将教育类新闻视为民生新闻的一种，但笔者将其进一步细分所致。

第三，《南方都市报》和《南方日报》在报道立场上有着显著的差异。以《南方都市报》为例，在其2005年的新闻报道中，持中立立场的报道数量最多，正面报道则和负面新闻数量相若。到了2006年，持中立态度的报道数量有所减少，但仍占样本总数的一半以上。同时，正面报道的数量减少了2篇，但负面报道增加了24篇。而《南方日报》方面，数据变化则较《南方都市报》明显得多。在2005年的样本中，正面报道以压倒性的优势占据了《南方日报》的立场方针，占样本总数的2/3；其次是负面新闻，最后才是持中立立场的报道。但到了2006年，数据发生了显著的改变。正面新闻的数量大幅减少，降至61篇；负面新闻也减少了3篇，有30篇；而持中立立场的报道则从2005年的27篇大幅增至89篇。要解释这一变化，描述性量化分析显得力不从心。如Dennis H. Wu在其关于国际新闻流研究的论文中所说的那样，要解释新闻流这一现象背后的更深层次的问题，政治经济学分析也许是一个更为合适的方法。

最后，也是此项研究所关注的重点，到底有哪些重要因素在影响着《南方都市报》以及《南方日报》对于"9+2"相关新闻的报道？通过以各地区的人口、面积、GDP以及地理位置（省会与广州之间的直线距离）为自变量，以各地区被报道的次数为因变量所做的回归分析显示，虽然上述4个回归模型的决定系数和方差分析的显著性水平都较为理想，但4个自变量中只有GDP与因变量的线性联系检验的显著性水平小于0.05，甚至，在2005年《南方日报》的回归模型中，4个自变量与因变量的线性联系检验的显著性水平都大于0.05。因此，作者在此只能得出一个因保守而显得平庸的结论：在各个"9+2"相关地区当中，如果某一地区的GDP越高，其被报道的次数则会越多。

五、讨　　论

在这一部分，作者将会讨论此项研究所得到的三点发现。首先，面对同样的社会真实（"9+2"省际新闻流），《南方都市报》与《南方日报》所营造的拟态环境在统计数据上却呈现出明显的差异。隐藏在这一现象背后的问题是：在中国大陆政治和经济转型的环境下，有哪些因素在影响着省际新闻的流动？然后，通过回归分析，研究发现了各省特征对省际新闻流动的影响力各有不同。最后，研究还发现了在正负面报道比率这个指标上，与“9＋2”地区相关的正负面报道比率要高于非“9＋2”地区。这一发现验证了区域合作关系对省际新闻流动的影响。然而，这一现象背后的非直观的机制又是什么呢？这将会是随后讨论的内容。

1. 社会真实与拟态环境

由于个人体验的局限性，我们无法对我们所生活的世界中的每件事物都去亲身经历和感受。不过，我们却又并非对我们直接经验以外的事物一无所知。先进的通讯和媒介手段，使信息交流突破了时间和空间的局限，拓展了我们对这个世界的认识——即使未能亲历其境。慢慢地，我们渐渐开始对这种轻松省力的认知方式产生了依赖。如果说，人们早期对于传播媒介的依赖是源于个人体验的局限，那么，现代人便可以看作是被包裹在媒介中而与社会事实相隔离地活着。

Lippmann 在《公众舆论》[①]第一章讲述了这样一个故事：

> 大洋中有一个岛屿，1914 年时，那里住着几个英国人、法国人和德国人。岛屿不通电缆，英国邮轮每 60 天来一次。到了 9 月，邮轮还没来，这些岛民谈论的话题仍是最后那期报纸报道的即将对卡约夫人枪杀加斯东·卡尔梅特一案进行审判的消息。因此，9 月中旬的一天，他们抱着非同寻常的急切心情全都涌向码头，想听那位船长说说做出了什么样的裁决。但他们得知，6 个星期以来，英国人和法国人为了协约尊严正在同德国人作战。在这不可思议的 6 个星期中这些岛民仍像朋友一样相处，而事实上他们已经成了敌人。

在这个故事中，岛上的居民是由于信息获取渠道的匮乏(岛上没有电缆，他们也不可能亲自回到欧洲去了解情况)而受困于 Lippmann 所说的拟态环境之中。但反观生活在当今的人们，他们每天都要处理大量的资讯，直接接受媒介所营造的拟态环境也许是一个节省时间和精力的做法。如果说，活在交通不便、信息匮乏时代的人们之所以接受媒介所塑造的拟态环境是一种被动且无奈的选择的话(因为他们没有足够多的信息去挑战特定的拟态环境，交通技术的落后也限制了他们直

---

① Lippman，W.《公众舆论》，阎克文，江红译. 上海：上海世纪出版集团，2006：3.

接经验的来源)，那活在交通发达、信息爆炸的当代人则可被看作是主动地去接受媒介所营造的拟态环境，并以拟态环境为根据做出决策，然后实践在社会真实上。

到了此处我们不禁要问：左右媒介塑造拟态环境的因素到底有哪些？在如今大部分人都将拟态环境当作社会真实，并以其作为指导社会真实中的实践行动的情况下，这个问题显得尤其重要。此项研究发现，两份报纸对同一时期内的同一区域进行报道，但却有大相径庭的结果。以 2005 年的报道立场分析结果为例，《南方日报》与《南方都市报》分别营造了两个不同的拟态环境——前者似乎是在努力说服我们大部分事物都是无比美好，而后者则更倾向于客观报道，而把判断的机会留给我们。

2. 影响区域间新闻流的因素及非直观的机制

正如此项研究所发现的那样，拟态环境和社会真实之间的确存在着差异，而且由不同的媒介所营造的拟态环境偏离社会真实的情况也不尽相同。那么，究竟是什么因素在左右着媒介的跨地区新闻报道行为呢？

如文献回顾部分所总结的那样，影响把关行为的因素不胜枚举，但大致可分为 3 类：新闻事件本身的新闻价值、新闻工作者的个人因素、社会环境的客观因素。此项研究的关注焦点是“9＋2”范围内各地区的人口、GDP、面积及地理位置(距广州直线距离)如何影响其被报道的次数。通过回归分析，研究发现 GDP 对于地区被报道次数有正面的影响。虽然，根据分析数据显示，只有 GDP 这一变量具有显著性，但 4 个回归模型都具有一致的结果——对于地区被报道次数的影响，4 个因素按影响力从高到低的排序依次为：GDP＞面积＞距广州直线距离＞人口，其中后两个影响因素的回归系数为负值。尽管由于显著性水平的缺陷致使各个因素的回归系数的绝对值缺乏解释力度，但它们之间的相对排名仍然具有意义。

通过定量分析，研究得出了“GDP 较高的地区被新闻媒体报道的次数较多”这一结论。然而，在这个似乎直观的结论背后所隐藏的非直观的机制又是什么呢？在这里，作者试图从一个定性分析的角度略加说明，以作为对此项研究结果的补充。

从前在计划经济的指令体制下，媒介负责意识形态的宣传，20 世纪 90 年代以前多数获得政府的全额或部分资助；市场化以后，媒介成为“事业单位，企业管理”，1992 年政府宣布停止媒介补贴①。既然新闻媒体在市场化以后已经成为“企业管

① 李金铨(2004).《超越西方霸权：传媒与文化中国的现代性》.香港：牛津大学出版社：88.

理”,那便是意味着其被赋予了追逐利润性质。而在政府补贴取消以后,广告收入顺理成章地成为新闻媒体的主要收入来源。不过,报纸对于广告收入的依赖是否就是造成其更多地关注经济发达地区(在此项研究的案例中为广东省)的原因呢?

报纸是一种对地域依赖性较强的印刷媒介。由于研究所选择的样本是《南方日报》和《南方都市报》,其报社所在地为广州。而恰好广东省为“9+2”区域内(香港、澳门除外)GDP 最高的地区。因此,GDP 影响被报道次数的回归系数也许只是一个偶然的巧合,真正的原因是报纸对于其所在地新闻的关注。不过值得思考的是,同样一份报纸,其娱乐和体育版面却有大量的外地甚至是国外新闻,而这种跨地区报道的情况在综合新闻的版面中却为数不多(具体数据可参考之前的统计结果)。这种现象又当如何解释呢?

李金铨在其著作《超越西方霸权：传媒与文化中国的现代性》中总结了后毛泽东时代的新闻特征,他称之为“降低动员的自由化(demobilized liberalization)”。其中一点为:“媒介由党的喉舌的角色转变为何周所谓的‘党的公关公司’,它们的任务是提升党的形象及合法性……”①。而就各个地区来说,其所服务的对象则可视为是当地的有关政府部门。回到此项研究的案例中,这种“提升形象及合法性”的具体表现就是多报道与当地有关的正面新闻,这种做法在定位为机关报的《南方日报》中更为明显。下面以《南方日报》2005 年的分析结果进行说明。

表 57 首要省份与报道立场交叉统计(2005 年《南方日报》)

	正面	负面	中立	总计
广东	59	4	6	69
湖北		1	1	2
贵州		4		4
四川		1		1
香港	4			4
澳门	1		1	2
9+2 以外地区	11	11	9	31
不适用	45	12	10	67
总计	120	33	27	180

① 李金铨.《超越西方霸权：传媒与文化中国的现代性》:48.

表 58 新闻主题与报道立场交叉统计(2005 年《南方日报》)

	正 面	负 面	中 立	总 计
民 生	18	7	9	34
政治(政策)	18	3	2	23
经 济	13	1	1	15
犯 罪	2	6	6	14
灾难(意外、疫情)	5	13	2	20
文化教育(科技)	41	2	6	49
运动体育	2			2
城市发展	2		1	3
人物报道	19	1		20
总 计	120	33	27	180

从表 58 中可以看出,除香港和澳门这两个行政特区外,在“9+2”范围中就只有广东有正面新闻报道(59 篇),其余地区则只有负面报道,或甚至没有出现在新闻报道中。通过新闻主题与报道立场的交叉分析还可以发现,负面报道主要出现在“灾难(意外、疫情)”这一主题中,而这类新闻的负面性多数都是无可辩驳的客观事实(尽管如此,仍有 5 篇此类别的新闻以正面报道的形式出现)。反观与政府形象较为密切的“政治(政策)”类新闻,正面报道与负面报道之比为 18∶3,经济类新闻(多数关于国家经济走势)更是高达 13∶1。

可见,在那些直观的统计数据背后,还有一个重要的因素在影响着省际新闻的流动,这便是政府的影响。要厘清这一因素对省际新闻流动的影响,政治经济学的研究视角或许能提供更为有力的解释。这已超出此项研究所设定的研究范围,因此本文不再详述。

六、研究结论及局限性

1. 结论

此项研究以泛珠三角区域合作为案例,分析了在中国大陆政治和经济转型的环境下,有哪些因素在影响着省际新闻的流动,以及这些因素的影响力大小有何不同。除各省的自身特征外，研究还探讨了区域合作的发展是否将影响省际新闻的流动。

通过回归分析，研究发现，各省份的 GDP 是影响省际新闻流动的各种因素（GDP、人口、面积、省会与媒体所在地之间的直线距离）中最重要的一个——GDP较高的省份有更多的机会出现在新闻报道中。至于在影响力大小的问题上，这 4 个因素中虽然只有 GDP 的分析结果具有显著性，但它们之间的相对排名仍然具有参考价值。这 4 个因素对于省际新闻流的影响力从大到小依次为：GDP＞面积＞省会与媒体所在地之间的直线距离＞人口。根据分析结果显示，后两个因素于省际新闻流数量的回归系数为负值。

除新闻数量之外，报道范围、新闻主题及报道立场也是省际新闻流研究的重要主题。通过对新闻报道进行内容分析，研究发现：在报道覆盖范围方面，《南方都市报》对“9＋2”区域的覆盖程度比《南方日报》更完善；在新闻主题方面，虽然两份报纸的侧重点略有不同，但民生、政治（政策）及文化教育（科技）是两者最为关注的前三类新闻；而至于报道立场，《南方都市报》和《南方日报》则显现出了较大的差异——《南方都市报》的报道立场以中立为主，其次是负面报道，最后才是正面报道；而至于《南方日报》，根据其 2005 年的统计数据显示，正面报道的比例最高，达66.7％，但这一情况随后有所改变，到了 2006 年，《南方日报》的报道立场转向以中立报道为主，占 49.4％，但正面报道的比例依然较高，占 33.9％。

在中国社会转型的背景下，报纸媒体的角色从过去的政府宣传机器开始转为向市场作出有限度的妥协。这种做法所导致的结果是一部分报纸由于不再严格实现政府宣传的功能而在一定程度上游离于政府宣传机器的结构之外，享受更多的“消极自由”，在“非政治领域”和不危及政权稳定的话题上自由度尤其显著增加[①]。党报通过筹组集团的方式尝试迈进市场，故意错开龙头党报的喉舌功能和外围报的文化消费功能，都市报兴起，贴近市民生活[②]。这正是对此项研究所选择的案例的最好描述。其结果是《南方日报》和《南方都市报》同时在受众的认知中塑造了两个即使并非完全对立但也相去甚远的拟态环境。此现象可以解释为：《南方日报》和《南方都市报》是隶属同一集团但定位相异的两份报纸，身为党报的《南方日报》责无旁贷地需要承担着政府的公关和宣传功能；而《南方都市报》则选择从一个更

① 李金铨.《超越西方霸权：传媒与文化中国的现代性》：83.
② 同上：84。

接近民生的角度出发，其所营造的拟态环境自然也就有别于《南方日报》。

根据此项研究的结果显示，区域合作关系对于省际新闻流动的影响最主要的体现是在报道立场上。研究发现，在与“9+2”相关的新闻报道中，正面报道的比例远高于非“9+2”相关新闻。至于区域合作关系对于报道主题的影响则略显轻微：与“9+2”相关的新闻报道对于各个主题的覆盖程度略高于非“9+2”相关新闻。而在新闻数量方面，两份报纸的“9+2”相关新闻都多于非“9+2”相关新闻。但报纸对媒体所在地有天然的关注性，受此因素的干扰，在此无法断定究竟是区域合作关系抑或是两份报纸均在广州而导致“9+2”相关新闻多于非“9+2”相关新闻。

经过多年发展，新闻流研究从最初的国际层面逐渐发展至国家层面，关注点亦由最初的批判区域间的不平衡转为探讨政治、经济、文化、技术等因素对新闻流的影响。在此基础上，此项研究引入区域合作关系这一新概念，对传统新闻流研究将各区域孤立化的思维进行了补充，望能为日后的相关研究提供有价值的参考。

2. 局限性及对日后研究的建议

尽管作者以最大的努力完成此项研究，但由于个人水平及各种客观因素的限制，仍有若干未能尽如人意之处。

首先，虽然南方报业传媒集团在中国是屈指可数的大型报业集团，且《南方都市报》及《南方日报》均有一定的全国影响力，但仍难以排除报纸媒体所具有的地域属性的干扰。这一干扰对研究造成了以下两点影响：第一，无法从全局的角度出发来检验“9+2”区域合作关系对省际新闻流的影响；第二，影响了回归模型的解释力。

其次，由于各种条件的限制，研究未能对非“9+2”地区的新闻报道作更深入的分析，用以与“9+2”相关新闻报道进行比较。其后果是，导致在论证区域合作关系这一因素的影响力时缺乏说服力——因为即使没有区域合作关系，也会有可能出现省际新闻流。

再次，即使此项研究所进行的是抽样内容分析，但出于对数据可比性的考虑，两位编码员在经过共同协商之后，决定在 4 份样本中再分别选取 180 篇较为有代表性的新闻报道作为内容分析的对象。无可否认，这一做法干扰了随机抽样的客观性，在一定程度上影响了之后的回归分析。

最后，对于描述性定量分析无法深入分析的问题，作者通过定性分析对其进行了补充。但受到研究设计的限制，分析仍停留在较为初步的阶段。

总结以上的不足之处，作者建议日后的同类研究可以考虑：① 在研究区域内的每个地区都选择具有代表性的媒体作为研究对象；② 尽可能对所有新闻进行研究；③ 同时分析有合作关系的区域以外地区的新闻流动情况，以求得出更有解释力的分析结果。

报业跨地区经营六大难题解析

——以《南方都市报》为例

刘劲松[①]

报业跨区域发展，是中国报业发展的大趋势之一。2001 年中共中央办公厅和国务院办公厅联合下发的 17 号文件，明确提出媒体发展可以跨行业、跨地区及跨媒体进行。2003 年以来，新闻出版总署先后批准 4 种报纸进行跨地区联合办报试点，取得了重要进展。

什么是跨地区办报？长期以来，我国报业形成了行业分割、地区分割的局面，“报业市场基本上划分为三个层次，即全国性市场、区域性市场和地方性市场”[②]。所谓跨地区办报，就是报纸在原有的特定地理区域和行政区域限制之外，扩大自己的经营范围，从而获取更多利润的做法。

报业跨地区经营的动因何在？笔者认为，报纸选择跨地区经营，一是为了扩大规模、降低成本。一个企业在某一地区经营状况良好，不断积累资本，为取得更大的利润，必然要进一步扩大经营范围。当受到本地市场规模限制时，就会打进其他地区的同类市场，占据异地市场，以达到垄断的目的。同时通过规模的扩大，降低成本。二是为了扩大市场占有率、寻找新的增长空间、提升竞争优势。由国家新闻出版总署发布的 2005 年报业发展报告称，经过改革开放后 20 余年的发展，特别是自 20 世纪 90 年代以来报业的充分竞争，在中心城市报业竞争已经达到饱和的程度，急需寻找新的增长空间。

目前我国的报业经营的地理市场还受到很大的限制，主要还是以行政区划为报纸地理市场的划分标准。随着政策的放开，一些媒体开始尝试对一些以中心城市为核心，包括其邻近地区在内的经济和社会区域进行跨地区经营。《南方都市报》所处的广东地区，是我国报业竞争最激烈的地区之一，在这块土地上，南方报业

---

① 刘劲松，深圳大学传播学院新闻系教授。

② 宋建武等(2005).《中国媒介经济的发展规律与趋势》. 中国人民大学出版社：11.

传媒集团、广州日报集团、羊城晚报集团和深圳特区报集团等四大集团在新闻资源和广告资源的争夺上都已经达到白热化程度。从中心城市的市场争夺到省内二、三线城市的扩张，报业竞争不断升级。从2000年开始，珠三角区域强势媒体开始走出中心城市本地竞争模式，迈向区域内的二、三线城市市场。较早地进行了省(区域内)跨地区办报的尝试。如《南方都市报》目前已经密集覆盖了小珠三角的城市群，形成“2+5”的布局，即，以广州和深圳为立足点，形成东莞、佛山、珠海、中山、惠州五个城市的城市群效应，日均发行量达到100多万份。实现了省内“多版本”发行的模式。此外，该报所归属的南方报业集团在与光明日报集团合作创办《新京报》上，实现了依靠《南方都市报》的品牌输出和人才输出、资金输出成功地跨地区办报。其探索性的做法，具有一定的典型意义。

南方都市报跨地区发展模式表明了我国报业已经开始打破原有的行政区划限制，从大城市激烈竞争进入到区域化竞争阶段。截止到2006年，随着东北报业联盟、珠三角报业广告联盟等一批报业联盟的结成，标志着二、三线城市报纸开始对强势报纸跨地区办报采取应对之策，也标志着目前区域化报业竞争已经升级。二线城市大规模的报业竞争拉开帷幕。跨地区办报面临更多的难题。本文试图以《南方都市报》为例，剖析报业跨地区经营中所遇到的六个难题的解决思路。

难题之一：如何选择跨地区办报的模式

报纸在什么范围内的地理市场上经营，是一张报纸战略发展的一个重要方面。对于一张准备跨地区办报的报纸来说，是选择中心城市发行，省内、区域内发行，还是全国发行？选择了特定的地理市场之后，还有选择经营方式的问题：是新创办一张报纸，还是与当地原有报纸合作，或是采取并购的方式？以上这些因素的相互作用，共同构成了跨地区办报的模式。

从地域上看，跨地区办报包括两种形式：一种是在省内或一定的区域内跨地区办报，另一种是跨省或一定区域办报。由于原有行政体制的限制，“省”作为政策允许的重要行政区划存在，是报业经营划定的特殊地理范围。随着中国经济发展逐渐出现区域划的特征，即出现“长三角”、“珠三角”、“环渤海经济区”、“九加二泛珠三角经济合作区”等之后，经济的区域性特征也影响了报业发展，使得报纸在具有相似的文化背景和紧密的经济联系的一定经济区域内，不断实现报业的区域化特征。因此，在这里将省和一定的区域作为报业跨地区经营的一个地域性的分界点。

从跨地区办报的方式上看，包括异地发行、合作办报、独创新报纸和办地方版、并购等五种方式。

据此可以得出目前出现的跨地区办报的模式有：省（区域）内异地发行、跨省（区域）异地发行、省（区域）内多版本（办地方版）模式；省（区域）内新办报纸模式；省（区域）内报纸合作模式；跨省（区域）合作模式；跨省（区域）独创报纸模式；跨省（区域）办地方版模式、省（区域）内购并、跨省（区域）购并等模式（如下表所示）。

跨地区办报模式

方式　地域	省（区域）内	跨省（区域）
异地发行	省（区域）内异地发行	跨省（区域）异地发行
合作办报	省（区域）内合作办报	跨省（区域）合作办报
独立创办报纸	省（区域）内独立创办报纸	跨省（区域）独立创办报纸
办地方版（多版本）	省（区域）内办地方版	跨省（区域）办地方版
购并	省（区域）内购并	跨省（区域）购并

1. 多版本模式

所谓“多版本”，即使用相同的报名，在不同的地区或不同的时间内为不同的读者服务。各版本之间的内容差别较小。著名传媒经济学者罗伯特·G.皮卡特在《美国报纸产业》一书中指出：“规模较大的报业公司经常出版多版本报纸。这些报纸版本使用相同的报名，然而，每个报纸版本通常定位于一天不同时间或截然不同地区的读者。虽然各个版本在内容上存在某些差异，但这些差异通常仅仅涉及报纸少数几页版面或报纸某个部分。”

《南方都市报》采取的正是针对省内不同地区的读者，发行不同的版本，而这些版本之间的差别仅在于几个本土化的新闻版面或者是专门用于吸附本地广告的行业特刊。而其他的大多数版面则共享资源。“多版本”的方式很好地解决了报纸的资源共享和本土化的问题，对当地报业市场上的竞争对手来说，则是一个有力的挑战者。

2. 合作办报

在省内多版本扩张的同时，2003 年，南方报业集团出资 3 000 万元与《光明日报》合作创办《新京报》,《南方日报》和《光明日报》共同合作创办的《新京报》成立，成为全国第一家媒体集团跨地区合作办报试点。此次北上,《南方都市报》输出版面资源和经营资源、人才和新闻理念,通过"找伙伴"的方式,成功地实现了跨省(区域)合作模式的建立。

合作办报是目前报纸跨地区办报模式中比较好的选择,也是中办17号文件中提出的媒体跨地区经营中的主要形式之一,该文件指出,跨地区经营须经批准,并主要采用兼并重组、合作联营等形式。

"'办中国最好的报纸'应该也必须是全国性的报纸"(《南都》执行总编庄慎之语),这一口号地提出反映出《南都》人走出地域限制的决心。在省外扩张战略选择上,《南方都市报》没有选择全面出击,而是选择对重点城市集中出击。与《华商报》选择长春、沈阳和重庆等城市不同,《南方都市报》始终把目光放在北京、上海这样的大城市,该报执行总编辑庄慎之2005年底在接受一家网络媒体采访时说:"我觉得上海是我们向往的地方,而且从架构上说,北京有《新京报》,南方广州深圳有《南方都市报》。上海能有这么一个南方报业传媒集团的报在那里的话会很理想的。"

但与《华商报》相同的是,二者都把跨地区办报的方式确定为省(区域)外合作办报,合作办报的优势之一是风险相对较小,可利用原有报纸的刊号资源、对当地经济文化背景的熟悉等有利条件,降低办报风险;另一优势则体现在资源共享上,《新京报》的一些版面内容直接由《南方都市报》转版,形成了南北两大都市类报纸共享内容资源的优势。

3. 异地创办新报模式

包括省内异地创办新报的扩张模式和跨省(区域)独立创办报纸模式。

《辽宁日报》、《大众日报》创造出了省内异地创办新报的扩张模式,分别在大连和青岛创办了《半岛晨报》、《半岛都市报》。这种模式主要靠对已经成功的都市报模式进行复制,要求在二线城市拥有刊号资源,但没有对原有都市报的新闻资源合理利用,没有形成集团内报纸间的资源共享,对原有报纸的发行和广告市场形成争夺,造成原有都市报市场份额的下降,这也是当前存在的问题。

省内异地创办新报模式也有不成功的例子。黑龙江日报报业集团所属的都市类报纸《生活报》在大庆地区的发行量和影响力都很大,远远超出当地报纸《大庆晚报》。2002年,黑龙江日报报业集团创办了《读者新报》,定位与《生活报》相同,作为另一份都市类报纸,把发行主要目标地定在大庆地区,试图取代《生活报》,与《大庆晚报》形成竞争关系。这一策略导致《生活报》在大庆地区发行量下降了50%，而竞争对手——当地报纸《大庆晚报》在竞争困局中不断学习竞争手法，依靠当地政府的支持和本土化实力，很快跟上，最终反败为胜，取得市场老大的地位。《读者新报》则在竞争中由于新品牌建设中资金不足、跨地区办报管理不善等原因，以失败告终。比较看来，《南方都市报》的多版本策略更有利于资源的共享，节省成本；同时也避免了集团内部子报间的自相竞争。

由于目前国内报纸实行属地管理的政策，跨省（区域）独立创办报纸还受到政策的限制，因此，跨地区办报大多选择了与当地媒体合作办报的方式，而管理也遵从了属地化的要求。

4. 异地发行

对于《南方都市报》的扩张模式，南方报业传媒集团曾有过多种考虑①。其中之一就考虑过借鉴《今日美国》模式，直接全国发行，搞《南方都市报》全国版；二是在广东以外的全国主要城市发行。比如，北京、上海及其他有一定额度的广告的城市。以上两种都是同一品牌异地发行的模式。由于目前中国的发行网络建设水平低、广告投放区域性的特点以及读者的流动性，使得同一品牌异地发行的模式在全国范围内很难实现。即使特定城市的发行，也会遭遇到发行网络、读者选择的难题。2006年，《南方都市报》收购深圳热线，推出“中国第一个Web2.0新闻互动社区网站”，奥一网的经营重点仍然是瞄准四城——深圳、广州、北京、上海；这与《南方都市报》的纸媒发展策略是相同的，初步尝试通过网络的作用扩大平面媒体的影响力。

5. 并购

默多克的新闻集团等世界大型媒介集团在发展过程中，无一例外地使用了并购的手段，在世界范围内迅速扩张。《南方都市报》也曾考虑通过资本运营并购几个都市类报纸、周刊，形成与《南方都市报》、《新京报》遥相呼应市场格局这样的扩张模式。对于中国媒体来说，大范围的媒体间的并购还没有得到政策的支持，所以目前媒体之间的跨地区办报主要采取了合作的方式。

选择哪种模式，要基于报纸对其所处市场环境的分析及对自身资源的核心竞争力的分析，才可以做出合理的选择和判断。那么，跨地区办报模式选择的影响因

---

① 范以锦(2005).《南方报业战略》.南方日报出版社：72.

素有哪些?

包括内部因素和外部因素。内部因素包括经济实力、人才实力和品牌实力。以黑龙江日报报业集团创办的《读者新报》为例,从内部因素上看,该集团对于《读者新报》的资金投入没有跟上,其品牌重塑需要更多的资金,从而在一个新市场上建立报纸的影响力。如果该集团将现有的资金力量放在已经有 20 多年历史的《生活报》上,借助其已有的知名度和影响力,以多版本的方式扩张其规模,将会取得更好的效果。因此,对于资金实力不是很强的报纸或报业集团来说,"多版本"是一个集中力量壮大品牌的良好模式。

外部因素包括社会变化、技术变化、经济变化、政治变化等;如何减轻这些外部因素的破坏,将其变为优势,是报业跨地区经营中需要考虑的问题。下图是珠三角地区二线城市市场环境分析(PEST 分析)。

PEST 分析

	描　述　和　分　析
政治环境	珠三角一体化格局形成,广东作为改革开放的前沿,思想开放,勇于创新。但地方政府对媒体的保护意识严重。
经济环境	经济高速发展,珠三角经济一体化形成,广告潜力巨大。
社会环境	相同的文化背景,岭南文化的影响;二线城市的新闻业发展落后于经济的发展,当地媒体新闻竞争未充分展开,尚缺乏都市类报纸。
技术环境	媒介技术的发展,使报纸异地扩张成为可能。

由以上珠三角地区二线城市的外部市场环境分析可以看出,珠三角区域经济的发展,已经为报业跨地区发展提供了良好的基础。因此,《南方都市报》的跨地区办报模式,简单地说,就是省内"多版本"、省外"找伙伴"。这是一种立足本区域,把目光集中在特定大城市市场的选择。即,省(区域)内多版本(办地方版)模式与跨省(区域)合作模式的结合运用。

难题之二:选择什么竞争策略

报纸跨地区经营的竞争策略有哪些?如何选择合适的策略?

产品差异化策略、最低成本策略、技术策略等都是报业跨地区经营中可以采用的策略；而选定竞争策略首先要进行战略定位，即找出基于自身资源的核心竞争力，形成相对于竞争对手的持续性竞争优势。有意思的是，《南方都市报》最初到深圳开辟第二战场，并没有进行过严密的市场调查，该报前副总编杨斌曾说过："《南方都市报》到深圳开辟第二战场，不是我们首先意识到主打深圳市场对南方都市报来讲是一个很重要的战略，而是突然发现，深圳人先欢迎我们了，有了很好的战略基础，促动战略决策形成，然后付诸战略行动。"[①]当时杨斌担任南方都市报《深圳新闻》和组建深圳记者站的任务。

《南方都市报》在跨地区办报中采取了多种策略。首先，采取了产品差异化定位，在省内实行的多版本策略中，在深圳、中山、珠海等二线城市市场上以不同的媒介功能进行定位，迅速占领市场。该报最初进入二线城市市场时，深圳、东莞、佛山等二线城市还没有同样定位的都市报或者当地同类报纸还比较弱小。在与省外媒体合作创办《新京报》时，也选择了做"时政类主流媒体"这样一个不同于北京报业市场上其他都市报的定位。《南方都市报》目前的核心竞争力还在于报纸内容、新闻品质上，人才、团队是其根本保障。而人才和团队也是其形成差异化的一个优势。

其次，低成本策略，省内通过"多版本"的方式，形成资源共享；省外，在与《新京报》的合作中，也实现了新闻资源的异地共享。这在一定程度上实现了新闻采集、人力的低成本，形成强大的竞争优势。

传统的价格竞争策略显然是不足取的。非价格竞争策略是可取的。比如信息技术战略，媒介间的竞争越来越依赖于技术的竞争。产品差异化战略是可取的，依靠品牌的力量，进行异地扩张。最低成本战略，降低发行成本和编辑广告成本，实现范围经济。

现阶段，珠三角区域报业竞争升级。表现为：本土报纸在竞争中壮大；外来报纸替代品增加，同质化竞争严重。以《南方都市报》、《新快报》、《羊城晚报》等为例，在区域市场竞争中，采取的竞争策略相同：一是拼地方版，新闻内容，独家报道，导致报纸不断加厚（如下图所示）。二是拼行业周刊，几家报纸都选择了出版行业周刊的形式，靠房地产、汽车、金融等专刊吸附广告。三是拼大型活动，发特刊。几家报纸对于当地大型事件和活动的配合都十分关注，一次拉近与当地政府的关系。比如，《新快报》与佛山残联合作，搞"爱心报架"。

---

① 《南方都市报》编(2004).《八年》。南方日报出版社：82.

广东主要报纸珠三角二线城市地方版一览表

城市/报纸	南方日报	广州日报	羊城晚报	新快报	南方都市报
深圳	《深圳观察》			《财富深圳》 《健康食品周刊》(免费赠阅) 《3C周刊》(免费赠阅) 《深圳新闻》	《深圳新闻》 《深圳杂志》
东莞	《东莞观察》(2006年起每周两刊)	《东莞新闻》	《东莞壹周》	《汽车东莞》 《财富东莞》 《东莞买楼王》 《3C周刊》(免费赠阅)	《东莞新闻》 《东莞杂志》
佛山	《佛山观察》	《佛山新闻》	《佛山壹周》	《今日佛山》(周两刊)	《佛山新闻》 《佛山杂志》
江门	《江门观察》				
珠海					《珠海杂志》
中山					《中山杂志》
其他	《珠三角新闻板块》(每周一至五)8个版				《惠州杂志》 《广州杂志》 《珠三角新闻》(周二至周五动态新闻)

二线城市报业市场竞争日趋激烈,2005年7月《广州日报》策划、主办的"广州日报·珠三角报业市场巡游团活动",邀请19家国内外大中型广告公司人员亲自考察珠三角五大城市(佛山、顺德、东莞、中山、江门)的报摊零售点,以证实该报是最近两年来销量第一的报纸。

二三线城市本地报纸在竞争中成长起来,为提高竞争力联合起来,抬高了竞争的门槛。比如,佛山整合传媒资源,2005年成立了包括报纸、广播电视的佛山传媒集团,实现了跨媒体的整合,总资产达21亿元,成为实力雄厚的集团;改造了原有的几家地方报纸,除《佛山日报》以外,组建《珠江时报》、《珠江商报》,定位都市报和综合性经济类日报,并据此提出打造"珠江系列"知名品牌报纸的品牌策略。2004

年，中山市创刊《中山商报》，属都市类报纸。而此前，2002 年的《东莞日报》还只有 8 个版。

为应对强势媒体对二线城市地市报纸的挑战，全国范围内陆续出现了多家地市级报纸的区域联盟。如，2003 年由石家庄日报社、沧州日报社、廊坊日报社、张家口日报社和保定日报社共同发起成立的河北报联传媒广告有限责任公司；2004 年成立的以长沙晚报、株洲日报、湘潭日报、常德日报、衡阳日报等为主的湖南城市主流媒体广告协作体；徐州日报社发起的，包括徐州日报、枣庄日报、聊城日报等四十家报纸的淮海经济区报业联盟等。此外还有 2005 年 8 月成立的“东北副省级城市党报集团联盟”等，汇集了 21 报 8 刊。这些报业联盟扩大了区域报纸的影响力和在市场中的竞争力，使地市报纸在广告资源的争夺中增加了实力和吸引力。2005 年 4 月成立的珠三角报业广告联盟，是由深圳报业集团发起成立的，成员包括深圳、珠海、中山、佛山、汕头、番禺、顺德、惠州、江门、肇庆、湛江等 12 座城市的 19 家媒体。该联盟宣言称“建立在平等、互惠、共赢基础之上的珠三角报业广告联盟，旨在扬各城市主流媒体之长，实现新闻资源与广告资源共享，从而形成一支覆盖影响整个珠三角区域的媒体力量，推动其进一步发展融合性区域经济”。该联盟所属的报纸日发行量达 200 万份。

与河北报联的股权式战略联盟不同的是，珠三角报业广告联盟属于契约式联盟，这种松散式联盟缺乏稳定性，其效果还需要各方的协调与默契，还要看合作的效率如何。但其合作联盟形式已经给进入二级市场的各报纸增高了门槛。

《南方都市报》异地办报的策略分析

优势(S)	劣势(W)
已积累一定资金； 人力资源雄厚； 品牌知名度高，已形成全国范围内的品牌价值； 集团支持扩张； 较为成熟的“多版本”； 办报经验	地方保护仍很严重； 制度上受到集团的限制，集团内其他报纸《南方日报》也在寻求扩张； 竞争对手增加，同质化竞争，导致竞争成本增加

《南方都市报》跨地区办报战略选择的SWOT分析

机遇(O)	SO(利用优势和机遇)	WO(以机遇克服劣势)
二线城市同类报纸品牌知名度低； 目标市场发行、广告开发度较低；市场集中度不高； 目标市场人口素质、文化水平较高； 宏观经济环境向好； 人口密度大，交通便利	占领区域市场； 面对全国重点城市，进行品牌输出	机遇，引进先进的管理理念； 利用文化体制改革提高产品差异度； 降低成本，提高盈利
挑战(T)	**ST(以优势应对挑战)**	**WT(克服劣势应对挑战)**
报业市场竞争加剧，同质化竞争； 政策制度壁垒； 行政地方保护主义； 新媒体的冲击； 本地媒体竞争实力加强	发挥内容生产优势，占据更大市场空间； 与新媒体融合	克服现有体制缺陷，精简机构，提高效益，降低成本； 调整产品结构

基于以上分析，现阶段，面临替代品增加、竞争成本不断提高的问题，《南方都市报》首先要在竞争策略选择上找到新的突破口，增强产品的差异性；其次，要进一步创新机制。该报制度上受到集团的限制，集团内的《南方日报》也在寻求扩张。2006年3月28日，《南方日报》进行了自2002年以来的第五次改版，共推出8个版珠三角新闻，每年投入1 000万元，其中每天有2个深圳新闻版。《深圳观察》由周刊变为日报，其策略定位是"本土加高度"，号称办深圳本地的《南方周末》，以此求得与本土报纸的差别，并吸引高端读者。目前，《南方日报》在深圳设有深圳新闻工作室，有25名记者。由此可见，集团对于《南方都市报》的扩张投入难以增加，作为集团下设的子报，在跨地域发展中该报应该进一步创新机制，比如，寻求多途径的资金支持；集团对于南都的支持是在考虑集团整体利益的基础上的，南都的跨地域发展还需要具有法人主体地位，比如建立"南都传媒公司"，并以此为载体逐步走向市场化道路等。创新，还包括用人机制的创新，《南方都市报》最初在各地创办地方版时，曾经从当地媒体挖了不少人，这些人就是冲着《南方都市报》的创新精神去的，也为南都的发展作出了贡献，但是，近两年，一些人又回流到其他报纸，说明竞争对手已经学会了南都的用人机制，也在为人才创造发展的平台，并具备了更大的吸引力。

《南方都市报》在用人机制上能否有更多的创新，也成为它发展的一个关键。

现阶段，二线城市市场集中和垄断程度正在形成。能否抓住机遇，取得垄断地位，是关键。

难题之三：跨地区办报如何突破市场进入壁垒

哈佛大学商学院教授迈克尔·波特将进入一个产业的主要壁垒源分为：规模经济、产品差异化、资本需求、转换成本、获得分销渠道、与规模无关的成本劣势及政府政策等。跨地区办报虽然不是进入一个新的产业，却存在着进入新的地区的市场进入壁垒。

笔者认为，跨地区办报的市场壁垒主要包括经济因素的进入壁垒和非经济因素的进入壁垒两大类。其中，经济因素的进入壁垒包括：高额的资本要求，本土化成本高；欲进入地区报纸的市场集中度高，已形成规模经济；欲进入地区报纸产品差异度大、原有读者的品牌忠诚度高等；非经济因素的进入壁垒主要是政策壁垒。

1. 高额的资本要求

一张跨地区经营的报纸，首先面对的是发行渠道建设，这需要较多的资金。如果已有报纸垄断发行渠道及广告资源，则需要新进入报纸拥有较高的进入资金。《南方都市报》最初进入深圳市场时，发行渠道还很不通畅，该报并没有在发行上做很多的资金投入，而是依赖几个个体报贩进行零售。因此，2001 年 5 月，《南方都市报》在深圳的发行被深圳报刊发行局封杀后，彻底失去了销售渠道。它没有投入资金进行异地发行的渠道建设，而是依赖于原有报纸，包括竞争对手的发行渠道，因此遇到了市场的门槛。当原有报纸及当地邮政系统的发行渠道采取自我保护的措施，对其进行“封杀”时，《南方都市报》则遇到了第一道门槛。为了解决这一事件，它采取了借助舆论的措施，通过在舆论上给当地政府和竞争对手压力，最终达到了跨越市场门槛，取得发行许可的目的，并使自己的品牌知名度在全国叫响。而此举也使得该报在此后进入省内其他地市市场时，能够顺利跨过发行渠道这一个门槛。该报采取的是非经济的应对策略。

而当《新京报》创办时，则没有那么幸运，创办之初，该报不得不投入大量资金搞免费赠阅来吸引读者。《新京报》自办发行，以征订和零售为主要发行渠道。其资本并不雄厚，所以发行既要求低成本，又要求产生比较大的影响和效应。在《新京报》创办之初，为了让这张报纸迅速在目标人群中产生影响，该报的战术是选择了党政机关，高档的写字楼等进行了轮番的定向赠阅。为培养目标读者而进行的免费赠阅，对报纸的经营提出了较高的资金要求。

2. 本土化成本高

对所进入的市场了解不充分，在垄断经营的市场上，外来报纸的进入肯定会遇到阻力。而与当地对接，不仅有采编思想内容和经营方式的对接，甚至还有与当地的社会关系等的对接。《新京报》就是瞄准北京的报业市场空间大，尤其重要的是，创办者认为北京的城市是一个开放的市场，它没有很多的对外来的排斥，它的市场开放程度比较高。

现任《南方都市报》深圳编辑部主任苟华曾谈到，深圳市官方对信息披露的观念比早几年开放得多，但一些部门的信息只对当地媒体公开，对派驻当地的媒体封锁消息。一些政府官员至今还不能做到发布信息应该对中央、省派驻的媒体和当地媒体一视同仁。可见，该报在当地采访中仍然受到一些隐性的限制。如何打破本土化的僵局？这是《南方都市报》在跨地区办报中遇到的一个共同问题。根据各地情况，该报总结出了舆论监督先行，以大报道突围，并根据各地情况，辅以与政府积极配合的姿态的一系列做法。

在进入深圳时，《南方都市报》就推出了一系列的监督报道，说当地媒体所不敢说的话，监督报道“三战 ABA 公司”、“深圳你被抛弃了吗”等系列报道，在深圳都产生了深远的影响；在进攻二线城市时，该报再次采用了一种大报道突破本土化僵局的做法，通过报道打破来自地方的阻力和消除隔阂。《暗访机关》是《南方都市报》东莞团队 2003 年的杰作，当时东莞市政府提出要改进机关工作作风，《南方都市报》的记者以市民的身份进行暗访，报道一出，一时间东莞各级政府部门都被要求天天学习报道找差距，形成影响，为此后的采访打开了通路；同时，改善了与政府各部门的关系。如果说东莞的做法是“扎一针”，中山的做法则是不惜版面资源与政府大力配合。2004 年中山市要搞“文化名人推广月”，报社的中山杂志立即决定专门配合政府出一期《香山名人》特刊。32 版的篇幅在活动开幕当天推出，一时受到当地领导的表扬，称赞《南方都市报》为宣传中山的城市形象作出了大贡献。此举让当地媒体很是眼热，而《南方都市报》正是利用这样的举动拉进了与当地政府部门的关系，使自身本土化速度加快。

3. 原有市场产品差异度大

跨地区创办《新京报》,原本想在北京复制一份《南方都市报》,但是这一想法并没有实施,原因是北京市场上报纸产品的差异度比较大,既有党报,又有覆盖早报、晚报市场的各类型报纸。仅仅都市类报纸已经有多份,如果在定位上没有较大的差异性,则进入壁垒较高,难进入北京市场。对于报业这种高投入高产出的产业来说,投资一份报纸进入市场,其风险很大,产品定位失误,很可能就造成血本无归。因此,《新京报》经过市场调查,最终定位“时政报”,区别于一般的市民报定位。

《新京报》在北京市场遇到的对手是《北京晚报》、《北京青年报》以及后起之秀《北京晨报》、《京华时报》等。特别是前两家报纸的品牌影响力大,读者的忠诚度比较高。《新京报》作为后进入者,要花费大量的资金消除原有的读者忠诚,因此最初阶段会有亏损,并延续一段时间。所以,如果原有市场当中产品差异度较大,就要求跨地区经营的报纸在定位上创造出较大的差异性,克服进入壁垒。

4. 市场集中度高,已形成规模经济

以深圳市场为例,单一媒体(深圳特区报业集团)对整个报纸产业的控制程度比较大,在深圳这个特定的地理区域内,发挥市场调节作用比较困难。属于寡头垄断的市场结构,市场集中度比较高,当地已有报业集团建有自己的发行渠道,并且其规模经济也形成进入壁垒。而珠三角其他二、三线城市,像惠州、中山等城市的报业市场的集中度则并不高,尚未形成规模经济,所以对于《南方都市报》来说,其进入壁垒并不高。

5. 非经济因素壁垒

主要是政策壁垒。新实施的《报纸出版管理规定》第十条是关于两个主办单位合办报纸的规定,该规定指出:“两个以上主办单位合办报纸,须确定一个主要主办单位,并由主要主办单位提出申请。报纸的主要主办单位应为其主管单位的隶属单位。报纸出版单位和主要主办单位须在同一行政区域。”处在同一行政区域的两个主办单位合办报纸也适用该条规定。这其实是对“跨地区办报”要属地化管理的具体规定。跨地区经营有一个原则目前必须坚持,就是属地管理的原则。地方行政割据和政策壁垒导致的垄断竞争,将增加报纸跨地区经营的成本和难度。

虽然目前经批准进行跨地区合作经营的已有 4 家报社,2005 年第 3 期《传媒》

杂志刊发对新闻出版总署副署长石峰专访中，石峰表示跨地区办报“在操作层面上还存在不少问题，特别是管理体制问题。如果跨地区合作经营后削弱了对媒体的有效监管，这种形式就值得研究。笔者认为报刊跨地区经营是改革发展的必然趋势，形式应该是多种多样的，现在这几家的形式还比较单一。由于管理体制改革还不到位，目前还不宜全面铺开。”《中国报业》2005 年第 3 期报道，中央政治局委员、中宣部部长刘云山在深圳表示，鉴于跨地区办报过程中，属地管理问题尚未得到很好解决，因此暂停审批跨地区办报，已获批跨地区办报可继续试点。目前，跨地区办报在政策执行中还是收紧的。

此外，制约媒体发展的一个关键问题是目前媒体的体制问题。事业单位企业化的运作模式，给媒体发展带来很多问题。

南方报业集团社长范以锦认为：“市场总有一天要放开的。即使现在放开了，我们也不会去盲目地扩张。在《新京报》还没有完全成功之前，我们不会轻易跨区域做规模较大的报纸。投资不大的刊物可以作一些尝试。对于南方报业来说，北京、上海是重点。其次才是二线城市。”

难题之四：跨地区经营如何处理扩张与成本增加的矛盾

报业跨地区经营可以控制更大的市场份额，带来垄断利润，形成规模经济。与广播电视不同，报纸的边际成本涉及印刷同一内容而导致的额外的印刷费用。实际上，以成本增加为基础的市场占有率的提高，将意味着利润的缩减，而不是增加。

从 2000 年到 2003 年，《南方都市报》快速实现了省内跨地区办报并站稳脚跟，同时还作了跨省合作办报的尝试。跨地区经营等于无限扩大市场占有率吗？如何处理扩张与成本增加的矛盾问题？“《南方都市报》每年广告增长多少，与之配套的发行要一个什么样的市场份额，年初都有很好的计划。《新京报》在发行的有效性上要求更高。第一，每一年要达到一个什么样的利润目标，发行需要完成什么样的业绩，发行需要控制的费率，都有一个明确的指标。第二，征订与零售之间的比例我们规定得很清楚。第三，重点区域规定得很清楚。第四，重点的行业也规定得很清楚。”①从 2005 年开始，《南方都市报》在深圳地区的发行量不再扩大，稳定在约

① 郑万洪. 良性竞争　坚守即成坦途——《新京报》发形营销之道.《传媒》，2005(10)：1—2.

30 万份。在珠三角其他城市，该报的发行量也与广告配套，控制一个市场份额。因此，跨地区经营不等于无限度的扩大市场占有率，扩张的根本目的是增加利润。

《南方都市报》实行的是低成本扩张。在珠三角，南都采用异地复制的策略，即在本省二、三线城市除增加一部分本地新闻及生活、房产咨询外，其他的如体育、国际新闻等均采用现成的成品。《新京报》也大量采用了《南方都市报》的版面内容，实现了南北两报内容资源的共享。这是内容方面的低成本。此外，发行与广告也选择了低成本策略。比如，目前该报在深圳地区设有南都物流公司，负责该报在深圳地区的征订用户的发行，而零售则委托当地邮局。在珠三角其他二线城市也采用了自办与邮发结合的方式。各地设立广告部，在珠三角的扩张中，《南方都市报》向珠三角二线城市扩张，是以广告先行的，即该报在扩张中首先打牢广告客户基础，在有了读者基础和广告客户基础上，才大举进攻珠三角地区。珠三角专刊部成立后，统一成立了珠三角广告部，2004 年，广告增长率达到 22.8%，其中东莞广告在 2003 年 5～10 月份的增长率达到 99.6%。

《南方都市报》在向二、三线城市扩张时，投入较少，这从各地记者站初创时的艰苦环境上就可以看出，佛山记者站初创时，20 多人挤在一间不足 10 米的小客厅里，各地记者站还都出现过电脑紧缺的情况，是在艰苦环境中长大的。但仅用一年多时间，珠三角专刊部下设五地的记者站情况明显好转，办公条件改善了，采访环境也大大改善。《南方都市报》的策略是，最少的投入，最大的利润。

异地扩张所带来的风险之一就是：投资能否带来相应的回报？扩大规模之后能否带来规模经济？对于报业来说，边际成本是指“为了提高产出而必须增加的生产成本，也可以说是削减产出量的时候可以节约的成本”①。报业作为公共产品的属性，产出量的增加，降低了生产单位产品的成本，形成规模经济。瑞典地铁国际集团创办的免费报纸《地铁报》在全世界 19 个国家 50 多个城市发行。它采取的经营策略就是形成规模经济，在跨国办报的过程中，一方面注重本土化，形成形式相似但内容上却是多版本的格局；另一方面也利用了内容共享的策略降低成本，使得跨国办报能够取得可观的利润。该公司采取的是高投入快产出的策略，在香港，地铁报(《都市日报》)仅用了 14 个月就达到了收支平衡。瑞典《地铁报》正是发挥了报纸规模经济的特点，取得了良好的投资回报。

---

① 罗伯特·G. 皮卡德(2005).《媒介经济学——概念与问题》赵丽颖译. 北京：中国人民大学出版社：57.

但是，当规模超出一定的范围之后，规模经济的优势也会消失，以至于形成规模不经济。因此，盲目扩大市场占有率，不考虑投资与回报的关系，则是十分危险的。报业跨地区经营可以形成规模经济的效应，同时也要当心规模不经济的陷阱。

难题之五：报纸如何选择跨地区经营的时机和合作对象

是否要在本地做到最大才可以考虑跨地区办报？对于报纸跨地区经营时机的选择十分重要。《南方都市报》诞生在具有激烈市场竞争的广州地区，是在省报集团遇到竞争困局的情况下诞生的报纸，肩负着盈利的重任。诞生之初，前有《广州日报》、《羊城晚报》，身旁又几乎同时诞生的《新快报》，在这样一个竞争环境下，《南方都市报》选择了深圳，尝试通过开辟深圳市场扩大广告收入和发行量。继而，采取的是“多版本”策略，在省内其他地方占领市场，创出优势品牌，然后再回头拼争第一名。在广州市区，该报目前还是“追赶者”，仍然在挑战《广州日报》在广州地区的龙头地位，《广州日报》发行量 150 万份，广告额排在第一位。2005 年底，《广州日报》报业集团新上任的社长在集团内部提出“遏制南都，学习南都”的口号，一向以大报自居的《广州日报》，罕见地提出向《南方都市报》学习，说明竞争格局在悄悄发生变化，市场上的老大开始感觉到来自《南方都市报》的压力。

从前面“广东主要报纸珠三角二线城市地方版一览表”中可以看到，广州几大报纸《广州日报》、《羊城晚报》、《新快报》等均选择了在珠三角二线城市创办地方版的策略，相比之下，《南方都市报》在中山、珠海、惠州都属于抢先进入市场的外来媒体，在佛山、东莞也是首先实现了本土化的外来媒体。《南方都市报》对于跨地区办报的时机选择还是很及时的。深圳特区报业集团在 2005 年才开始考虑壮大在惠州等二线城市的办报力量，但发现那里的竞争已经十分激烈，最终放弃了跨地区办报的想法，而是联合了 12 座城市的 19 家媒体，建立了珠三角报业广告联盟，旨在实现新闻资源与广告资源共享。这也是该集团错失珠三角地区跨地区办报良机之后的一种补救措施。

对于跨地区办报中的合作办报模式中，合作对象的选择也是十分重要的。《南方都市报》在北京选择了光明日报集团作为合作对象，主要是看重其党报集团的实力背景。而《新京报》是利用光明日报集团下属的《生活时报》刊号，变更报名创办起来的。《生活时报》则是一张在北京市场上几经折腾未能火起来的报纸。报业跨地区经营往往选择这种经营不善的报纸作为合作对象，利用其刊号资源，也就是说，合作办报模式中，进入异地市场的报纸往往不会选择本地市场中的老大作为合作者，而是选择处于弱势地位的报纸作为合作对象，经过资本与品牌的输入，改造出一张全新概念的报纸来。《南方都市报》早在2001年刚刚羽翼丰满时就已经有了向外扩张的想法，该报前后接触过的合作方有数十家，但都未成功。《新京报》是其首次尝试跨省的合作办报模式。与《南方都市报》选择合作方的做法类似，《华商报》在异地办报中也选择了当地市场中处于弱势的报纸进行改造，比如，它在长春选择了当时名不见经传的《新文化报》作为合作者，经过两年发展，后来居上，打败了原有的市场强手《长春晚报》、《城市晚报》，跃居当地都市类报纸的第一名。这些合作对象还有一个共同的特点就是较少人员包袱，体制较为灵活，便于新报纸以新机制灵活运作。《新京报》成立时几乎没有保留原来的《生活时报》的编采人员和经营管理人员，而是从《南方都市报》调来了一批主力编采人员和经营人员，另外在全国范围内招聘了一批人员。

难题之六：如何解决报业跨地区经营的管理难题

早在《南方都市报》1999年进入深圳创办《深圳新闻》和组建深圳记者站时，就面临着两个具体的管理问题。一是深圳地区的广告、发行和新闻，是作为条状还是块状管理？二是《深圳新闻》编辑部要不要设在深圳？当时该报编委会认为，从节省成本和便于管理的角度出发，改变以往党报在记者站管理上采用发行、广告和新闻“一把抓”的模式，而是实行垂直管理。《深圳新闻》编辑部也选择设在总部广州。这种模式在此后的拓展珠三角二线城市市场时也被沿用下来，逐渐演变成目前《南方都市报》采用的新闻、行政和经营三个委员会式的管理方式。仍然是一种垂直是管理模式。这种管理模式的特点是权力集中于企业高层，减少管理环节，使各环节之间的协调更紧密；但弱点是，缺乏横向协调和良好的合作，不利于中层管理者发挥主动性和创造性。

从采编的角度来说，采访和编辑分居两地，势必带来沟通的障碍，也增加了沟通的成本。为了增强选题策划和稿件修改中的沟通问题，总部和各地之间都作了多方的努力和尝试，除常用的电话、手机短信和电子邮件外，还开设了“珠三角之家”BBS，使记者和编辑可以在网络上交流。而编辑部是设立在本地还是设立在总部，一直是困惑南都人的一个问题。直到今天，他们仍有在深圳等地设立编辑部的计划。设立珠三角专刊部后，一定程度上实现了小规模的集中，但仍未有效解决采编两地分隔的问题。沟通成本问题也是该报在跨地区经营中需要解决的现实问题之一。值得一提的是，前文提到的已经关闭的《读者新报》，因为要覆盖哈尔滨、大庆两个地区的市场，当年在部门设置上分哈尔滨、大庆两大编辑部。哈尔滨编辑部主要负责文化、体育、专刊的编辑出版，大庆编辑部主要侧重大庆地区的新闻采访，市民服务的工作，负责所有在大庆地区的新闻编辑、采访、组版工作。两地分设编辑部给实际运作也带来很多混乱。可见，跨地区办报并不是设立一个编辑部那么简单，如果管理问题不能很好解决，最终将会演变成管理控制失效。所以，内部管理的优化是否能及时跟上（管理层级增多，协调与组织的成本也加大了），是否有足够的执行力，使得决策能够精确、迅速地执行，这些都是值得深思的问题。

结　语

总之，报业跨地区经营中遇到的难题很多，其中既有宏观的扩张模式的选择问题，也有扩张策略的选择和跨地区办报的时机选择和管理等具体的问题。本文提到的六大难题的解决思路，是《南方都市报》在跨地区办报中的做法，其中有成功的经验，也有失败的教训。从 20 世纪 90 年代以来，超大型媒体集团的出现都是媒体兼并与收购的结果。中国报业的跨地区经营还只是刚刚开始尝试，受到许多政策因素的制约和影响。随着全球经济一体化的发展，国内媒体将面临着国外大型媒体集团的挑战，而跨地区办报正是报业壮大自身实力的良好途径。因此，解决目前报业跨地区经营当中出现的难题，加速媒体集团实力的壮大，显得尤为重要。

报业跨地区经营与定位创新之道

——"南方报业北伐"之《新京报》案例

李明伟[①]

1918年10月5日，中国近代著名报人邵飘萍在北京创办《京报》。该报以"供改良我国新闻事业之试验，为社会发表意见之机关"为鹄的，以监督政府、唤醒民众为方针，指点时政，抨击强权和黑暗，名振全国。2003年11月11日，由光明日报报业集团和南方日报报业集团合作创办的综合性日报——《新京报》在北京创刊。总编辑程益中自称"不敢掠人之美"，否认外界盛行的《新京报》是《京报》复刊的传言。但是，在中国报业而言，今天的《新京报》同样可算作"供改良我国新闻事业之试验"。因为，它是国家新闻出版总署批准的第一份真正意义上的报业集团跨地区合作创办的报纸，是中国报业打破地区壁垒，跨地区办报的破冰之旅。它的未来之路，某种程度上成了此后我国报业体制改革的风向标。

本课题探讨的是在"九加二"地区合作背景下报业进行跨地区经营的问题。《新京报》的特殊身份和开拓意义，可以为这一课题的研究提供一只很好的用作解剖的"麻雀"作参照。

一、珠三角地区的报业竞争与广州报业格局

地处东南的广东省是中国改革开放的前沿，也是中国新闻改革的先行者。新时期中国新闻传播事业的第一轮改革，是由珠江人民广播电台发起的。1993年全国出现了第一批年广告额超亿元的8家报社，广东就有四家位列其中：广州日报社，羊城晚报社，南方日报社，深圳特区报社。1996年，中国第一家报业集团试点单位——广州日报报业集团挂牌成立。"据统计，目前广东四大报业集团的资产总额已接近60亿元，净资产额也在44.75亿元左右，年总收入则达到44.51亿元，约

---

① 李明伟，深圳大学传播学院新闻系副教授。

占全省 GDP 总量的 4.92‰。……去年,四大报业集团的总广告额加上深圳商报社 4.1 亿元广告额已超过 31.8 亿元,约占全国报业广告市场份额的 1/8。”①

广东报业既是中国报业改革的先锋,又是目前中国报业最发达的地区。

广东省或者说珠三角地区报业竞争的战场可以细分三个层次:一线城市——广东省会中心城市广州;二线城市——深圳特区;三线城市——中山、东莞、佛山、江门等。

广州是广东省乃至整个南方报业最集中、竞争最激烈的地区。广东省四大报业集团中的三家,都在广州市。目前在广州发行量超过百万份的报纸有《广州日报》、《羊城晚报》、《南方周末》、《南方都市报》、《足球报》、《信息时报》、《法制画报》7 家,位居全国前列。

1. 三大报业集团与报业竞争格局分析

1996 年 1 月组建的广州日报报业集团,是经中宣部和新闻出版总署批准的中国第一家报业集团。截至 2005 年 12 月,该集团已发展成为拥有 1 家主报、14 家系列报、4 家杂志、1 个大型网站、1 家出版社,以及广州日报印务中心、广州市报刊发行公司等多家企业的现代化报业集团。集团总资本达 61 亿元,净资产 45 亿元。集团下属的《广州日报》日发行量达到 165 万份,广告营业额连续 11 年(1994 - 2005)位居全国报业第一名。2004 年,世界品牌实验室(WBL)和世界经济论坛(WEF)联合编制的《中国 500 最具价值品牌》排行榜中,《广州日报》以 46.17 亿元的品牌价值位居全国综合类报纸首位。2005 年 5 月,第 58 届世界报业大会公布的世界日报发行量前 100 名排行榜显示,《广州日报》以 165 万份的发行量排第 25 名,在全国报业中仅次于《参考消息》、《人民日报》和《扬子晚报》。《南方都市报》以 141 万份的发行量位居第 29 名,《羊城晚报》以 132 万份的发行量位居第 33 名。

1998 年 5 月成立的南方日报报业集团,是我国第一家由省级党委机关报组建的报业集团。它以《南方日报》为龙头,另拥有《南方都市报》、《南方周末》、《21 世纪经济报道》、《21 世纪环球报道》和南方日报出版社等 7 报 2 刊 1 社,形成了以报业为主体,横跨出版、印刷、广告、物流配送等多领域的传媒集团。它在北京、上海、深圳、香港设有新闻中心,通过遍布全省的自办发行网络,密集覆盖珠江三角洲城

---

① 张云,广东报业——中国报业竞争的缩影。http://www.people.com.cn/GB/14677/14737/22036/1952076.html。2007 - 3 - 15 访问.

市群，并通过卫星传版与全国近 30 个大中城市的代印点与发行网联通，把南方报业的产品推向全国。

与南方日报报业集团同一天成立的羊城晚报报业集团以《羊城晚报》为龙头，另拥有《新快报》、《新闻周刊》、《羊城体育》、《粤港信息日报》、《广东建设报》等 6 家子报及羊城晚报出版社和 20 多家各类公司。

广州报业的三巨头中，南方报业传媒集团目前看来膨胀最快，前景最好。

首先，南方报业传媒集团已经形成了有持久影响力的系列品牌：南方都市报报系、南方周末报系和 21 世纪经济报系三大报系。这三大报系又培育出了一些相对成熟、市场稳定并具有相当影响力的子报。而且，这些子报凭借母报在全国的影响力和深入人心的品牌认知，很多一开始就跳出了广州本地，向全国开辟市场。比如，南方周末系列的《南方人物周刊》、《南方体育》，21 世纪经济系列的《21 世纪商业评论》，还有进军北京市场的南方都市报系列之《新京报》。

与南方报业传媒集团相比，广州日报报业集团旗下有市场化程度相当高的广州市委机关报——目前在广州当地发行量最大，年广告营业额连续 11 年全国报业第一——《广州日报》，从来不缺少扩张的资金。但是，集团在全国性扩张的道路上，走得却颇为不顺。旗下定位全国市场的报刊只有《南风窗》和《第一财经日报》。《南风窗》随着政经媒体的集体衰落已经今不如昔。2004 年横跨京沪穗三地联办的《第一财经日报》在高调起步以后，也逐渐陷入平庸。经历了这些不大不小的挫折之后，广州日报报业集团开始有意识地收缩战线，回眸重新锁定了广州和珠三角地区，希望保持、强化在当地的绝对优势。

但是，即便是在广州当地的竞争中，广州日报报业集团也存在不小的问题。集团一直都是《广州日报》单兵突进的发展模式。遗憾的是，一马当先并未带来万马奔腾的局面。集团除了《广州日报》，没有培育出其他有足够影响力的品牌报纸，内部也没有形成合理的报业布局和良性的品牌衍生机制。内劲不足，是制约广州日报报业集团未来发展的一个关键。不解决好这个问题，就只能眼睁睁地看着南方报业传媒集团继续扶摇直上。《信息时报》就是一个很好的例子。

2002 年夏季，广州日报报业集团重金再造《信息时报》。全彩 40 版的综合类日报，每份只卖 5 角钱。而当时广州地区主要报纸的价格基本上都是 1 元钱。凭借价格优势、全新的包装、明晰的版面设计、新闻标题的戏剧化处理，《信息时报》的发行量迅速飙升。2004 年发行量 90 万份左右，2005 年 1 月自称已达到了 130 多万份。

但是，仅仅发行量的数字，还不能说明一份报纸的成功。我们侧面了解一下它的实际效益就可略知一二。据中国广告协会发布的2005年度媒介广告营业额排行榜显示，2005年广州日报报业集团的全部广告营业额是21.4亿元。另据统计，2005年《广州日报》的广告营业额是17亿多元。也就是说，集团旗下的其他报纸包括《信息时报》，同年的广告营业额加起来还不到4亿元。而中广协发布的数据显示，同年《南方都市报》的广告营业额是14.2亿元。很明显，《信息时报》在广告营业额方面还难以与《南方都市报》相匹敌。

原因很简单，《信息时报》并非广州日报报业集团优化资源配置，着眼于合理安排报业布局和培育自有品牌的产物。集团重启《信息时报》的直接目的，是迎头阻击《南方都市报》在广州市场的扩张。毫无疑问，这种同质化的竞争要求挑战者必须在同一个战线上超越挑战对象。四年的实践表明，《信息时报》沿着南都的路子在后面追赶，不仅没有实现超越，反而把自己搞得很累。2006年5月份，随着发行量的上升，发行成本越来越高，《信息时报》终于将价格提升至8角。

整体而言，《广州日报》目前仍然是广州报业市场的老大，也是广州日报报业集团的顶梁柱。而且，《广州日报》的多种经营是三家报业集团中做得最好的。印务中心、发行网络、大洋网站以及与Tom.com合营的广告业务等如今都已渐入佳境，为资本的进入搭建了比较成熟的平台。但是，广州日报报业集团需要在集团的框架下整合内部资源，在继续提升主报竞争力的同时，提高子报的竞争力，逐步培育新的增长点和报纸品牌，从根本上提高集团整体的实力。否则，即便是在广州当地，也难保集团优势永在。

与广州日报报业集团创办《信息时报》相仿，《羊城晚报》早在刚组建报业集团不久的1998年3月，就推出了一份《新快报》，试图抢攻广州的都市报市场。《新快报》主要以南方城市青年为目标读者群，与当时《南方都市报》的目标受众一致，因此对早期羽翼未满的《南方都市报》构成了很大的威胁。

《南方都市报》快速反应，在分析了两份报纸的受众情况后，采用年轻人喜闻乐见的形式，进一步确定了感性诉求路线，并且量身定做了一系列形象广告，以抵御《新快报》的广告攻势。1998年6月份，《南方都市报》又出其不意地提前十天报道当年6月的世界杯。而且，报纸还利用推出世界杯特刊的机会，策划了更大规模的促销活动和广告攻势。经过一系列的工作，当时尚不太起眼的《南方都市报》，数月内以发行量每天几千份甚至几万份的速度增长，报摊零售量增长了3倍。《新快报》受到《南方都市报》的有力阻击而影响力大减，最终被《南方都市报》远远抛在了身后。

2002 年，新的掌门人梁国标上任，开始对《羊城晚报》进行改革。《新快报》得到侨鑫集团注资，发起了二次革命。但是，这个时候的《南方都市报》已经不再是1998 年的实力了。《新快报》经过不断折腾，离理想的目标似乎是更加渺茫了。

《羊城晚报》的衰落既有晚报这类报纸在都市报挤压下整体衰落的大背景，也有广州当地两家竞争对手的赶超这样更具体更直接的因素。截至目前，仍然看不出羊城晚报报业集团有翻身的机会和富有成效的创举。

与广州日报报业集团和羊城晚报报业集团相比，南方报业传媒集团已经先人一步，在集团内部的报纸结构方面实现了资源的优化配置和组合。而且，这样的报业布局也为集团在时政(《南方都市报》、《南方周末》等)、经济(《21 世纪经济报道》、《21 世纪商业评论》等)和时尚(《名牌》、《城市画报》等)等几个重要社会领域，占领了制高点。另外，就全国影响力来说，南方报业传媒集团也比其他两个集团有明显优势。这也就更方便其向全国市场开路扩张。

2. 广州报业市场饱和度分析

广州报业市场不能说完全饱和，但却是全国最饱和的地区报业市场。

广州市统计局 2006 年 5 月 10 日公布的调查数据显示，截至 2005 年 11 月 1 日，广州市 12 个区、县级市的常住总人口(户籍和居住半年以上)为 948.75 万人，总人口约 1 100 万人。2005 年世界报纸发行量前 100 名的报纸中，广州 5 家日报位列其中，日总发行量达到 574 万份。考虑到《羊城晚报》、《南方都市报》等几个主要大报的发行量中近 2/3 是在广州市区以外，我们可以约略得出，广州 2005 年千人平均日报 348 份。而据世界报业协会的资料，2005 年每千人报纸份数最多的国家是日本，平均每千人买报纸 634 份；其次是挪威，626 份；芬兰第三，518 份；瑞典第四，481 份。广州千人平均日报拥有量大大超出中国每千人百份左右的水平。

另据有关资料统计，2004 年广州报纸的广告营业额是 46.56 亿元。同年，广州市的 GDP 是 4 450.55 亿元。也就是说，2004 年广州报纸广告额占广州市 GDP 总量的 1%左右。正如南方报业传媒集团前董事长范以锦判断的那样：“与国内其他地域相比，广州的报业发展起步较早、发展充分，无论是报业内部的采编、发行、广告、印刷等运营管理水平，还是报业市场竞争的策略与手段，都达到了一个相对较高的水平。”①

① 范以锦(2005).《南方报业战略》.南方日报出版社：21.

3. 广州报业向外扩张的必然性

广州现有的三家报业集团在品牌、市场占有率、资金、人才储备、技术设备和投资平台等方面都形成了相对独特的优势。从广告营业额和千人平均日报量两个标准来看,广州报业市场在现有的政策空间内也已开发殆尽。

但是,这并不能说明广州报业已经完全饱和,或者未来报业格局不会再发生大的变化。因为,报业的发展除了受经济因素的制约,还深受政府政策的影响,在中国尤其如此。

比如集团领导班子,这是报业集团兴衰成败的一个关键因素。中国的机关报和几乎所有报业集团的领导都是行政干部,由上级组织调配。上级确定人选的标准是保证正确的舆论导向,而非一定擅长报业经营。广州也不例外。三家报业集团的领导班子成员都有从机关、军队突然空降的。

行政级别待遇也让许多报业集团领导心在官位,而不是报业。上海几个报业集团的领导成员经常相互"走位"。解放日报报业集团旗下某报老总到文新集团任职,文新集团旗下某报老总调到解放集团旗下某报。老总们不知道自己的屁股明天坐在哪里,如果发狠把对方的报纸往死里整,很可能就是把自己往死里整,所以大家都适可而止。

就像中国的国有企业一样,碰到一个想干事而且有水平的领导,这些报纸的发展就快些。换一个领导,可能又是另外一套办报的思路和发展战略,报业的发展缺乏长效机制。即使一个英明的领导建立了长效机制,也会因领导成员的变更而变成短期行为。在这种情况下,哪家报纸如果能够率先在体制方面取得突破,哪家报纸就会先人一步占领原本荒芜的体制性市场空间。因为,中国报业越往后发展,就越多地受体制的而非市场因素的制约。作为最早开始市场化改革,市场竞争在全国相对充分的广州报业,现在自然也就比国内其他城市更需要进一步的体制突破。当体制突破一时无望的时候,向外扩张就是一个必然的选择了。

二、深圳报业市场格局与竞争

1. 深圳报业市场竞争态势

在广州报业市场竞争如火如荼的时候,二线城市深圳就已经是广州报业垂涎已久的蛋糕了。

1999 年初,《南方都市报》最先跨地域插足深圳市场。凭借深圳新闻专版和"人在深圳 20 年"、"ABA 诈骗案"等影响一时的报道,《南方都市报》在深圳的发行量由当年年初的几千份,迅速攀升至半年后的 4 万份,并取得了两个第一:深圳外来报刊中发行量第一,深圳零售市场第一。该报在深圳轻而易举的成功,一时引来众多媒体追随。《广州日报》在深圳的采编力量猛增至 30 多人。《新快报》也在深圳布下重兵。《羊城晚报》则推出了粤东版。

一时间,深圳报业市场大有乱云飞渡之象。也正是在这第一次遭遇战过程中,发生了影响广泛争议四起的"南都被禁发事件"。不管真相为何,最起码这起事件说明,在没有制度保障的情况下,报纸跨地区经营不是一件简单容易的事情。

而对于深圳本地的报纸来说,无论这些报纸在深圳本地的发行量有多少,毕竟它们踏进了自己的地盘。消极防御的措施在实践中并未取得显著成效,理论上明显也非长久之计。

2. 深圳报业的积极抵御的战略

第一步,2001 年 8 月 1 日,深圳特区报报业集团斥资 1 亿多元创办了全新的都市报《晶报》。《晶报》以受教育程度较高的年轻主流人群为目标读者,打出"阳光媒体,非常新闻"的口号,开始在深圳零售市场上与《南方都市报》和《深圳晚报》厮杀。

凭借集团的强大后盾和比较成功的受众定位与市场化路线,《晶报》创造了三年赢利的"深圳速度",很快取代《南方都市报》成为深圳市场零售量最大的报纸。

第二步,2002 年 9 月 30 日,深圳特区报报业集团与深圳商报社强强联合,成立深圳报业集团。

新成立的报业集团把深圳的主要报纸悉数集中,一下子形成了对深圳报业市场的绝对垄断地位。集团报纸占有深圳报业 90%以上的市场份额。目前,深圳报业集团下属《深圳特区报》、《深圳商报》、《深圳晚报》、《晶报》、《香港商报》、《Shenzhen Daily》、《深圳周刊》、《汽车导报》、《游遍天下》等 8 报 4 刊,总资产近 50 亿元。根据中广协的调查数据,集团在 2004 年的报纸经营额是 27.1 亿元,2005 年 27.3 亿元,都超过了同期广州日报报业集团的广告营业额。

这样一来,深圳不再有本地报纸之间的竞争。任何一份外来报纸面对的是一个几乎铁板一块且势力雄厚的深圳报业集团。2001 年至今,除了《南方都市报》在深圳站稳了脚跟,其他集团在深圳的扩张全都铩羽而归。而《南方都市报》与深圳报业集团之间,也成了一场几乎没有什么悬念的竞争。

因为,深圳报业集团不但以多对少,凭借规模优势占领市场,而且集团内部的中坚报纸——《深圳特区报》、《深圳商报》、《深圳晚报》和《晶报》——在深圳市场的地位和影响力,也是《南方都市报》难以从根本上撼动的。

3. 深圳报业集团获得异常稀缺的政策资源

早在1999年成立报业集团的时候,《深圳特区报》就被赋予了走向市场,探索做强做大党报的权利,成为中国党报系统中最早一批进行市场化改革的报纸。早期《深圳特区报》和后来的深圳报业集团在做强做大党报方面的探索改革,既实现了可观的经济效益,又增强了党报的影响力。如此结果正是中国政府在报业改革上的理想目标。即如国家新闻出版总署副署长石峰在2005年11月9日对深圳报业集团进行调研时所说,改革是新时期报业发展的根本出路,而报业改革的目标绝不仅仅只是为了实现经济效益。报业改革首先要明确目标,就是始终围绕发展壮大党报做文章,只有党报的影响越来越大,宣传效果越来越好,报业改革才能达到最终的目的[①]。2006年5月,来深圳出席第二届文博会的国家新闻出版总署署长龙新民在视察深圳报业集团时也说:"如果说深圳经济特区是中国改革开放的窗口,代表了中国改革开放和现代化建设的形象,那么深圳报业集团也是中国新闻出版业的窗口,代表了中国新闻出版业的形象。"[②]

有了突出的改革成果,再去争取新的政策和体制空间。2003年,在中央推进的文化体制改革试点工作中,深圳报业集团有幸成为试点单位之一。根据有关政策,试点报业集团可以免征营业税,并可享有其他政策扶持。果不其然,深圳报业集团很快就把政策优势转化成了实践。2004年8月,深圳报业集团与主管主办《时代商报》的新华社辽宁分社达成合作协议,全资购并《时代商报》,并授权《深圳商报》全权负责管理、经营,从而形成了包括《深圳商报》、《香港商报》、《时代商报》三家报纸在内"商报系列"。同年9月16日,深圳报业集团有偿兼并宝安日报社。

深圳报业集团党组书记、社长黄扬略自言:"集团在与外界的竞争中处于非常有利的地位。尤其是在平面媒体中,很难有人对我们形成强劲挑战。目前重点要解决的是内部报业结构的调整和各个报纸作为责任主体之间良性竞争和规范的

① 《深圳商报》,2005-11-10.

② 《晶报》,2006-5-18.

问题。”①

结论：凭借着优秀的新闻采编经验及其母体——省级党报集团的优势，《南方都市报》成功进入了深圳市场，目前保持着相对稳定的市场份额。深圳报业集团成立以后，深圳本地报纸之间的竞争基本上不存在。再加上政治的、历史的和地域的等多重因素，深圳报业集团目前是、未来几年也仍然是深圳报业市场的领头羊。面对在深圳当地市场上一家独大的深圳报业集团，《南方都市报》在深圳市场往前推进的难度很大。

三、三线城市东莞、佛山等的报业市场

1. 城市经济与报业

东莞和佛山位于珠江三角洲中东部。与广州、深圳、香港、澳门都相距不远。得天独厚的地缘优势和政策优势，成就了这两个地级市的速度与辉煌。

二十年来，东莞经济以平均每年22%的增长率蓬勃发展(国内生产总值平均每年不到10%)。六项经济指标增幅居全国首位，形成了以制造业和电子资讯产业为支柱的外向型经济结构，是国际性的加工制造业基地和中国重要的外贸出口基地。据2006年1月24日东莞市政府召开的新闻发布会透露，2005年东莞市的国内生产总值突破2千亿元大关，达2 182亿元，比上年增长19.3%。

佛山市统计局发布的2005年国民经济和社会发展统计公报显示，2005年佛山市国内生产总值也突破了2千亿元大关，达2 379.80亿元，比上年增长19.2%。全年城市居民人均可支配收入17 424元，比上年增长8.6%；农村居民人均纯收入7 575元，增长6.9%。整个“十五”期间，佛山经济年均增长16.3%。

一方面是飞速发展的经济，一方面是不死不活的地级报业。2002年，《东莞日报》(每天还只有8个版)、《佛山日报》两份报纸在所属地区也几乎没有什么影响力。巨大的报业空间和不断扩大的市场需求引起了省会报业的关注。

2. 广州报业进入三线城市报业市场

2002年，《南方都市报》在完成广深两大中心城市的战略布局后，开始尝试占

---

① 与城市一起成长——珠三角三城记之历史回顾(作者不详).《中国记者》，2005(7).

领三线城市。2002年元旦,《南方都市报》率先推出了东莞地方版。该报前脚刚进,后脚就跟来了《羊城晚报》和《广州日报》。2002年6月,《羊城晚报·东莞壹周》诞生(目前发行量10万份)。2002年8月,《广州日报》东莞刊创办。

目前,《广州日报·东莞新闻》的发行量15万份,在佛山的外来报刊中居第一位。但是,承包式经营导致其新闻服务和广告服务均有不足。《南方都市报》的东莞版发行量在13万份左右,排名第二。其他还有《新快报·汽车东莞》、《新快报·财富东莞》、《新快报·东莞买楼王》、《南方日报·东莞观察》等。

佛山报业市场的巨变也出现在2002年。年初,广东省委作出了将佛山建设成为广东"第三城市"的重大决策。年底,佛山实现行政区划调整,南海、顺德、高明、三水等4个经济发达的地级县撤县建市,形成一市辖五区的大佛山格局。广东省政府希望以此辅助和带动珠三角西部城市群的发展。

2003年3月,《南方都市报·佛山杂志》在佛山开始发行。在南都之前,2002年《羊城晚报》创办了《羊城晚报·佛山壹周》,目前自称发行量接近20万份。其他的还有《新快报·今日佛山》、《南方日报·佛山观察》等。

广东省的其他几个经济旺盛地区和城市,比如江门、顺德,目前也都有了广州三家报业集团的地方版。

随着广州报业市场在现有体制下日趋饱和,珠三角地区的这些三线城市,已经处在了报业竞争的风口浪尖。2006年3月,广州三大报业集团几乎在同一时间加强了对周边区域的扩张。3月22日,《广州日报》扩版"东莞新闻",从周一到周四的4版增至8版,周五从8版增至12版(一周共44版)。3月28日,《南方都市报》增扩"惠州新闻",由一叠扩为两叠。把原有"珠三角新闻"版细化为"珠海中山新闻"版,面向珠海与中山市发行。3月21日,配合东莞新闻扩版,《广州日报》临时组成500人发行队伍,分300个点派发扩版的《广州日报》;3月28日,针对珠三角扩版,《南方日报》在禅城、南海桂城、顺德大良等三个周边城区举行了声势浩大的巡游活动,推广全新改版的《南方日报》。

在广州报业纷纷向珠三角区域铺开的过程中,《南方都市报》还算先知先觉。而且从目前情况来看,该报的这些地方版与其他报纸相比还算不错。报纸的发行收入结构基本上是4∶3∶3的比例,即广州占四成,深圳和珠三角地区各占三成。2005年,仅珠三角地方版就为南都贡献了1亿元的广告额。

结论:随着广州市场在现有体制下趋于饱和,广州报业的竞争已经蔓延到了整个珠三角区域。佛山、东莞等地区成了广州报业的扩张重点。但是各家报纸在这些地区的竞争尚处于跑马圈地的初始阶段。与当地社会经济文化的发展一道，广州报业在这些地方的拓展也将经历一个逐渐推进逐步升级的过程。

四、南方报业集团的品牌输出战略

1. 南方报业集团优势品牌与《新京报》的诞生

《新京报》不单纯是《南方都市报》的杰作，背后其实是南方报业传媒集团人才和品牌输出战略的一个步骤，一次试验。

2006年7月17日，南方报业传媒集团一周岁生日的前一天，一个喜讯传来。在世界品牌实验室主办的《中国500最具价值品牌》排行榜上，南方报业传媒集团媒体品牌综合评估价值为87.24亿元。在入选的中国平面媒体集团中，南方报业传媒集团高居榜首。集团旗下的《南方日报》、《南方周末》、《南方都市报》和《21世纪经济报道》的品牌价值分别达到39.68亿元、20.00亿元、16.88亿元和10.68亿元。

这些优势品牌的塑造，得益于南方报业传媒集团不走寻常路的战略竞争。这要从广东报业竞争的历史讲起。

2. 三大报业集团品牌竞争

20世纪80年代前后，《南方日报》凭借省委机关报的身份，在广东省处于绝对的垄断地位。后起的《羊城晚报》力除党报僵死生硬的陈弊，开中国晚报风气之先河，通过内容创新超过了《南方日报》。以“街谈巷议”等著名栏目为代表的晚报内容，一时被国人称为“晚报风格”。

《羊城晚报》的成功给同样处于省会城市的《广州日报》以极大的刺激。在黎元江的领导下，《广州日报》也开始了在广东市场的积极竞争。

首先，黎元江提出，《广州日报》要办早报。因为广东人有喝早茶的习惯。《广州日报》应该提前上市，开发占领早茶时间。事实证明，这是一个非常精准的突破口。早报要早出，报社旧有的发行系统不敷使用，《广州日报》被迫自办发行。早报早出，还需要更新印刷设备，以争取上市时间。《广州日报》为此建立了发达的报纸印务中心。独立的发行渠道和发达的印刷设备，提高了报社的印刷能力，缩短了报纸印刷时间，提前了报纸上市时间。报纸的发行量和广告额大幅增加。报社财力大增，为报纸扩版提供了充足的资金。在报纸发行和广告双线上扬的时候，报纸就像印钞机一样，而扩版就意味着收益的绝对增加。

另一方面，黎元江鼓励报社抓住有利时机扩大报纸的影响力。1997 年，香港回归。按照上面的规定，报纸不得任意增加版数。但是，黎坚持违规印刷发行了 97 版的《广州日报》。广州报业市场上出现了前所未有的市民排队抢购《广州日报》的狂潮。虽然，后来报社因此被罚了几万元。但是，与报纸影响力的扩大相比，黎元江实在是大赚了一把。

《羊城晚报》靠内容革新抢占了广东报业市场，《广州日报》以市场竞争问鼎广东报业老大。《南方日报》又能靠什么夺回广州市场。当时，范以锦判断，《南方日报》夺回广州市场已经是不太可能。为了杀出一条血路，重振雄风，范以锦提出既不和《羊城晚报》搞内容竞争，也不与《广州日报》搞商业竞争；既不局限于广州市场的竞争，也不妄求于全面的竞争。《南方日报》要着力培育一个一个的品牌报纸，再由这一个一个的品牌带动一个系列的品牌。此所谓战略竞争。

3. 南方报业集团的多元品牌战略

2000 年以前，南方报业传媒集团在人们的心目中别无其他，只有《南方周末》。1982 年 2 月 11 日正式创刊的《南方周末》，一路上披荆斩棘，发展成为中国发行量最大发行范围最广的新闻周报，中国最具公信力的严肃大报。正像它自己在新年致辞中所言，《南方周末》“总有一种力量，它让我们泪流满面；总有一种力量，它让我们抖擞精神；总有一种力量，它驱使我们不断寻求‘正义、爱心、良知’”。凤凰卫视主持人杨锦麟曾经将《南方都市报》比作北伐时期叶挺指挥的“铁军”，而称《南方周末》为中国新闻传媒的“黄埔军校”。

进入 21 世纪，南方报业传媒集团就不再是《南方周末》这一枝独秀了。集团在 1997 年创办的《南方都市报》在新世纪开始有意识地洗脱身上的小报习气，向严肃大报靠拢。这种变化从报纸前后提出的口号可以略窥一斑：1997 年，“生猛不羁的婴孩”；1998 年，“悬崖边的春天”；1999 年，“一群怒放的青年”；2000 年，“以恺撒的姿态进军”；2001 年，“办中国最好的报纸”；2002 年，“改变使人进步”；2003 年，“主流就是力量”；2004 年，“成熟源自责任”。就像杨锦麟以“铁军”美誉的那样，《南方都市报》在不长的时间里，成功塑造了报纸稳健的新闻报道风格，独树一帜的言论专版，培养了一批有新闻职业精神、严谨精进的新闻人才。眼下，《南方都市报》已经取代《南方周末》，成为中国报业责任和方向的代表，也成为南方报业传媒集团内部崛起的又一个品牌。

还有集团在2001年创办的《21世纪经济报道》。

到2003年前后，南方日报报业集团的三个媒体品牌已经卓然而立。但是，集团并没有就此停步，而是沿着这三个媒体品牌，顺势打造了更多的媒体子品牌。《南方周末》培育出了《名牌》杂志和《南方人物周刊》。《21世纪经济报道》繁育了《21世纪商业评论》;《南方都市报》衍生出了《南方农村报》和《南方体育》。还有2003年，《南方都市报》与《光明日报》合作创办的《新京报》。

这样，南方日报集团就形成了由三个媒体品牌到三个报系品牌——“21世纪报系”、“南方周末报系”、“南方都市报系”——的过渡，形成了一个二级品牌链条。

发展到这个阶段，集团再也不是《南方日报》所能涵盖，也非《南方周末》或者《南方都市报》所能代表。2005年7月18日，趁着广东省进行文化体制改革的时机，七年之痒的南方日报报业集团更名为南方报业传媒集团。一方面，淡化《南方日报》突出“南方报业”，表明集团发展的新方向——倾力打造整个集团的品牌“南方报业”;另一方面，由报业集团改为传媒集团，也为集团向多媒体全方位立体化的发展敞开了大门。集团董事长范以锦对此十分看好:“名字的改变，不仅意味着内涵的更新、外延的扩展，更意味着机制的突破、战略的升级。而承前启后的关键，是我们对‘品牌媒体创新力量’的深刻理解、准确把握和不懈追求。”①

这样，南方报业传媒集团在不到8年的时间里，连升三级：从初级的媒体品牌创造，到“报系品牌＋媒体子品牌”二级品牌家族的形成，再到“集团品牌、报系品牌和媒体子品牌”三级品牌家族的搭建。

通过品牌的创造和升级，南方报业传媒集团的市场竞争也实现了三级跳：从最初单一的新闻竞争和价格战，到媒体品牌的竞争;从单一媒体品牌的竞争到媒体多品牌的竞争;从单纯的媒体品牌竞争到集团品牌的竞争。

4. 作为品牌输出的《新京报》

北上与光明日报报业集团合作创办《新京报》，只不过是南方报业推进战略竞争和品牌输出的一个环节。不过，这个子品牌对母报和整个传媒集团来说，意义非同一般。作为中国的首都，北京除了巨大的广告市场，更重要的在于它是中国政

① 肖景辉.拿什么铸就品牌丰碑——访南方报业传媒集团管委会主任范以锦.《传媒》，2006(7):20—23.

治、经济、文化的中心，代表着中国和中国改革发展的方向。立足北京的品牌传播某种程度上就是全国性的，甚至是具有国际知名度的。所以，《新京报》不仅标志着“南方报业”品牌的跨地域扩张，甚至关系到“南方报业”品牌在全国甚至全世界的影响。

五、制度政策和报业体制的松动

1. 报业跨地区经营的政策空间

进入21世纪，中国报业的跨地区经营已经没有太多的政策障碍。2001年，国家广电总局、中宣部、新闻出版总署联合发布了《关于深化新闻出版广播影视业务的若干意见通知》(中办发17号文)，共有24条，其中很重要的一条就是允许媒体跨行业、跨地区经营。

2003年，《中共中央办公厅、国务院办公厅关于进一步治理党政部门报刊散滥和利用职权发行、减轻基层和农民负担的通知》(中办发19号文)，提出了“管办分离”的报业改革方向，实际上肯定了报刊自身的独立属性，为报刊进一步摆脱行政管理体制的束缚，按照产业化的原则独立运作提供了更大的政策空间。同时，在此次报刊整顿中，有大量的报刊刊号急寻出路，为报业集团的跨地区扩张提供了充足的空壳资源。

综上所述，就南方报业传媒集团来说，《新京报》是集团在广州和深圳两个市场基本稳定，珠三角三线城市尚待慢慢培育的情况下，顺政府政策松动之势而上，北进首都实现品牌输出推进战略扩张的一个大胆尝试。

2. 南方报业集团“北伐”合作对象的选择

《新京报》并非南方报业传媒集团跨地区扩张的第一次尝试。在此之前，南方报业传媒集团前前后后接触过数十家报纸。其中，与《上海商报》谈得最深。2003年5月的时候，集团派往上海的负责人都已敲定，最终还是因为《上海商报》主管方意见分歧而不了了之。

此时，戴自更(时任光明日报直属报刊管理部主任兼广东记者站站长)正为光明日报报业集团下属的处境糟糕的《生活时报》寻找出路。1992年起就在广州驻站的戴自更，亲眼目睹了《南方周末》和《南方都市报》的崛起过程，对他们的人才优势和办报经验十分赞赏。

2003 年 6 月 25 日下午，在“非典”阴霾尚未散去的时候，戴自更走进了南方日报报业集团。两周后，双方基本确定了合作模式：光明日报报业集团提供刊号资源和办公场所，以及一部分股本金；南方日报报业集团提供部分股本金和流动资金，以及《南方都市报》的版面资源和经营资源。7 月底，双方又就人事、股权和投资结构达成了一致，确定了“双方出钱，南方办报”的合作方针。

2003 年 8 月 15 日下午 4 时 30 分左右，在位于北京宣武门永安路 106 号《光明日报》老楼的 307 会议室，光明日报报业集团、南方日报报业集团战略合作签字仪式正式举行。中国报业跨地区经营的破冰之旅起航了。

现在回过头来看，南方报业传媒集团的跨地区战略为什么会选择上海、北京，而不是别的城市呢？选择北京，又为什么会选择光明日报报业集团而不是别的呢？

2003 年 11 月 11 日，《新京报》创刊当天，社长戴自更在接受新浪网专访时说：我接触过北京一些排名 500 强的企业，他们反映北京没有一份他们觉得相对完美的报纸，值得他们投入大量的广告。北京报业市场的竞争还不充分，北京是国际化大都市，需要一份能够与其地位相称的报纸。这恐怕不是戴自更一个人的判断，也应该是南方报业传媒集团选择进京扩张的一个首要决策依据。不然，没有市场，谁愿意冒险？

那么，当时的北京报业市场是一个什么样的情况？市场空间还有多大？

3. 北京报业的市场空间①

2002 年，北京实现国内生产总值 3 130.02 亿元，较 2001 年同比增长 10.2%。研究表明，GDP 总量与广告支出总量一般呈正相关。在超大型的中心城市，这种关联尤为明显。作为大陆 GDP 总量超 3 000 亿元的三个城市之一，北京的国内生产总值与增速，奠定了广告经营规模的增长空间。

戴自更在接受记者采访时强调：“慧聪公司的调查显示，北京的广告客户是广州的 8 倍，报业广告额却与广州相当。一些企业家朋友告诉我，现在缺乏吸引他们的媒体。只要办报、经营的理念对路，广告市场、发行市场的空间都很大。”

戴自更还算了一笔账。不考虑在京的全国性报纸，2003 年北京报业广告经营额约 30 亿元(有学者认为约 28 亿元)，占 GDP 的比重为 0.80%～0.90%。这一比

① 幸培瑜. 争夺北京——北京报业市场解析.《中国记者》，2003(12)：44—48.

例大致与广州相当，为国内最高水平。考虑到北京市人均GDP在2001年已经超过3 000美元，初步达到世界中等发达国家的水平，以及两位数的GDP增长速度，完全可以参照国际平均水平1.5%的比例，这就说明北京报业的广告市场仍有较大的开拓空间。而且，与广州报业对周边区域的辐射程度相比，巨大的周边市场也是北京报业的一个潜在增长点。

程益中说："去年北京报纸的广告额是30个亿，但我们不要这30个亿，要寻找另外的30个亿。"这种断言无论是安抚北京报业同行和北京报业的主管部门，还是自己给自己打气，后来的发展事实都表明，《新京报》的确没有像当年《京华时报》面世那样虎口夺食，扮演搅局者的角色。这对于一个跨地区的新办报纸而言，是打消当地政府和报业同行疑虑的上佳之策。

另据统计，截至2002年末，北京有常住人口1 423万人(户籍人口1 136.3万人)。14岁以上非文盲人口近860万人，受教育程度居全国前列。这些因素为报业发行提供了高密度的基本读报人群。

从居民消费结构来看，2002年，北京城镇居民人均可支配收入12 463.9元，生活费支出10 286元。城乡居民人均可支配收入的增幅，超过了经济增长的速度。城镇居民恩格尔系数降至33.8%(世界上只有美国和欧盟国家的恩格尔系数低于30%)，消费结构中享受性和发展性支出逐年上升。参照国外同等经济发展和收入水平的实际，在人均GDP达到3 000美元，人民生活水平越过温饱线走向小康阶段后，社会对文化产品和服务的需求会产生一个明显的上升趋势。

这些方面的情况和数字表明，北京报业市场的发展有强劲的经济基础和社会文化条件。

4. 北京报业的竞争格局

根据《北京晨报》在2005年全国都市报研讨会上提交的材料：截至2004年底，北京报业市场上至少有200家以上的报纸，这个数字比素有报业密不透风之称的香港还要高出三倍之多。

但是，报纸数量的多少并不一定能够说明报业竞争的激烈程度和市场的饱和程度。截至2002年底，北京报业市场上突出的报纸主要是《北京青年报》、《京华时报》、《北京晚报》、《晨报》和《娱乐信报》。

《娱乐信报》：2000年下半年创办，前身是有近20年历史的《戏剧电影报》。《娱乐信报》引人注意的是报纸背后的两位人物：一位是报社名誉社长——相声表演艺术家姜昆，一位是报社社长——原《北京青年报》的主帅崔恩卿。

《娱乐信报》在报纸发行上下了很大工夫，广告经营却收效不大。但报纸创刊两年后，毕竟还是形成了较好的品牌。受众评价它是一份好看的报纸。这已经是一份报纸生存和发展的坚实基础了。

《北京晚报》：20 世纪 90 年代之前，北京报业市场是《北京晚报》的时代，十几年间几乎没有什么竞争对手，直到《北京青年报》的崛起。

20 世纪 90 年代后期至 2002 年，是《北京晚报》与《北京青年报》双雄对峙的时代。2002 年，《北京青年报》的广告收入 7.4 亿元，《北京晚报》为 7.56 亿元。截至 2004 年，《北京青年报》占领订阅市场的第一位置，《北京晚报》在下午的零售市场上独占鳌头。两报的广告收入也不相上下。

晚报的强大，主要得益于它在晚报时代形成的品牌影响力。进入世纪之交的“都市报”时代，就像全国晚报的遭遇一样，《北京晚报》也遇到了前所未有的挑战。再加上它本身存在着一些比较严重的问题。比如机制，20 世纪 90 年代末报纸改革采取的是老人老办法，新人新办法。一报两制导致的任务与待遇分配不公问题至今仍然是剪不断，理还乱。比如受众资源危机，《北京晚报》是一份以中老年读者服务的报纸，40 岁以上读者占多数。尽管《北京晚报》在操作上力图增加报纸的朝气和精致。但是，如该报总编辑肖培所说，《北京晚报》的定位就是一份家庭首选报。新读者一时难以培养，老读者却在加速流失[①]。

《北京晨报》：1998 年 7 月《北京晨报》面世。它以“上市最早”为诉求，强化了早报市场的概念。遗憾的是，《北京晨报》还没有来得及细细品味早报市场一家独占的美好滋味，便迎来了强有力的竞争对手。2000 年 10 月《娱乐信报》登陆早报市场，2001 年 4 月扩为日报；2001 年 5 月，《京华时报》创刊；2001 年 7 月《华夏时报》改为日报。其中，由《人民日报》主办，北大青鸟投资 5 000 万元启动的《京华时报》很快成为早报市场的领跑者。2004 年 9 月的统计显示，《京华时报》的零售发行占到北京早间零售市场的 56.9%[②]。

《北京晨报》一直沿袭《北京青年报》、《北京晚报》的路子而少有突破。喻国明也指出：《北京晨报》的市场还不稳固，它的核心价值相对也不够明显。再加上《京

---

① 张小争，北京报业：面临重新洗牌。http://www.woxie.com/article/list.asp? id=1590。2007-3-18 访问。

② 幸培瑜(2003)，争夺北京——北京报业市场解析。

华时报》的挤压,《北京晨报》想要脱颖而出,困难很大。[①]

以上三份报纸,都不是《新京报》的主要竞争对手。实力上也不足以对《新京报》构成很大的挑战,故不作详细分析。《北京青年报》和《京华时报》是北京报业当中势力最为强大,又是《新京报》直接竞争的两份报纸。

《北京青年报》: 1993 年起,《北京青年报》开始集中力量研究"正面报道的可读性、工作报道的新闻性、对读者的服务性",较早开始了报纸的市场转型。版面设计上强调新锐、前卫,注重图片运用和标题制作。1996 年,《北京青年报》开始自办发行,报社组建的"小红帽"发行队伍逐渐成长成为国内最成功的发行公司。到 20 世纪 90 年代后期,《北京青年报》开始追求全覆盖、无漏报。"有新闻的地方就有我们"。1998 年之后,《北京青年报》开始着手打通各周刊之间的隔离,进行日报化改造;到 2002 年,将原有的深度报道内容分解融入其他板块,形成了"每日新闻+副刊+产经新闻"的格局,日报化改造基本完成。

《北京青年报》的发行以订阅为主,优势是有一批稳定的 30 岁以上、高收入、高学历、高消费能力的中等收入阶层读者,他们吸引了北京市一半以上的楼宇广告。

但是,截至 2003 年底,《北京青年报》仍然是一份综合性报纸,无论是它的内容定位还是它的服务定位,都与市场和受众的细分趋势格格不入。另外,报纸的发展思路始终徘徊在广告取向型和读者取向型之间,路线问题不确定是影响报纸发展的一个关键问题。

《京华时报》: 2001 年 5 月 28 日,"北京人的都市报"——《京华时报》创刊。这份报纸的面世,掀起了整个北京报业前所未有的波澜。

首先,这份都市类综合日报由北大文化发展集团出资和中国第一大党报《人民日报》联合创办。首批 5 000 万元的启动资金,抬高了进入北京报业市场的资本门槛。而且,强大的社会资本和党中央机关报的联姻,也达到了联合办报前所未有的高度。

其次,《京华时报》先期从理念到产品的全方位高密度集中营销,是中国新办报纸诞生前宣传力度最大的。在创办初期,《京华时报》的发行员一度达到 2 000 多人。报纸面世前后,北京的户外广告、地铁广告、电台广播都在传达着同一个声音——"《京华时报》,北京人的都市报"。从"未见其人,先闻其声"的户外宣传到 1 200 万元的概念招商,从买报纸搭饮料的市场推广到遍布地铁、天桥的发行策略,

---

① 张小争,北京报业:面临重新洗牌。

《京华时报》打破了北京乃至全国报业市场的诸多定式，搅乱了北京报业市场的一池春水。

不俗的效益回报了前期兴师动众的促销。报纸创办第一个月，发行量就达到了 30 万份，这是一个惊人的高度。另据《京华时报》社长吴海民介绍，报纸在 2002 年已经实现了收支平衡；2003 年在"非典"影响的情况下仍然实现利润 1 000 万元。

这种强力打开市场，迅速站稳并盈利的报纸面世模式，给《新京报》进入北京报业市场制造了不小的难度。要借用《京华时报》的模式，就必须在借用的基础上超越；要另辟蹊径，又如何保证跨地区创办的一份新报有一个良好的开端。

再者，《京华时报》的产品细分在北京报业市场上也是前所未有，走得最远的。报纸由区域新闻、专业新闻和专刊组合而成，凸显了当地新闻的分量。与《南方都市报》一样，《京华时报》对消息的处理也再不是累赘的描述，而是直接突出新闻的五要素。简约的报道风格，把时间和阅读效果送给了读者。也因此，《京华时报》被认为是一份明显带有南派特征的报纸。这对于"双方出钱，南方办报"的《新京报》来说，又是一个需要跨越的坎。

此外，在报纸定位和发展目标上，《新京报》与《京华时报》也存在正面冲突。两份报纸都致力于发展成为"北京人的都市报"。而《京华时报》又不像《新京报》那样是两家报纸跨地区合作的成果，潜伏着水土不服的危险。并且，就政治资源来说，《京华时报》背后的《人民日报》那是无出其右的。

所以，在北京报业市场上，《京华时报》自然就成了《新京报》最大最直接的竞争对手。

结论：北京报纸种类虽多，但市场竞争并不充分，报纸的层次和品位没有拉开，北京报业市场仍有较大的开拓空间。"抽象地分析，当前北京的都市类报纸面临着一个类似于垄断竞争的市场——7 家竞争主体提供的产品存在着一些差异化，各自能够在非完全竞争的博弈中制定价格和销售政策；而新入者，面临着较多的非市场门槛和较高的市场门槛。"①

《新京报》就面临着《京华时报》在政治经济方面的较高门槛，而且还有报纸定位的相似。但是，《新京报》的主创人员却有着更高远的理想。在他们看来，北京市场上的这些报纸，没有一份称得上是能够代表北京的报纸。无论是《北京青年报》还是《京华时报》，在深度、品位、品牌和影响力方面都与北京作为首都，作为中国政

---

① 幸培瑜(2003)，争夺北京——北京报业市场解析。

治、经济、文化中心这么一种地位和身份有着不小的差距。《新京报》的未来就是在中国代表首都报业，在世界代表中国报业的报纸。

六、第一份在力量博弈中的跨地域报纸

1. 跨地域合作的战略考量

《新京报》作为中宣部与新闻出版总署批准的国内第一家跨地域联合办报的试点单位，它的创办意味着中国报业体制开始尝试以资本为纽带、打破地域限制联合办报。这样，传统意义上的报纸部门所有、地域所有的条块分割局面被打破。

这一重大突破对于中国报业的整体发展无疑有着积极的促进作用。中国报业有望在统一的全国市场上竞争重组，实现跳跃式的快速发展。这既为市场化报纸加速做大做强打开了方便之门，又有利于中国党报进行体制改革方面的探索，以实现增强党报声音的目的。因此，对于中央（中宣部和新闻出版总署）来说，只要不出大的方向性问题，这种试验是值得推广的。继《新京报》之后，新闻出版总署在2004年又批准了解放日报报业集团和《成都商报》合办《每日经济新闻》，文广新闻传媒集团、广州日报报业集团和北京青年报社合办《第一财经日报》等。这表明，上面还是把打破地区壁垒逐步建立统一的报业竞争市场作为一个改革的突破路径往前推进的。

对于光明日报报业集团而言，能够在盘活僵死资源的同时，嫁接到一个办报经验与口碑都出类拔萃的报纸，于它是风险极小，前景极好的一次投资合作。光明报业集团一方面为剩余刊号找到了一个好婆家，不仅可以起死回生，而且可以站在巨人的肩膀上壮大发展；另一方面，集团引入经济效益和社会效益兼顾并且都是上佳的一份报纸，大大有助于推进光明报业集团的内部改革。薛昌词的话可作印证："《新京报》虽然创办才一年，但上年的投入已经增值十几倍，已经在光明日报报业集团内部产生了很大刺激。很多人已经把这份报纸看作集团的骄傲，他们传统的想法在发生变化。现在《新京报》还年轻，也许两年后，报业集团会因为它而产生'核变'。"①

① 朱学东，喻乐，心有多大　舞台便有多大——《新京报》一周年启示录.《传媒》，2004(11)：8-16.

对于南方日报报业集团而言，进驻首都的意义也许比获得经济上的回报更大。集团可以获得新的政治和资讯的通道及影响力，这是广州不能提供的宝贵资源。对于南方报业积蓄的人才而言，北上创办《新京报》也是集团摊薄人力资源成本的一个重要举措，它给相当多充满激情的年轻人提供了难得的创业机会。更重要的是，《新京报》的创办为南方日报报业集团在北京乃至全国的品牌形象推广，搭建了一个高广的平台，是集团实施跨地域经营和多品牌扩张战略的一次意义重大的试验。

但是，对于北京市的新闻主管部门来说，两家报业集团跨地区联合在京创办一份新型的都市类报纸，而且还是由以言词尖锐著称全国的《南方都市报》来主持新报纸的采编业务，无疑是引狼入室。这个“刺儿头”经常捅娄子怎么办？

而对于北京本地报业来说，就更是直接的利益争夺了。谁会愿意让一个品牌成熟、市场和办报经验都很丰富的报纸插足自己的地盘？

这样，在两家报业集团合作在北京创办一份新型都市类报纸这件事情上，除了北京市的报业和新闻主管部门，中央的新闻主管部门和事件当事双方——两家报业集团，都有明确的目标和利益在里面。虽然，中央的新闻主管部门与北京市的新闻主管部门一样也会考虑舆论的导向和控制问题，毕竟中央还是有改革创新的希望在这里。

一份身份特殊的报纸牵动着各方的神经和利益。这种利益纠葛从这份报纸的分娩诞生起，就开始出现了。

2. 特别的关照给特别的报纸

从 2003 年 6 月底两家报业集团开始接触，到 8 月初双方编委会都通过合作草案，这场恋爱可以说是相见恨晚。一方有闲置刊号资源亟待强势盘活盈利，一方有上好的经验和品牌亟须输出开拓市场。

但是，办报也像不老的爱情主题，在短暂而美好的两情相悦之后，却是棒打鸳鸯几近散，好事多磨路途艰。

2003 年 8 月 25 日，在与有关职能部门密切沟通后，光明日报报业集团将旗下《生活时报》变更报名及增加主办单位的公函递交给了新闻出版总署。当时得到的答复是，这件事一周内即可办妥。结婚证好像触手可及，美妙的时刻就要到来。然而，变故就在此时发生了。

由于新报纸是两家报业集团跨地区合作创办，这方面既没有成文的规章制度遵照执行，又事关多方的利益，新闻出版总署的态度开始小心翼翼起来。一直到9月上旬，新闻出版总署署长石宗源才正式表态：同意这一试点，注意跟踪调查，及时总结经验。总署报刊司随后草拟了同意办理的批文。不巧的是，批文拟好时已是周五下午4点多，公章盖不了了。报刊司通知下周一便可来领取。

更大的变故在随后的周末发生了。9月14日，《北京青年报》发了一条消息："《南方都市报》北上办报。"这一消息的刊发显然并不能完全从新闻的角度解释，随后的事态发展印证了这一点。

周一，戴自更并未拿到批文。因为北京市拿着《北京青年报》的报道向新闻出版总署提出了不同意见。从此，《新京报》就因为双方的结婚证（批文）领不到开始了它艰难不定的分娩过程。

批文拿不到，所谓的"原因"很多。刚开始，有些反对的人说新报纸取名《北京时报》不妥，理由是很多人会误认为这是北京的报纸。这些人以为这样就可以阻挠新报纸的创办，以为主办方会因此知难而退。但是，光明日报报业集团改名《京报》后，重新递交给新闻出版总署申请办理批文。

存心阻挠的人见此计不成，干脆明确表态反对新报纸的创办。为此，在石宗源署长的亲自主持下，新闻出版总署专门召开了协调会。但是，会议并未协调成功。光明日报报业集团和北京市的主管领导没有达成和解。最后还是在高层的关注和过问下，才明确下来这份新报纸一定要创办。

10月18日，当一纸批文终于到手的时候，很多人都以为风波已过。但是，到北京市新闻出版局备案时，意外又发生了。原因是《北京日报》所属的报业集团注册名称为"京报集团"，新报纸取"京报"这一名称涉嫌侵权。为此，新闻出版总署和中宣部前后召开了好几次协调会，最终确定了新报纸的名称为《新京报》。

就这样，新报纸的创刊日期从2003年10月16日改为10月22日，又改为11月1日，最后才定在了11月11日。就像等待着一个难以预产的婴儿，痛苦和焦虑在不确定的等待中消磨着孕妇、家人、医生和周围关心这个婴儿的每一个人的时光。

程益中在《新京报》成立大会上的激情演讲中曾经提及："北京市几位官员也多次亲自过问及动用行政力量干预《新京报》报名以及审批事宜。这真是破天荒的事情。这件事情很不一般。《新京报》一定是审批过程中受到最多相干和不相干领导过问的报纸。一张小报更名改版这样的小事，都演变成翻云覆雨、明争暗斗的行政事件，这充分说明改革有多难，推动改革的人有多难。"

七、《新京报》的制胜之道

1.《新京报》的优势

《新京报》的优势主要有二：

其一，《新京报》是中国第一家真正意义上的报业跨地区经营的试点报纸。中宣部和新闻出版总署希望能从《新京报》的成长和发展中考量报业跨地区经营的利弊和前景。换句话说，既要让试点生存，又要它在不发生重大错误的前提下进行改革和创新。在中国报业发展主要遇到体制瓶颈的时候，试点的政策和体制优势是不言自明的。

其二，母报的优势资源。作为新时期都市报的成功代表，《南方都市报》的经验和人才优势在中国首屈一指。光明日报报业集团那么快就接受戴自更的提名确定《南方都市报》为合作对象，并且最终确立"双方出钱，南都办报"的合作原则，看准的就是《南方都市报》的人才和市场优势。

《光明日报》编委薛昌词在谈到双方合作的问题时曾言："从《新京报》自身而言，也只可能与南方日报报业集团这样的党报集团合作。一是获得人力资源，二是借助南方报业在市场上的优势解决先期发展上的瓶颈问题……"[①]范以锦也同样认为，《南方都市报》的办报经验、新闻源、客户认同以及最重要的核心团队和营销手段等核心竞争力，是《新京报》成功的重要保障。

母报的这些优势积累为《新京报》提供了一个高起点的平台，可以让新报纸缩短摸索和成长的过程，如合作双方所言，达到《新京报》"一出生就风华正茂"的效果。

这一点在与《京华日报》的对比中更显重要。《京华日报》是由《人民日报》加社会资本生成的。新报纸输入的新鲜血液主要是强大的社会资本，而非《新京报》那样输入的是人力资源和市场经验。这种分别在新报纸登台亮相的时候体现得很有意思：《京华时报》财大气粗，靠资本实力进行大规模的前期营销，先声夺人，轰隆隆登台；《新京报》则不温不火波澜不惊低调亮相，而后靠经验优势渐入佳境。

但是，《新京报》能否在北京报业市场上站稳脚跟并有长远发展，还要看这些优

---

① 朱学东，喻乐. 心有多大　舞台便有多大——《新京报》一周年启示录.

势在实际运作中能否恰到好处的应用，以及报纸在市场竞争中的应变和创新能力。

2. 积极的策略评估

对这些优势的应用，在新报纸的定位设计阶段就出现了分歧：一种是保守态度，主张原样照搬《南方都市报》的人才和经验，在北京复制一份《南方都市报》了事。娱乐、文化、体育、国内、国际新闻等内容直接采用《南方都市报》的报道，只需增加一些当地的新闻及生活和房产信息。《南方都市报·深圳版》的成功，就是这种扩张模式的一个范本。而且，这也符合程益中低成本低风险扩张的初衷。毕竟，在北京办报只是《南方都市报》跨地区办报迈向全国市场的第一步。另一种是积极态度，主张在既有优势的基础上，紧密结合北京地区的实际情况进行创新再拓展。

后来，经过先头部队的实地考察和报社内部的商讨论证，大家很快统一到了第二种态度上。原因主要是：

(1) 差异化竞争　差异化生存不只是报业，而是一切商业竞争的根本。北京报业(不包括中央级报纸)当中，大众化报纸居多。尤其是《京华时报》，已经成长为一份比较成熟的大众化报纸。当年《南方都市报·深圳版》之所以在深圳迅速走红，一个主要原因是此前深圳没有成熟的有深入影响力的大众化报纸。当前《新京报》想要征服的北京报业市场非彼时《南方都市报·深圳版》想要征服的深圳市场可比。因此，不应照搬《南方都市报》，而是要在该报的基础上更上一层楼，走严肃高级大报的路线。

(2) 成熟的力量　而且，《新京报》的母报优势也提供了走这一路线的雄厚基础。前面已经论及，《南方都市报》到 2003 年的时候已经褪去了初生时的小报习气，成长为一份严肃报纸。

启用杨斌北上主持《新京报》的采编业务，可以很好地说明这个问题。之前，杨斌是《南方都市报》区域新闻的副主编。是他在全国都市类报纸中率先创办了“时评”版，并设置了与周报周刊竞争的调查类栏目——“深度”。也正是这些栏目以及《孙志刚之死》这类具体的报道，使《南方都市报》转舵到了主流与高端的航道。

持第二种态度的主要代表也正是杨斌。他的主张很快得到了主创团队的认同和支持。

(3) 充分利用北京的优势　杨斌敢于这样想，并且他的想法能够得到大家的支持，除了有他自己在《南方都市报》成功的开拓经历外，还因为在中国没有哪个城市比北京更有条件更应该办一份严肃的高级大报。北京的首都地位和全国一流的政治、文化资源，是一座富矿，而且是一座未被北京报业充分开采和利用的富矿。再加上，这种资源恰恰又与杨斌以及南方都市报的成功经验和优势相匹配。我不来做，又由谁做？此时不做，又待何时？

(4) 外来者的考虑　再者，对于一份跨地区合作在北京创办的报纸来说，走高端路线，还有助于报纸向上交代，与北京本地的同行相处，并争取尽可能多的政治资源和政策空间。

因为，中国新闻业改革的目标绝不仅仅是也绝不能够只是经济效益。由上层推动或默许的改革，更是强调改革要围绕增强党报的力量，畅通深入宣传党和国家的方针政策来做工作。《新京报》如若能够从群众的角度很好地解读阐释国家的方针政策，推动政策精神落户万家，岂不正应了政府改革报业的初衷和既定目标？

3. 严肃・高端・负责任・新型都市报：《新京报》的定位

因此，《南方都市报》和《光明日报》最终为他们的新生儿选择了一条严肃、高端、负责任的报纸成长路线。

(1) 严肃的报纸风格定位　《新京报》首先开始有意识地向厚报时代挺进，平时保持 80 版左右，经常达到 100 版，偶尔出版 200 多版，甚至 300 多版。报纸把如此多的内容分为四叠：A 叠是时政新闻，强调政治家气质，这种气质表现在新闻纸的历史感、使命感、勇于担当责任和较高的政治智慧。B 叠是经济新闻，强调企业家气质，这种气质表现在报纸要把握经济生活的脉搏，传播最先进的经营管理理念。C 叠是文化娱乐副刊，强调现代知识分子气质，既有中国传统知识分子悲天悯人的气质，又有西方的符合中国国情的自由平等博爱的人文精神。D 叠是消费生活类的版面，不媚俗，不恶搞，让读者感受到青春、阳光、轻松、明媚。

报纸的专栏和专刊设计也比较充分地体现了报纸端庄严肃的风格："社论・评论"专版，"地球周刊"、"书评周刊"、"北京地理"……而且，每个专版专栏都力图有深度内容的呈现。处于重要位置的评论版，不做武断的挞伐，而是侧重于呈现问题，引人思考；经济类版面弱化单纯的消费性新闻，代之以深度的产经、财经报道。版式设计上，标题全部采用宋体字，不铺底，不上色，划版不破栏，力求稳健平和。

杨斌指出："《新京报》相比较《南方都市报》而言，两者在趣味、理想、读者层次上都有所区别，这是由于市场策略不同造成的，《新京报》在品质、形态上更加严肃。"[①]

---

① 朱学东，喻乐. 心有多大　舞台便有多大——《新京报》一周年启示录.

(2) 高端的报纸受众定位　这是新京报又一大胆出位。在它之前，北京报纸没有一份自称是瞄准高端受众的报纸。《新京报》提出“咬定高端，吸引中端，团结下端，成为北京政治界、经济界、文化界和主流社会的首选和必读的报纸。”

(3) 负责任的报道原则定位　“负责任地报道一切”曾经是《新京报》的报纸宣传语，也是报社上下为自己订立的职业态度和报道原则。用报社采编负责人杨斌的话来说，就是“坚持负责任的态度和科学的价值观，强调负责任地报道一切，和对报道的一切负责任。”

这种负责任，还表现在《新京报》没有把发展建立在恶性竞争的基础上。戴自更曾经明确解释过《新京报》为什么定价一块钱，而不是五毛钱或者以更低的价格抢夺读者，那就是，按照新闻总署的领导的要求，《新京报》必须对北京的报业市场负责任，不能把它搞乱了。

4.《新京报》的成功之处

实际来看，《新京报》的成功之处主要有六个方面：

(1) 尖锐又不失理性的批评监督。这主要集中在报纸的“核心报道”栏目。该栏目创办至今，先后组织刊发了《嘉禾拆迁》、《哈尔滨宝马车撞人案调查》、《深圳女公安局长安惠君落马记》、《定州血案》、《北京摩根中心29个月“烂尾”始末》、《全国牙防组京沪被诉“权威认证”》、《仇和宿迁十年之治》等一系列在全国引起重大反响的独家报道。

(2) 评论专版。像南方都市报那样，新京报拿出两个版面来组织言论，形成了由普通读者传达声音的“来信”栏目，公民写作的“时事评论”栏目，到专家学者的约稿、专栏，和比较高端的“时事访谈”，这样一种多层次多品种的“公共空间”。在2版上左下角，还模仿《纽约时报》，专门设立了一个“更正与说明”栏目，每天都有，用于事实纠错、文字更正和解释说明，这在我国的报纸中是较早与国际规则接轨的。

(3) 突出地方版。《南方都市报》当年打入深圳市场，凭的就是专门打造的几个版的深圳新闻和深圳杂志。在北京，《新京报》把融入地方推向了新的高度。除了每天近10个版专门的北京新闻外，还有D叠15个版的北京杂志，其中包括北京地理、北京爱情、北京宝贝、北京宝宝等。这是外来报纸亲近取悦地方读者融入占领当地市场的重要手段。

以上三点可以说都是《南方都市报》的拿手好戏，轻车熟路。不过，跨地区在北京办报，依然能够延续报纸的深度和锐气，实属不易。

5.《新京报》的创新

不仅如此,《新京报》还有几个不同于《南方都市报》的可圈可点之处。

(1) 在时政新闻报道上的突破。《新京报》既然咬定的是高端,追求的是严肃大报的目标,就必然要在内容上有出色的表现,尤其是政治、经济等硬新闻方面,有不俗的创新和突破。

《新京报》从一开始就以此作为报纸的重点努力方向。在新闻价值的判断和报道角度的选择上,《新京报》既注重可读性、贴近性,又把新闻本身对于国家和社会进步的价值大小作为重要的依据和标准。在具体报道方面,强调时政新闻社会化操作,视角和切入点一定要是百姓和现实。

2004 年 3 月初的两会,是立志做时政主流媒体的《新京报》诞生后面临的第一次重大机会和考验。从农民工权益保护到禁乞讨论,从修改宪法到政府自身建设,从京津冀一体化到农业税调查,无论是选题的确定还是操作的方式,《新京报》都努力展现出新型都市报的独特视角。13 天的时间里,《新京报》共投入 113 个新闻版,24 个评论版,53 篇评论文章,对两会进行了全方位的报道和评论。其中,相对于当时北京媒体对禁乞的一片叫好声,《新京报》保持了难得的冷静和犀利。报纸坚持认为:乞丐是弱势群体,他们需要社会的关爱;乞讨是乞丐的权利;一些乞讨行为中的违法现象应被禁止,但不能因此而禁止所有的乞讨行为。单是这个问题,《新京报》"一年来,共发评论 80 多篇,为该报关注时间最长、发稿数量最多、态度最鲜明的一次,在社会上产生极大反响,有网友称赞说:'若论京城何报好,乞丐遥指新京报'"①。

再比如中央经济工作会议这样的新闻,一般都市报不会花大篇幅去做,党报也不过发了些不招人喜欢的会议新闻而已。《新京报》的报道不仅篇幅大,而且配发了五篇社论。角度都尽量贴近百姓生活和当前的现实问题。还有宣传思想工作会议和人才工作会议。戴自更在回忆人才工作会议的报道时说:"当时我们要求编辑部连续三天做头条报道,解读会议精神,指出会议与每个人发展和成功的关系,采访对象涉及决策者、专家、普通人等,还配发四篇评论,讨论目前制约人才工作的问题,力争把这个专题做全、做透。许多人打电话、写信说我们做得要比传统党报都

---

① 林荧章.解析都市报的"主流化取向". http://www.sina.com.cn,2005 年 7 月 26 日访问。

好，主管部门也给予高度评价。”①

再比如伊拉克前总统萨达姆被捕，《新京报》在两天时间里做了20多个版来，是国内报道此问题最详尽、最深入的，两天里报纸零售量上升了70%。

(2) 有针对性的发行和精准的广告经营。与《京华时报》的隆重响亮登场相比，《新京报》可以说是悄然登台，低调亮相。它在创刊前后只搞了有限几次的发行促销(如创刊时的赠阅，圣诞时的送玫瑰花)，也没有蜂拥而至的路牌广告。

《新京报》的战术一开始就追求精准有效，而不是全面铺开面向不特定的大众。在发行地域上，选择四环之内作为重点发行区域；更具体地，他们选择党政机关、科研院所、高校、大中型企业、航空公司，以及高档的写字楼、社区、酒店等地方作为报纸征订的重点对象。针对这些重点行业和部门，报纸确立了不同的征订方式长期根据，精致服务，逐步建立数据库，然后在此基础上再进行精耕细作。比如招商银行对《新京报》的认同和发行服务的满意，2004年底一次订了4 000份赠送给它的VIP客户。一个是与宝岛眼镜的合作。它需要大学校园的客户，我们为他们在指定大学的每一个宿舍送4个月的报纸，一次合作的报纸也有3 000多份。还有高档写字楼，在数据库开发建立之后，2005年《新京报》和珠江帝景、本家润园等20多家客户的合作资金达170多万元②。

广告经营方面，新京报也进行了艰难却也卓有成效的开拓。在《新京报》面世以前，北京房地产广告的首选平面媒体是《北京青年报》和《北京晚报》。这两家可是北京报业市场上的强者。众所周知，在中国媒体来说，房地产广告是谁都想吃的一块肥肉，而且实际上也是很多报纸的主要广告收入来源。面对强者，《新京报》有自己的经营战略。报纸在创刊之初就制定了“步步为营，逐个击破”的广告经营策略，先打造一个一个的经典，让客户了解他们是怎么样做市场的。再由一个带动一群，改变广告主的惯性思维和惯常投放。但是直到2004年5月份，还一直缺少一个说服力很强的经典案例。紫金长安的出现改变了这一局面。

此案可以追溯到2003年9月，当时《新京报》还未创刊，但第一批业务精英已从广州进驻北京。从那时起，“经典行动”就拉开了序幕。他们找到了可能与《新京报》达成双赢的楼盘紫金长安，原因主要有二：一是《新京报》秉承新闻的深度报

---

① 戴自更2003年12月27日在新浪—京华传媒新年论坛上的发言。
② 郑万洪.良性竞争 坚守即成坦途——《新京报》发行营销之道.《传媒》，2005(10)：1-2.

道，读者群定位较高端，而紫金长安以150平方米以上的大户型为主，总价多在100万元以上，其消费群与报纸的读者群定位较匹配：二是两者均为新生儿，有可能寻求同步发展。

在前期半年多的磨合中，《新京报》对该楼盘进行详细全面的了解和分析，包括楼盘特征、目标消费群区域、年龄段、职业、心理等，先后为其制定了题为《有的事情诞生注定与众不同》和《奥运改变生活》的策划方案，并结合报纸和该房地产的特征为紫金长安量身订制了一整套资源最佳配置的媒介执行计划。

这些精细的策划和贴身的服务赢得了紫金长安的芳心。开发商最终一掷千金，仅第一次合同就在《新京报》上投放了近200万元，这个数字几乎占据了其一期楼盘总投放额的半壁江山。

除了经营经典楼盘广告来吸引追随者，《新京报》在房地产活动方面也组织了很多值得称道的活动。

在2004年5月27日起前后持续100天的"新产品主义"评选活动期间，户型、园林、建筑外观、配套、规划和可持续发展6个评选主题的报纸特刊依次亮相，宣传量达500多个版。评选筹备组共收到3万多条短信、3 000多封读者投票的信件。在《新京报》网站及其合作网站焦点网上，"新产品主义"专题的点击率超过15万次。报纸塑造的"新产品主义"成了很多消费者认同的购房标准。

2004年10月1日至4日，《新京报》创新推出了北京第一个车房联展"2004京城车房展"。高档轿车加名贵楼盘，假日消费加休闲娱乐，这种全新模式的展会成了当年"十一"黄金周期间最吸引人的展会。四天共有11.8万人次参观，实际预订、意向成交金额8.09亿元。其中商品房913套，金额7.2亿元；汽车371台，金额7 200万元。

2005年7月15日到9月16日，《新京报》又发起主办了"北京房地产15周年"活动，并用"产业经纬、民生视角、公正立场、史记价值"来诠释宣传。报纸推出系列专题报道，全面、深度、专业展现京城房地产15年的发展历程，并穿插众多相关活动推波助澜扩大声势。其中，活动最后组织的"北京房地产15年展"、"北京房地产15周年"受到了很多房地产商、消费者和学者专家的高度赞扬。

《新京报》借此撬开了《北京青年报》和《北京晚报》在房地产广告市场上的铜墙铁壁。截至目前，《新京报》在广告经营的几个大行业方向上都取得了不错的成绩，特别是房地产与教育广告表现不俗，汽车、电子通信、医药卫生相对势弱。目前房地产商投入的房地产广告占到《新京报》广告总额的45%，是《新京报》的支柱性广告来源。下面是2006年《新京报》的订阅大户,可以让我们从侧面了解一下房地产行业对这份报纸的认同。

房地产:

珠江骏景 10 000份
珠江御景 6 000份
恒润中心 6 000份
金汉绿港 10 000份
洛克时代 5 000份
嘉业大厦 6 000份
圣淘沙 5 000份

眼镜家装及娱乐:

宝岛眼镜 4 000份
特力屋家具广场 10 000份
名贵KTV 8 000份

航空公司:

中国国际航空 8 000份
南方航空 1 200份
上海航空 400份
美国联合航空 100份

金融:

招商银行 4 000份
建设银行 350份

加油站:

中石化 3 500份
中石油 1 500份
壳　牌 500份

回首《新京报》的成长道路,且不论其成败,我们看到的是始终是一个在中流正道上努力迈进的报纸。无论是报纸的内容制造和生产,还是报纸的价格策略、发行策略、广告策略,基本上《新京报》都表现出了一份严肃报纸的风骨和追求,而不像我国大部分都市报(包括《南方都市报》)那样都要经历一个恶性竞争、哗众取宠的小报时期。

八、《新京报》的今天与明天

《新京报》走到今天已经是三年有余。报纸在创刊后的9个月时间里，创造了广告额2.3亿元的战绩，日均广告版面约占到总版面数的18%左右。2004年广告营业额达超过预期的3亿元，达到3.8亿元。2005年广告营业额6亿元左右，因为纸张价格上涨，未能如期实现持平的目标。2006年，报纸开始盈利。

但是，细细看来，报纸今天的水平和业绩离报纸既定的宏伟目标，距离尚遥远。不要说能够代表中国的主流严肃大报，就说在北京地区，《新京报》也还谈不上真正出类拔萃，能够与首都的身份相匹配。而且，一些根本性的问题制约着《新京报》迈向既定目标的未来之路。

1. 全球报业逆境中的《新京报》

在创办初期，《新京报》总编辑程益中曾言，《新京报》不会和北京的报纸竞争，而是要按照自己的游戏规则跑，去开拓另外30亿元的市场。因为，在他看来，《新京报》完全不同于北京本地的报纸。"除了我们都叫报纸，我们没什么相同的。同质同质，只是纸质相同而已，不是性质相同、不是品质相同、不是本质相同——更是道不同！我们不是一路货色。"在父母的眼里，《新京报》这个儿子走的是一条严肃、高端、负责任的成长道路。

不能说这是创业者的妄语。《新京报》严肃庄重的报纸风格，富有启发性和批判力度的评论，对政治经济等硬新闻的社会化操作，都是明显不同于北京报纸的可贵之处。

但是，在世界范围内的严肃大报普遍遭遇困境的时候，《新京报》却逆市而进，致力于成长为代表中国的严肃大报。它能否抵御世界严肃大报的衰落趋势？这是否符合中国当前的现实？

英国严肃大报的代表《泰晤士报》在20世纪80年代陷入经营困境。默多克趁势以低价收购，用商业化促销手段加强竞争，并且为了照顾不同年龄层次和不同文化背景的读者，开始在报纸严肃性之外增加报纸的可读性。版面编排更多地采用彩色边框和大幅彩色照片。当时很多英国人担心《泰晤士报》在默多克手中会变成大众化报纸。虽然后来的事实表明，《泰晤士报》的内容和风格没有发生质的改变，而且经营状况显著改善，但是报纸总体还是有明显的软化。

好景不长，随着整个新闻界信息娱乐化趋势的发展和竞争的加剧，《泰晤士报》又出现了严重经营危机。20 世纪末的最后十年间，《泰晤士报》每年亏损约 1 000 万英镑，2003 年为 1 630 万英镑，2004 年为 4 010 万英镑。2004 年 11 月 1 日开始，《泰晤士报》全部改出小报。《泰晤士报》主编汤普森辩称，小报型《泰晤士报》不过是采用了一种新的形式来展现大报的内容和价值，与一般意义上的小报有着本质的区别。虽然《泰晤士报》人羞于用“小报”(tabloid)自称，而是用“紧凑”(compact)一词来解释。但是，《泰晤士报》在市场压力下举步维艰每况愈下之象，是显而易见的。而瘦身后的《泰晤士报》，运营状况并未得到明显改善。

美国严肃大报的代表《华盛顿邮报》2006 年进行了该报 25 年来第一次大幅裁员。因为“读者和经济挑战仍然令人生畏”。报纸在传统印刷媒体发行量减少的情况下，将把资源转向网站，来转移读者群。

2006 年 7 月 17 日晚，美国另一份严肃大报《纽约时报》宣布，因为印刷价格上涨、互联网拉走了报纸的读者和广告客户，他们计划将版面宽度缩小 1.5 英寸(11%)。第二天，《纽约时报》的股价从每股 23.18 美元下跌至 22.67 美元，跌幅为 2.2%。中国青年政治学院新闻学教授展江对此评论道：作为美国的老牌家族企业，《纽约时报》现在的运作状况基本还是良好的，能够坚持自己的定位，但其在经济效益上始终不是特别强势。在众多媒体激烈竞争的年代，《纽约时报》要保持自身的独立性，除了要有公信力之外，市场运作这一块也迫切需要跟上[①]。

受到冲击的不只是严肃大报，而是整个报业。但是，在整个报业中，严肃大报却是受到冲击最大的。

当然，中国的情况与英美等国不完全相同。《泰晤士报》、《纽约时报》、《华盛顿邮报》等世界一流严肃大报节节败退的一个主要原因是，老读者正在迅速减少，新读者越来越难培养。而中国严肃大报的读者市场却是要从零起步。这在当前的网络时代和信息娱乐化的潮流下，难度显然更大。

《新京报》在 2006 年的重大改版印证了中国严肃大报的这种发育难度。报纸 2006 年的改版宣言说：“《新京报》的定位是时政类主流报纸，视责任感为魂魄，这决定了报纸内容的严肃与主流。当然这不意味着报纸有理由板起面孔拒人于千里之外，事实上，《新京报》倾心于这样一种平衡：厚重，但不失其轻松；高端，但不失其亲切；主流，但不失其时尚。”

---

① 《纽约时报》瘦身决定谨慎而又照顾市场。《东方早报》，2006 - 7 - 25。

2006 年，从征订区域结构和报纸读者结构来看，《新京报》仍然是面向高学历、高收入、高职位、高消费四高人群的严肃报纸。从征订客户区结构比例来看，《新京报》的社区征订比 2005 年增加了很多，比例已经占到了全部征订数量的一半。

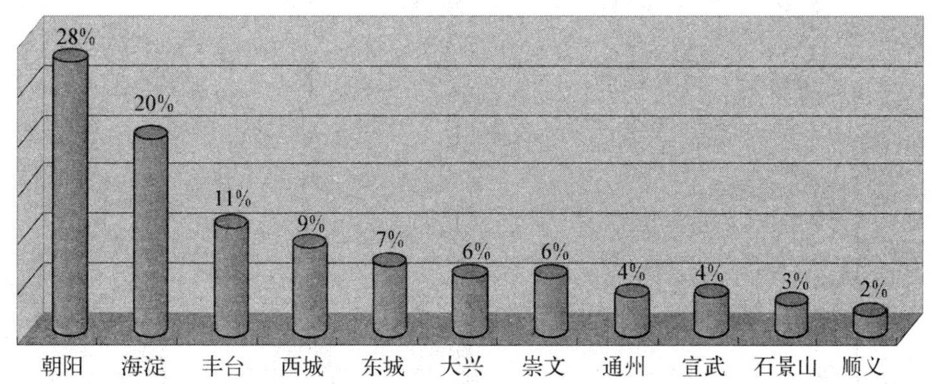

图 1　2006 年《新京报》征订区域结构比例

表 1　2006 年《新京报》的受众结构特征

性别比例	学历构成	年龄构成	收入构成
男性 55%	专、本科以 上学历占 85%	21－49 岁 年轻人占 87%	白领、金领 时尚人士占 88%

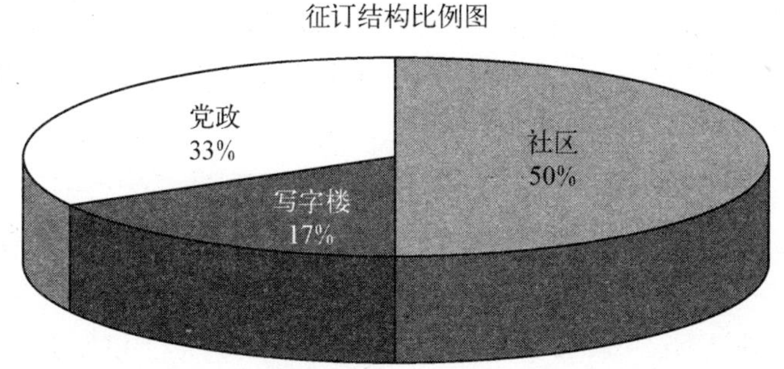

图 2　2006 年《新京报》征订客户区结构比例

阻碍严肃大报成长的因素很多。新媒体的竞争是一个普遍的重要因素。对于中国报业来说，中国目前高端读者群是否大到足以支撑一份代表中国的严肃大报？中国读者的阅读趣味对严肃大报的成长来说，是殷实肥沃之地还是寸草难生的盐碱地？一份严肃大报的成长在中国有没有相应的制度和政策空间？

从出生到现在，《新京报》的舆论监督明显比北京本地的报纸做得好。光是报纸的“核心报道”栏目，就先后刊发了《嘉禾拆迁》、《哈尔滨宝马车撞人案调查》、《深圳女公安局长安惠君落马记》、《定州血案》、《甘肃骷髅头案剑指工艺品黑市》、《北京摩根中心29个月“烂尾”始末》、《防渗工程乱局济南保泉战》、《仇和登上新舞台》、《仇和宿迁十年之治》等一系列在全国甚至国外引起重大反响的独家报道。但是，这些成就与隆盛期的《南方都市报》相比，还是有些差距，更无法与世界一流严肃大报的报道力度相比。

而且，这些监督报道在为报纸挣得声誉的同时，也让主管部门对报纸念起了紧箍咒。频繁如一日三餐的问话，做汇报，写检查，让报纸领导再无暇领导报纸只能忙着向上解释。还不止这些。2004年底，“负责任地报道一切”标志悄无声息地消失了。2005年底，《新京报》高层地震，总编辑程益中、杨斌都黯然离去，《新京报》里的《南方都市报》精英团队也有很多跳槽。坊间传言说，高层地震的主要原因是《新京报》最先报道了河北定州事件。

“南方报业”当初选择在北京办报，看中的一点是北京在全国的影响力，在北京有了影响力就等于有了全国影响力。主管部门在舆论监督这个问题上，考虑的也是北京在全国的影响力，在京报纸的批评报道就等于在全国通报批评。因此，他们更加谨慎。北京本地的报纸在舆论监督方面这么多年都没有多大的作为，《新京报》作为一份跨地区合作创办的外来户，到底能在这条道儿上走多远？

无论是环境所迫还是自甘垂首，一路走来，《新京报》在不断降低姿态。2007年1月10日在对南方报业传媒集团前董事长范以锦的访谈中，笔者问及，《新京报》在2006年实现盈利之后，在报纸定位上是恢复最初设定的高端路线还是沿着目前的趋势继续降低自己的姿态，范以锦回答，《新京报》有了资本，会再调低姿态以扩大发行量。南方报业传媒集团的目标是把《新京报》培育成为集团的利润大户。

果真如此的话，接下来的《新京报》会是一份什么样的报纸？会不会变成《京华时报》第二？且不说成长为代表首都、代表中国的严肃高级大报，单是为了站稳北京市场，为了报纸长久的生存发展，《新京报》到底该如何定位？

2. 报业联盟双方的合作管理

作为光明日报报业集团和南方报业传媒集团合作创办的一份报纸，《新京报》

生活幸福与否，一个至关重要的因素是父母双方能否和谐相处。《新京报》创办初期，双方同心协力，应该说合作还是很愉快的。《光明日报》的领导层为新报纸的诞生奔走努力，尤其是《光明日报》前总编辑袁志发，在《新京报》创办过程中发挥了非常重要的作用。由双方高层人员组成的董事会和报社管理委员会，协商管理报社的采编和经营事务。而且，凡进入《新京报》的人员包括董事会和管委会成员，都不能以光明报业集团或南方报业集团的人自居，为自己所属的一方谋利益，而是以新京报社的员工身份切实为《新京报》的发展努力。

成立后一直例行召开并且在报社管理方面发挥核心作用的董事会和管委会，在2005年，《新京报》高层事件之后至今，很少再正常召开。一方面，这影响了双方的有效沟通与协作，对双方的长久合作是一个不小的隐患；一方面，这对报纸的管理造成了一定的不良影响；此外，也是不容忽视的是，这导致《新京报》的部分员工人心不稳，因为他们听不到南方报业传媒集团的声音，担心报纸最终会因为双方合作的停止而散伙。

3.《新京报》的报纸经营亟待改善

《新京报》的广告经营小有成就，但是问题更大。目前，房地产和教育广告在新京报广告结构中所占比重最大。尤其是房地产广告，占到了《新京报》广告总额的45%，是《新京报》的支柱性广告来源。汽车、电子通信、医药卫生则相对较弱。这种广告经营结构，是中国大部分报纸的通病。报纸广告集中度过高，严重依赖于某一个行业（在中国目前就是房地产广告），报业发展受行业市场波动的影响很容易大起大落。《北京青年报》就是一个典型。对于《新京报》而言，既要做大广告收入，又要优化广告结构。二者不可偏废。

传媒资本市场方面，《新京报》迄今仍未有实质性的突破。报社经理韩文前在不同场合多次提到，《新京报》已经受到不少传媒投资者的青睐。但是，总是不见动静免不了让人怀疑他是王婆卖瓜。

吸纳社会资本，多种经营，是报纸快速发展做大做强的捷径。对于经营状况不是很好，生存压力较大的《新京报》来说，尽快壮大资本是报纸缩短成长期，降低风险，保障稳健发展的一个重要因素。

4. 优质报业资源的保持与培育

《南方都市报》的优势是人才和经验，这些优势主要是报纸在追求主流的过程中积累起来，而且也是在对主流的不懈追求中保持下来的。

正如《新京报》总经理韩文前所说："办公条件、福利待遇比《南方都市报》好得多的媒体比比皆是，但《南方都市报》之所以能够迅速成长为中国最有影响力的都市报，正是因为它拥有和培养了一批充满理想、满怀激情和理性的新闻采编人才，和了解读者需求、懂得市场化运作的报纸经营人才。无论人才如何流动，这种精神却不能流走。报社要想留住这些人才，就必须给他们提供一个可以发挥才智实现自我的平台。"①

但是，《新京报》历史上的几次波动，比较严重地危及了这一点。有理想有激情的人才可以走，但是如果报纸无法保留住激情、理想和理性本身，人才就会很快枯竭，报纸很快就会失去生气和锐气。

① 朱学东，喻乐. 心有多大，舞台便有多大——《新京报》一周年启示录.

报业市场格局与市场竞争

——湖南报业市场

林晓光[①]

一、湖南报业市场概观

湖南总面积 21.18 万平方公里，在全国居第 11 位，人口 6 662 万，在全国居第 7 位。下辖 13 个市、1 个自治州，122 个县(市、区)。自 20 世纪 80 年代以来，湖南经济以年均 9%以上的速度增长，2003 年 GDP 达到 4 634 亿元，居全国第 12 位。在泛珠江三角洲地区，湖南则处于“比上不足比下有余”的地位。

湖南北枕长江，南邻两广，西连贵州、重庆，东接江西，处于中国东部沿海与西部腹地的过渡地带，是中国沿海开放带和长江流域开放带的结合部，是内地的前沿，沿海的内地，在东南沿海地区产业向内陆腹地转移的过程中，起着承东启西、贯通南北的重要作用。从长沙、株洲、湘潭、衡阳、岳阳等主要城市到港澳及广州、深圳等沿海大城市，陆路均可朝发夕至。

湖南在华夏文明史上有着重要的位置，历史上有“唯楚有才，于斯为盛”的赞誉。湖南是中华农耕文化的发源地、“千年学府”岳麓书院，是世界上最古老的大学之一。中国古代的四大发明，湖南占据其一，湖南人爱读书喜欢看报似乎也已成为公论。湖南人自身对此颇为自满的解释是：世界上所有的书画报刊都离不开纸张，而纸张的发明专利就属于聪明的湖南人。蔡伦制造出了世界上第一张植物纤维纸，耒阳就是蔡伦的故乡。历史上湖南文化的代表是湖湘文化。湖湘文化是一种地域性的文化，身在其中的湖南人，都无不深受其影响，接受其洗礼。“出版湘军”、“电视湘军”、“体育湘军”等一系列称号享誉海内外。

2003 年，湖南的国内生产总值(4 633.73 亿元)和广告经营额(13.29 亿元)，在

---

① 林晓光，深圳大学传播学院传播系教授。

“9＋2”地区的九个省份中，远远低于位居第一的广东，也不及四川和福建，两项均处于排名第四的位置，算是差强人意的“中等生”[①]。和其他 8 个省份一样，湖南报业市场的发展也是以省会长沙为中心，形成一种辐射扩散性的发展模式。但是，无论是按城市广告经营额所作的聚类分析，还是按广告经营额占国内生产总值的比例聚类分析，湖南省会的长沙既无法和属于一类的发达城市广州相比（发达系数 1.58），和属于三类的次发达城市昆明、成都、厦门（发达系数 0.87）相比，也存在着相当大的差距，其发达系数仅为 0.31。[②]

省城长沙虽然人口不足 200 万人，但在市民中影响力较大，适合市民口味的报纸却多达五家，除老牌的《长沙晚报》外、还有后来陆续创刊的《三湘都市报》、《东方新报》、《当代商报》、《潇湘晨报》。《长沙晚报》是长沙市委的机关报，创刊至今已有五十年，是晚报、机关报合一的报纸，它不仅具有机关报的权威性，也兼具晚报的趣味性。《三湘都市报》是隶属于党报《湖南日报》的子报，该报起步虽晚，但因得到省级党报“人财物”各种资源的全面奥援，1995 年 6 月创刊后，便急起直追，颇有后来者居上的不凡气象。《三湘都市报》据点虽然设在省会长沙，但却提出了“立足长沙，覆盖全省，面向全国”的办报远景。该报创刊不久，很快以其鲜明的都市特色获得广大市民的青睐。《当代商报》是由湖南省外经贸厅创办发行的，1999 年改出日报后，当时注入资金 200 余万元，以百万年薪招聘老总及天下英才，大有搅动报业圈的“一池春水”，一展鸿鹄之志的勃勃雄心。《当代商报》说是商报，其实却并不那么热衷打点“金融商务”，属于“在商不大言商”的市民生活报。该报的创刊曾一时令《湖南日报》、《长沙晚报》、《三湘都市报》的报业同仁为之胆寒。尽管其由于本身经营不善，事后被证实属于虚惊一场。《东方新报》也是市民报，创刊于 2000 年秋，它属于《长沙晚报》旗下的子报，由该社投资 500 万元，是为了对付《三湘都市报》而匆匆上马的一份 4 开市民报。但由于市场定位不准，创办至今一直处于亏损状态。《潇湘晨报》创刊于 2001 年 3 月，是隶属湖南新闻出版集团的大型综合类都市市民报，也是国内首家由出版系统投资创办的日报。该报采用全员招聘的新体制，创刊仅半年就打破了湖南报业竞争的相对平静。该报创刊半年多，发行量便达到 16 万份，到次年的 12 月，《潇湘晨报》发行量更突破 35 万人，成为省内发行量最大的综合性日报。

长沙现有的报纸中，属于市民报的报纸主要有五家，即本文列举的《长沙晚

---

① 宋建武等(2005).《中国媒介经济的发展规律与趋势》. 北京：中国人民大学出版社：84－90.

② 同上：68－69 页.

报》、《潇湘晨报》、《三湘都市报》、《当代商报》、《东方新报》。但是,《当代商报》基本处于苟延残喘、朝不保夕的艰难处境;《东方新报》则因定位不明,经营不善,现已熄灯走人,收市打烊。

二、报业结构性调整的动荡历程

湖南报业结构性调整的标志性事件,可以追溯到《湖南日报》和《长沙晚报》相继组建起自己的报业集团,它标志着湖南的报业发展走向了集约化的道路。

在新旧世纪交替之际,湖南进入了报业结构性调整的动荡时期。据《山雨欲来风满楼——湖南报业大战前瞻》一文透露:是时,《湖南日报》和《长沙晚报》拥有的子报子刊分别已经达到 8 种和 5 种,仅此而言,已初步具备了组建报业集团所需的媒体实力,加之此前已有的人才实力、经济实力、印刷实力和发行实力,《湖南日报》和《长沙晚报》组建报业集团的条件业已成熟。省新闻出版局上报新闻出版署,请求批准正式组建湖南日报报业集团和长沙晚报报业集团。这标志着湖南省报刊业在集约化发展的道路上,走上了一个新的起点①。

夏宇认为:湖南报业市场化的开端始于 2001 年。那一年,被称为中国的“传媒年”,从年初开始,国际、国内资本进军传媒业就时有动作,进入 3、4 月后步伐更是明显加快,几乎每隔几天就有一份新报纸、新杂志出现。曾经壁垒森严的中国传媒业,似乎一夜之间成了前景诱人的新兴市场。传媒业在经过长期蛰伏后,像是突然遇上了资本市场的春天。据不完全统计,当年全国有 35 家都市类综合性日报创刊。对于地处中国内陆中部省份的湖南来说,也在酝酿着一场革命。2001 年 3 月 9 日,投资 8 000 万元的《潇湘晨报》在长沙正式创办。这份由湖南新闻出版集团投资的大型综合类都市日报采用全员招聘的新体制,是国内首家由出版系统投资创办的日报,创刊仅半年就打破了湖南报业竞争的相对平静,自此,湖南报业开始了市场化的历程。在业内,《京华时报》和《潇湘晨报》也被评价为 2001 年国内报业“白马”和“黑马”,“北京华、南潇湘”的美誉也在业内广泛流传②。

湖南报业大战的酝酿发酵、蓄势待发,已引起业内人士和有关部门的高度关注。湖南省新闻出版局负责人表示:将针对报业市场的竞争态势,进一步加强行

---

① 山雨欲来风满楼——湖南报业大战前瞻(作者不详). http://press.gapp.gov.cn/news/mic_wen.

② 夏宇.暴风雨来临——湖南报业风云录. http://zhangjianbo2005.blogchina.com/3841811.html.

政监管和指导力度。确定好培养和扶持的重点对象，帮助重点报刊制定发展战略，在管理上给予重点报刊以必要的政策倾斜，如增期、扩版等，并在加强必要的舆论宣传扩大湖南报纸知名度。湖南省委常委、省委宣传部部长文选德曾明确放话：要坚定不移地推进新闻改革，走集团化、集约化、规模化的路子，把产业集团做大做强，做到“保持稳定、平稳前进、稳中求进”①。

湖南日报报业集团党组书记、社长覃晓光分析说：湖南作为一个内陆省份，经济总量不如沿海省份和一些主要城市大，报纸产业也不如那些地方发达。在湖南因为“电视湘军”、“出版湘军”在文化产业中的强劲，对于平面媒体有着强烈挤压力，而在党报集团自身并不强大的情况下，其他类型报纸又占有一定市场份额。也就是说，湖南日报报业集团在报业竞争中的弱点，恰恰是缺乏集群性的强势媒体。但是湖南日报报业集团没有集群性的强势媒体，并不等于没有发展的空间。因为不管其他媒体状态如何，总不能替代党报。因此，打造强势媒体，扩大党的声音，覆盖广大城乡，是党报集团的任务②。

作为湖南省委机关报的党报，同时又是历史上的报界龙头老大的《湖南日报》，如何进行适应报业市场经济的转型？当时，许多人提出应该让主报自生自灭，而将集团战略重点放在发展子报或其他产业上。但也有人提出不同的主张，认为主报是报业集团的“第一资源”，这是由其历史的厚重性、品牌的价值性、网络的广泛性所决定的。放弃主报另辟蹊径这是舍本逐末，并且也有悖成立党报集团的初衷，因为党报集团主报的品牌效益、辐射作用和带动作用是旗下任何子媒不具备的。反之，应该夯实贵重的“第一资源”，做大做强主报。正是因为主报的权威性和必读性，使它在主流社会读者中有着无可挑战的份额，所谓“做大做强主报”就是要“发挥主报所具有的辐射和带动作用，形成以主报为龙头，以子媒体和其他产业为支撑的报业集群。”③

在中国报业市场化的进程中，晚报大多有过辉煌的记忆，其中又以《新民晚报》、《羊城晚报》、《北京晚报》、《今晚报》四大晚报为成功的样板，其巨大发行量和广告收入更使报业同行为之侧目。在20世纪80至90年代前期，中国大部分中等以上城市，晚报大多成为当地的深受市民欢迎的强势媒体，广告收入也颇为丰厚。

① 山雨欲来风满楼——湖南报业大战前瞻(作者不详). http://press. gapp. gov. cn/news/mic_wen.

② 覃晓光. 把增强核心竞争力作为首选战略. http://www. chinesejournalist. cn/html/200607/0710. htm.

③ 同上。

《长沙晚报》在省会长沙也经历了这种“一晚独大”、无人竞争的美好岁月。这是得益于当时报业市场尚不成熟的格局。过去，为了缓解争办晚报，导致各城市晚报林立的竞争状况，政策明确规定一个城市只批一家晚报，通过控制晚报刊号的方式，抑制晚报的扩张发展。但这种状况进入90年代后期，再也难以为继。一大批虽不沾“晚”，但却紧紧扣住市民喜好的都市报、晨报、早报、快报应运而生，即“都市报”的概念开始走俏。

1995年，作为《湖南日报》的子报《三湘都市报》的创刊以及迅速蹿升，对《长沙晚报》构成了巨大的压力。在此冲击下，《长沙晚报》进入了全面调整的阶段，组建报业集团，走集约经营的路子，无疑成了一个必然的选项。2001年，《长沙晚报》进行了整体的搬迁，进入了投资几亿元的报业大楼办公，并以晚报为主报组建了长沙晚报报业集团，进入了集团化经营的阶段。现《长沙晚报》报业集团，共统管旗下《东方新报》、《知识博览》以及包括网站在内的五个子媒体，实行集团化管理。

在两大报业集团的资源重组和强力拉动下，湖南的报业结构发生了巨大的地壳变动。《三湘都市报》是《湖南日报》的子报，它与母报《湖南日报》的功能区分至为明显，即母报抓宣传，以党报的使命为本业；子报抓收入，力图在编采上贴近市民，与晚报争夺市场。与此相比，作为《长沙晚报》子报的《东方新报》，其功能又该如何与本身就具有市民性格的母报做功能上的区别？《东方新报》从创刊的那天起，打出的靓丽招牌就是：“湖南第一份城市社区报、中国第二份城市社区报！”谢立松在其《差异化竞争，办湖南第一张社区报》一文中曾有具体介绍。他谈道：社区报，迄今为止，学术界和业界对“社区报”并没有公认的定义。社区报诞生于美国，至今已有三百多年历史。而在中国，社区建设首先在城市拉开序幕，社区报也将在城市中孕育和成熟。所以，当前谈社区报主要指城市社区报。目前，中国的社区报仅只有一家——吉林《巷报》。办得好的社区报可以充分融入社区生活中，成为社区居民生活中不可缺少的信息“快餐”。美国有不少办得比较成功的“社区报”，如创刊于1886年的《斯塔藤岛前进报》。该报就办在《纽约时报》、《华尔街日报》、《今日美国》这些世界顶级大报的眼皮底下，在50万人口的斯塔藤岛区，它占据了绝对统治地位，是大多数本地居民必读的一份报纸。《东方新报》试图在各都市报的夹击中，走出一条自己的路。其定位在于社区，社区新闻成为新报改版力推的版块，平常人的不平常事、社区里面的人情冷暖、老百姓的千言万语……翻开新报社区读本，这些省内报纸不多见的新闻全都跃然纸上，长沙老百姓终于有了一块属于自己的小天地，主打民生新闻的鲜明特色也使新报在新的一年里显得更有活力和竞争力[①]。“关注民生”、“面向社区”，成为《东方新报》与其他都市报抢夺读者的撒手锏，也是力图追求的最大区隔。该报复刊后最初的探索与实践，终于在惨淡经营中确定了该报曾“走红一时”的历史定位。立足社区，面向基层，强化报纸的为市民服务功能这无疑是报纸生存与发展的最大空间。当时，许多圈内人士曾乐观预言：湖南报业同质混战局面即将结束，《东方新报》的改版必将为湖南甚至整个中国报业的发展提供又一个值得借鉴的蓝本。

经历了2000年报刊结构的调整，湖南省报纸平均期发数为10万份左右，全省报纸经营收入将近7亿元，年增长率在30%以上。《长沙晚报》进入了全国报纸广告收入50强之列，三湘都市报广告收入同上年比增长近一番，体坛周报年利税超过4 000万元。投资2亿多元的湖南日报报业大楼，占地80余亩、建筑面积超10万平方米的长沙报业中心先后全面投入使用。同时，各报社纷纷投入巨资，加快网络、网站建设和印刷设备的技术改造。其中《湖南日报》、《长沙晚报》在印刷设备改造方面的投资分别超过了2 000万元，《三湘都市报》网络建设投入870万元，长沙晚报网站扩容斥资800万元[②]。

三、各家报纸的“人才战略”

在省城的报业竞争大战中，人才的竞争可谓是重头大戏。

湖南日报报业集团党组书记、社长覃晓光介绍说：《三湘都市报》所进行全方位改革，其中最重要的一项就是人事制度的改革。首先对《三湘都市报》总编辑进行公开选聘，再由总编辑“组阁”，即选聘编委会其他成员，扩大编委会的自主权，即有中层干部的任免权，有内部自主分配权、自主经营权、自主用人权、内部运作体制机制自主设计及实施权。重新整合内部资源，优化组织结构，创新考核与分配等机制，将一批业务骨干安排到重要岗位。还从全国范围内引进了一批办报人才，队伍素质明显提高，员工士气高涨[③]。创刊初期，《三湘都市报》从母报抽调了一批精兵强将，从社会上公开招聘了10余名编辑记者，依靠《湖南日报》这棵大树，该报可说

① 谢立松.差异化竞争，办湖南第一张社区报. http://www.baoye.net/bbs/read.php? tid=1661.

② 山雨欲来风满楼——湖南报业大战前瞻(作者不详). http://press.gapp.gov.cn/news/mic_wen.

③ 覃晓光.把增强核心竞争力作为首选战略. http://www.chinesejournalist.cn/html/200607/0710.htm.

是稳步拓展。同时,《三湘都市报》在制定"十五"规划时,拟定了采编人员的培养制度,不管新老记者、编辑,每年都要进行轮训,以保持敏锐的思维。实行尾数淘汰制,工作干得不行的离岗,三个月没人要就走人,以保障旺盛的战斗力。

在都市报中,《潇湘晨报》在用人制度方面敢为人先,完全按市场化运作,该报借鉴外省报纸的成功做法和其他行业的先进管理经验,是湖南省第一家面向全国招聘的媒体。改革用人机制是该报从诞生起就始终不渝追求的目标。湖南省新闻出版集团首先高薪聘请了《华西都市报》编委、总编室主任柳祖源出任执行总编辑。柳祖源入湘后,率先在人事制度上进行大胆改革,《潇湘晨报》面向全国招贤纳才,实行全员聘用、末位淘汰的机制,职责量化、按绩论酬的分配制度,实现了机制创新和制度创新。

《潇湘晨报》力图通过面向全国招聘,引进先进经验和先进办报理念,实现从业人员的优化组合。他们推行全新的用人体制,从社长、总编辑到一般采编人员,实行全员聘用,并将通过"绩效管理"和"末位淘汰",激发从业人员的创意,使之综合素质始终保持较高水平。总编辑龚曙光谈到,2000 年 9 月,他们同时在《北京晨报》、《羊城晚报》、《新快报》、《华西都市报》、《生活新报》、《湖南日报》、《长沙晚报》、《湖南广播电视报》等媒体发布招聘广告,并打出了"潇湘晨报,晨报潇湘"的口号,其招聘人才的气势和用人机制,吸引很多人丢下"铁饭碗"前来应聘,在湖南乃至全国报界引起了强烈反响。来自全国 10 多个省、自治区、直辖市,共 2 000 多名应聘人员中,既有《羊城晚报》、《广州日报》、《华西都市报》、《成都商报》、《南方周末》、《新快报》等 30 余家主流媒体的新闻从业人员,也有省内外广播电视媒体的策划人、制片人。经严格考核,该报录用了 110 名采编人员,其中 97%有大学本科以上学历,且绝大多数有新闻从业经历;他们的平均年龄仅 26.5 岁,在湖南所有新闻媒体从业人员中平均年龄是最小的。5 名领导班子中,有 4 人具有研究生学历。部分来自外省的报人,受聘担任了执行总编、副总编、编辑中心主任等高层职务[①]。

"早在 2000 年 9 月,第一批招聘员工开始了他们的试用期:尽管还未创刊,但是每个月 1 800 元的工资让外界羡慕不已。在经历几个月的筹备之后,《潇湘晨报》开始在全国大规模网罗人才。2001 年元月,第一批记者和编辑开始培训,而这一批人被《潇湘晨报》内部称为'黄埔一期'——他们是《潇湘晨报》的元老——随后又有了二期。培训期间的军事化管理方式造就了创刊初期晨报能拼善战的硬朗风

① 山雨欲来风满楼——湖南报业大战前瞻(作者不详). http://press.gapp.gov.cn/news/mic_wen.

格，25 岁的平均年龄也让《潇湘晨报》在市场上骁勇善战，一路凯歌。”①

与《三湘都市报》和《潇湘晨报》相比，《长沙晚报》毕竟是市委机关报类的晚报，在人事制度的改革上无疑受到很多限制。但在报业市场激烈竞争的形势下，该报在用人上也相应推出了一系列新的举措。首先，进人全部招聘，根据招聘人员工作表现，一年一考核以确定工资浮动等级。其次，对于聘用人员在医疗、住房、养老保险等方面一律按国家规定办理，在入团、入党、提干、评职称等方面享受与原有职工同等待遇。其三，按德、能、勤、绩，对中层干部实行一年一聘，并实行竞聘上岗和双向选择。2001 年，《长沙晚报》及其各子报，将继续深化用人制度改革，吸引一批政治素质高、业务能力强的记者、编辑和发行、广告人员，以增强报纸竞争力。2001 年底，《长沙晚报》完善了自身的福利待遇，同时晚报还采取挖人战术，把晨报体育组某知名记者招至麾下。随后，《潇湘晨报》时政新闻部主任也被《长沙晚报》许以重金“猎取”。其后，《潇湘晨报》不少名编辑名记者也一度成为晚报的网罗对象。

四、报业市场的读者争夺战

湖南报业市场的读者争夺战，即使说不上是格斗惨烈的“腥风血雨”，但也处处透露着狭路相逢的“刀光剑影”。夏宇在论及湖南报业的风云变幻时，曾有过一段生动的描述：

《三湘都市报》的横空杀出，抢占市场，从某种意义上它正是引发湖南报业争夺读者大战的始作俑者。创刊几年时间，《三湘都市报》凭借《深圳传来急救电》、《莱孚足球风波》、《“3.15”维权小分队》、《姐姐赵小惠》、《万众争看邓小平》、《学生服用安定片》等一大批有分量的好报道渐渐地深入人心。《三湘都市报》绿色的无人售报箱也曾让人眼睛一亮。新千年之交，面对日趋活跃激烈的报业竞争，在市场风雨洗礼中成长起来的《三湘都市报》连出新招：每日扩为 24 版，推出全新《新闻周刊》，都市传媒广告有限公司挂牌成立。然后，《都市文萃》北上开辟全国市场，成为其经营上一大败笔。不过，从横向的角度看，全国各地的都市报(绝大部分是省报的子报)一路过关斩将，攻城略地，所向披靡，将省城所在市的日报或晚报压得喘不过气来，风光无限。但是，作为一张日报的子报，和其他城市的“兄弟报”一样，它没有独立法人的地位，体制上的掣肘束缚了《三湘都市报》进一步的扩张，同时，都市

① 夏宇.暴风雨来临——湖南报业风云录.http://zhangjianbo2005.blogchina.com/3841811.html.

报的发展，仅是替自己谋取了一块赖以生存的地盘，根本没能撼动晚报。不过，做不了“领跑者”，跟在它后面借力而行，也还省事、省力。时间一长，都市报人也“接受”了这一事实[①]。

《潇湘晨报》虽然进入报业市场是在较晚的2000年秋天，但因为它以拥有2家核心公司、15家全资子公司、4家控股公司和1家参股公司的省新闻出版集团为靠山，该报正是凭借这一雄厚的资产开始强势进入报业领地，其目标就是建成国内大型的传媒集团。《潇湘晨报》首任总编柳祖源的话最为典型：我们的“目标是永远做第一，永远不会把自己的市场拱手相让”。“我们还要和敌人比拼，我们现在就要上满子弹！”[②]如果说此前《三湘都市报》的创刊，还仅仅属于湖南报业市场一次“试水温”，争夺读者的“前哨战”，那么来势汹汹的《潇湘晨报》，则使湖南报业市场充满硝烟，各家报纸已被置身在一个无处遁形的角斗场中，感受到前所未有，你死我活的巨大压力。

对于《三湘都市报》和《潇湘晨报》的大军压境，《长沙晚报》上下如临大敌，因为垄断的时代不可避免地终结了。自此，必须同都市报在同一地域展开竞争，以瓜分报业市场。《长沙晚报》高价“买通”了一批掌握了相当信息的通讯员，与他们组成“信息同盟”，抵制《三湘都市报》。与此同时，抢新闻、抢时间的意识明显增强，他们的记者勤快了，版面活泼了，一波又一波的新闻策划，显示了他们的实力。2001年，《长沙晚报》由对开12版扩大到对开16版，今日新闻占八个版面，从周一到周日，分别推出“时代周刊”、“消费周刊”、“广厦周刊”、“招聘广场”、“健康周刊”、“财富周刊”和“文娱周刊”七个周刊。该报还“策划了一些专门的服务性版面，并将在有关版面中开设服务性栏目，以达到为群众提供衣、食、住、行、吃、喝、玩、乐全方位资讯服务的目的。他们推出的《市民参考》版，专门为市民提供生活资讯，具体到买什么、吃什么，以及交通、供水、供电等市民生活必需的、有用的内容。他们要求第一版每天都做到‘五个一’，即一个好头条、一张好照片、一条好社会新闻、一个好专栏、一条好言论。要求每天每个版面都有几个贴近群众生活的‘亮点’，或好的改革举措，或群众关心的社会新闻，不拘一格都可以上，并对字数进行控制，以增加信息量”[③]。

同时，《长沙晚报》投资500万元的《东方新报》创刊。《东方新报》2001年将每

---

① 夏宇. 暴风雨来临——湖南报业风云录. http://zhangjianbo2005. blogchina. com/3841811. html.

② 同上。

③ 山雨欲来风满楼——湖南报业大战前瞻(作者不详). http://press. gapp. gov. cn/news/mic_wen.

天出4开16版，主要为市民提供新闻、资讯，以提高市民文化素质和文明程度，该报曾以日零售量8 000份的数字创下了长沙报业当时的零售量之最。这一切，都表明长沙的报业市场存在巨大的空间。业内人士说，《东方新报》是《长沙晚报》应对《三湘都市报》而匆匆上马的报纸，由于准备仓促，在另一份来势更为凶猛的都市报——《潇湘晨报》创刊后，便应对乏力，苦苦支撑，最终节节败退。当然，这已是后话了。当时的街谈巷议却足以让《三湘都市报》闻风丧胆：《东方新报》以前所未有的速度从南京威斯特集团成功融资3 000万的传闻有之；更有甚者，融资的金额从5 000万元到8 000万元层层加码，各种揣测性的消息成了报业内部各色人物的谈资。

2001年3月9日，《潇湘晨报》以对开彩印100版的气势隆重推出，它的问世既让市民酣畅淋漓地享用了一场前所未有的新闻大餐，而报纸本身大气的版式形成亦具有相当强烈的视觉冲击。《潇湘晨报》还开展了促销活动，5毛钱买一份《潇湘晨报》，送一瓶"骄阳"啤酒，当天在零售市场的发行量即突破两万份。得到消息的《长沙晚报》和《三湘都市报》纷纷给自己的发行员下达了工作任务——上街收购《潇湘晨报》，报款回单位报销，啤酒归收购员所有。有人曾亲眼目睹了隶属于《三湘都市报》的湖南湘报发行公司一辆发行车中至少放了400瓶啤酒……①。

与其他各报相比，《潇湘晨报》的崛起真可谓波澜壮阔，也充满了戏剧色彩。在试刊大获成功后，三月底，《潇湘晨报》连续三周，在执行总编辑柳祖源亲自操刀策划下，用显著篇幅进行了"有毒槟榔"的系列报道。在湖南这个槟榔享有盛誉的地域，该系列报道一时达到"石破天惊"的效果，它也成为《潇湘晨报》在湖南报业的开山力作，为晨报带来了节节攀升的发行量。为了与《潇湘晨报》争夺读者，《东方新报》则针锋相对地推出了"槟榔无毒"的系列报道进行反制，一场关于槟榔的"新闻大战"在湖南两家媒体之间展开。此后，因接二连三的市民食用槟榔中毒事件发生，此次战役由于政府的介入，以《潇湘晨报》占了上风而暂时偃旗息鼓。但时过两年，有关槟榔的新闻大战"烽火再燃"。也许是胜败双方都认为槟榔在抢夺读者上还有"剩余价值"，2003年8月19日，《潇湘晨报》旧账重提，在头版刊发了世界卫生组织的国际癌症研究中心8月7日的研究结果，认定槟榔为一级致癌物。对此，《长沙晚报》则全面奥援2年前败下阵来的子报《东方新报》，试图展开败者复活战。5天后，该报头版刊发了《槟榔到底是不是毒药》的稿件，指责《潇湘晨报》引用世卫

① 夏宇. 暴风雨来临——湖南报业风云录. http://zhangjianbo2005. blogchina. com/3841811. html.

组织研究结果含糊其辞，且槟榔致癌仅只是课题不是结论，声言自古槟榔就可以入药，并非可怕之物。《潇湘晨报》见猎心喜，认为这是再次制造轰动性报道的大好时机，迅速反应，安排次日版面，组织了本报评论员文章，湘雅医学院专家有关槟榔致癌研究成果的新闻报道，还将国际癌症研究中心的原文进行翻译。晚上 8 点，新华社近 10 000 字的稿件传至《潇湘晨报》，除了国际癌症中心的权威信息之外，还包括新华社近年来对槟榔的多次报道。此次战役，《潇湘晨报》再次大获全胜[①]。

《东方新报》是《长沙晚报》为对付《三湘都市报》都市报而创办的一份 4 开市民报。它在版面上侧重讲述长沙老百姓自己身边故事，主打老百姓的家事、情感事，发掘普通事件背后的不平常的意义，动之以情，全力营造一种情感氛围，并关注全市各个社区每日发生有情感味的新闻，是该报追求的方向。这些新闻就是属于老百姓自己的"时政新闻"[②]。在各家报纸中，《当代商报》有点儿名不副实，虽然打出了"商报"的旗号，但基本上属于和财经商贸并不那么紧密的，一般性市民报。《当代商报》是在 1999 年改出日报的，当时投入数百万，但是由于经营不善，对自己的读者定位不准，2001 年已难以为继，其老总也移情别恋做起了房地产生意。2001 年，《当代商报》注入 2 000 万元外来资本后重新启动，当时以百万年薪招聘老总及采编人员而轰动一时，但现在却是后劲乏力、处于不死不活的状态。究其原因，"其一是资本投入不够，实力不济，导致后劲不足；其二是运作方面过于依赖从前的经验；其三是，在晨报强力介入报业市场的背景下，先天不足的商报显得身单力薄；其四，当然是办报理念方面的问题。"[③]

五、广告"大饼"是怎样被分食的

2000 年前后，湖南报业市场的广告份额基本上是由《长沙晚报》、《湖南日报》和《三湘都市报》构成的"三分天下"。在此时期，《长沙晚报》、《湖南日报》和《三湘都市报》的发行量分别是 8 万份、10 万份、28 万份，广告收入则呈现了反比例的降势排列，分别为 8 000 万元、6 000 万元、4 000 万元，这似乎是一组有违市场，也和人们的常识矛盾的数字，但这恰恰也反映了这三家报纸在读者中的特殊地位。现今，湖南报业的广告市场则呈现了《长沙晚报》和《潇湘晨报》双雄并立，瓜分 2/3 广

① 夏宇. 暴风雨来临——湖南报业风云录. http://zhangjianbo2005.blogchina.com/3841811.html.

② 谢立松. 差异化竞争，办湖南第一张社区报. http://www.baoye.net/bbs/read.php? tid=1661.

③ 夏宇. 暴风雨来临——湖南报业风云录. http://zhangjianbo2005.blogchina.com/3841811.html.

告大餐，其他各报分食残余 1/3 份额的局面。《长沙晚报》发行量为 28 万份，2005 年广告收入达到 1.8 亿元；《潇湘晨报》发行量大约在 30 万份左右（号称 60 万份），广告收入已逼近《长沙晚报》的份额；《三湘都市报》大约相当于晚报的 1/3，年广告额收入在 6 000 万～7 000 万元上下徘徊[①]。

在湖南，《三湘都市报》是最早实行广告代理制的媒体。该报曾是母报《湖南日报》的摇钱树，创刊半年时间内，该报就率先实现收支平衡并盈利 11 万余元。从 1996 年到 1999 年，其年广告收入分别是 517.2 万元、1 147.4 万元、2 300 万元、4 100 万元，平均以 80%的速度递增，在省内媒体内可谓“史无前例”。1998 年，该报搬迁扩版，增版不增价，使发行量、广告收入大幅度增长，一跃而为省内强势媒体之列。截至 2000 年 5 月止，该报广告创收已达 7 080 余万元[②]。早在 1999 年，该报就全面推行广告代理制，实行广告招商拍卖和广告人员轮岗，实行广告代理。广告代理制是该报在报业市场竞争中取得胜利的基本条件。“为有效克服报纸广告过分依赖客户和广告人员的劣势，抵制广告经营中暗箱操作和违规违纪做法，1999 年 12 月，《三湘都市报》开湖南报业之先河，首家全面推行广告代理制，实行广告招商拍卖和广告人员轮岗。实行广告代理制一年多来，他们在各地广告公司的通力合作下，广告收入和广告利润以翻番的速度增长，各项指标均创历史新高。”[③]2000 年 11 月 15 日，《三湘都市报》、《都市文萃》举行了 2001 年广告招商拍卖会，23 家广告商争相竞卖，场面十分火爆。实践证明，广告代理制的推行，使该报获得了充裕的广告源。“从广告招商情况看，《三湘都市报》2001 年广告量达到 10 430 万元，排除不到位的情况，期望实际达到 8 000 万元。该报广告拍卖成功后，湖南平面媒体和电视媒体纷纷拍卖广告，成为 20 世纪末湖南传媒界的一大景观，为全国业内人士看好。”[④]该报副总编辑王业武分析：湖南市场整体投入的广告费用约 11 亿元，其中 30%～40%是户外广告，60%～70%是媒体广告。媒体广告中，电视分割了大部分，剩下一小部分由平面媒体分割。2001 年湖南报业市场新增两个平面媒体，而广告量增长估计不会超过 10%。媒体增加了，而广告量并没有相应增加，“烧饼”没有做大，广告竞争将会更加激烈。

《长沙晚报》一直是“闷头发大财”，广告经营水平在湖南报业圈内素有定评。

---

① 长沙晚报报业集团总编辑邬恩波 2006 年 7 月 24 日访谈记录.
② 夏宇. 暴风雨来临——湖南报业风云录. http://zhangjianbo2005.blogchina.com/3841811.html.
③ 山雨欲来风满楼——湖南报业大战前瞻(作者不详). http://press.gapp.gov.cn/news/mic_wen.
④ 同上。

2000年，该报广告收入首次突破8 000万元，已名列全国50强，成为湖南省唯一一家进入全国广告收入前50强的报刊。在2000年都市报兴起之前，晚报在省城的市民读者层中基本处于无人匹敌的霸主地位，可以说，旧有的经济体制和报业市场格局成就了晚报“一报独大”的辉煌。在《潇湘晨报》和《三湘都市报》的前后强力夹击下，晚报历史上形成的广告客户优势不断受到挑战，资源正在被这几家新创刊的都市报蚕食。谈起2000年以前广告经营状况，该报业集团广告中心总监陈礼宏至今扼腕叹息：那时，我们几乎是足不出户坐等客户上门烧香，等候刊登广告的客户可以说是车水马龙，客户为了提前刊登广告有时还要钻山打洞地找关系走后门呢①。虽然晚报的经营者大都对过去的那段时光留有“美好的记忆”，但他们也很快适应了市场化的来临，并迅速调整了自己的心态。该报业集团发行公司总经理樊光祥就坦言，“广告市场上的竞争，确实给我们带来了巨大的压力；但如果没有这种竞争，我们晚报不可能有今天这样的局面，广告的年收益也不可能达到过去想也不敢想的1.8亿元。”②

2001年创刊的《潇湘晨报》，直接改变了湖南报业广告市场原有的格局。在该报尚未出版之际，版面就被广告公司和商家看好，广告预订已达500余万元，确定广告意向2 600多万元。该报用2年的时间，走完了《三湘都市报》7年多的路程。《潇湘晨报》创刊后，凭借着娴熟的市场化操作手法，首先给《三湘都市报》带来了巨大压力。在发行上，《潇湘晨报》走的是都市报自办发行的路子，一句“早饭吃了吗，晨报读了吗?”的广告词深入人心，发行部曾发动1 000多名发行员敲门发行，2001年8月即宣布当月实现收支平衡，2001年10月拿下16万份的发行量，并最终夺走了《三湘都市报》的市场份额。当年年终盘点，《三湘都市报》广告收入缩水20%，仅4 000万元左右。2002年底，《潇湘晨报》声称，该报发行量已突破35万份，成为省内发行量最大的综合性日报，其广告收入突破1.2亿元，与《长沙晚报》成为掎角之势，各自控制了湖南平面媒体广告额的三分之一。2003年4月，《潇湘晨报》临时扩至32个版，其中甚至有8个版的整版广告，并创造了单日广告收入突破100万的纪录。经过几度寒暑的反复较量厮杀，平面媒体的广告争夺战大体已经尘埃落定，对于湖南广告市场的现有的生态环境，夏宇曾形象比喻为：晨报崛起，晚报惶恐，三湘惭愧，商报扼腕，新报疲软③。

---

① 长沙晚报报业集团广告中心总监陈礼宏2006年7月24日访谈记录.

② 长沙晚报报业集团发行公司总经理樊光祥2006年7月24日访谈记录.

③ 夏宇.暴风雨来临——湖南报业风云录.http://zhangjianbo2005.blogchina.com/3841811.html.

六、问 题 评 点

导致湖南报业格局地壳变动的标志性事件，可以归纳为两大事件：一是新旧世纪交替之际，《湖南日报》和《长沙晚报》相继组建了两大报业集团，开始了报纸的集约化经营；二是在此之后《潇湘晨报》的创刊。总体而言，湖南报业发展迅速，但存在的问题也不少。

（1）报纸的跨地域经营依旧是关隘重重。在实地访谈的过程中，笔者深感湖南的报业要真正进入成熟的跨地域经营，无论是制度，政策层面，还是发行等实际操作层面，还有很长的一段路要走，特别是如果没有一套严格按照经济规律办事，旨在完善报业市场相配套的制度，真正有实质意义的"跨地域经营"，至少在现阶段还只能是一个比较奢望的梦。省城几家都市报似乎都在抱怨各自的报纸在其他地区发行时，遇到了地方保护主义的莫大阻力。但令人吊诡的是，他们自身也并不欢迎其他省份的强势媒体杀入自己的地盘。比如1999年末，当听说《羊城晚报》打算在湖南设分印点时，这一消息就曾委实让湖南报人冷汗直冒，怕岭南大哥连三湘报业的这块小蛋糕都不放过，并试图众志成城地构筑起"抵御外敌的防火墙"，虽然事后证明这不过是虚惊一场。

在湖南报业圈中，几乎所有具有都市报性格的报纸，各家老总几乎在初始都抱有跨地域经营的鸿鹄之志，诸如《三湘都市报》创刊时，就明确提出了"立足长沙，覆盖全省，面向全国"的办报远景，并想方设法开拓省外市场。该报与中国人民大学合作创办的大型文摘类刊物《都市文萃》，通过北京邮局零售公司、发行公司和北京每日集团，在北京市场和全国市场发行。试图以《都市文萃》为引导，切入北京市场和全国市场。同时，还计划组建以代理印刷媒体、网络媒体和其他媒体广告业务为主体的都市传媒广告公司，以合作、兼并收购并经营报纸杂志等文化产业为主体的都市传媒文化发展公司，以报刊发行、网上购物、长短途运输业务为主体的发行投递公司，试图确立三大相关产业并行发展的报业产业化格局。但时过多年，这些计划的推进都步履维艰，在地方保护主义的铜墙铁壁前一筹莫展。跨地域的扩张计划多以步步收缩告终。《长沙晚报》现发行量达到28万余份，尽管省城外的销量已接近8万份，占了总发行量的1/3强，但辐射地区基本是可以自办发行的株洲、湘潭等邻近地区，所"跨"的地域幅度极为有限，还谈不上是真正意义上的跨地域经营。即使如此，由于外县市主要是通过邮局订阅，在成本支出上并不是很合算，接到这些地区的客户订单，反倒成为该报的一种负担，有些地区只好退单。其他各报情况也好不到哪里去，如果不是为了维持报纸的发行量，赚取广告收益，各家报社对于自办发行以外地区的订户，其实都并不那么热心。

(2) 旧报业格局的打破未必意味着新报业格局的成型。报纸是一种特殊商品，诸如只有一天生命周期的"不可储存性"以及当地报纸只能满足当地消费者(读者)的"不可流动性"。同时，它又是负载着一定价值观和意识形态的文化产品，较之其他商品，它更需一套完善的市场规范。而我们所看到的湖南报业实况，却仍属于一个发育很不成熟市场。各报，尤其是所谓的晚报，都市市民报似乎都在推崇按市场规律办事，信奉优胜劣汰的竞争法则，在报业经营大战中，同业之间展开了近乎自杀式的"价格割喉"大战，此外，送米送油送啤酒有之，拼命扩版有之，甚至有些报纸已到白送的地步，真可谓无所不用其极。

众所周知，这些报纸本身又大都隶属于某级党委，到了资源流失彼此都难以生存的地步时，规范市场的准绳却并非是诸如《反不正当竞争法》等法规，而是各级党组织出面斡旋调解，最终依据行政手段解决问题。在湖南报业圈内，报业同仁尽管深知没有秩序的市场，必将对产业的长远发展造成灾害性后果，并导致共同毁灭，但真正深刻理解"反倾销"理念的科学内涵，意识到建立公正的报业市场秩序重要性的人，并不那么多见。目前湖南各家报业的经营者，实际上属于"半身不遂"者居多，他们的"下半身"已经跨入了市场，之所以乐于去趟市场竞争这一浑水，是因为印报纸等同于印现钞，利润格外诱人；同时，他们也并不排斥将自己的"上半身"交给主管的上级党政部门，其好处是等于为自身买了免于破产，并能茁壮成长的最佳保险。

从某种意义上来说，新闻的竞争其实是权力资源的竞争。在湖南报业圈内，虽说各家报纸大都喜欢标榜自身是一份市民爱读的都市报，如此可以扩大销路，在市场上获取更多的利润；同时，这些报纸亦很想跻身于担负舆论导向的主流媒体，希望从中得到各级党政部门的呵护，在权力构筑的网络中获取更多的无形资源。以《潇湘晨报》为例，原本是一份市井气味浓郁的报纸，在最初一段时间，该报在省城的日子并不好过，在采访过程中甚至得不到各级政府最起码的协助配合，有时还受到封杀。如何突破这种封锁，缓和与省城各级政府组织的摩擦，曾一度成为《潇湘晨报》时政新闻部的大难题。该报采取的策略是放低身段，抓住机会就向当地党政部门输诚，积极承载起"喉舌"的义务。在 2002 年 4 月，该报探知长沙市委宣传部有意组织媒体对该市"三化"进程进行重点报道的内部消息，便捷足先登，从 5 月起，策划了16个版的《世纪星城·崛起中部》大型系列报道，其内容广泛涉及长沙政治、经济、历史、文化、科技、体育、教育、城建、环保、精神文明和市民生活等各方面的惊人变化以及未来的蓝图构想。由于这一特刊的推出得到了市委市政府的高度赞赏，以此为契机，在当地党政部门的加持下，《潇湘晨报》才得以走上"可持续发展"的康庄大道。

(3) 报纸定位不明，角色错乱。进入21世纪，湖南也和其他省份一样，即"都市报"的概念开始走俏，晨报、早报、快报随之应运而生，一句"贴近市民"的包装词，似乎足可以成为各家报纸包打天下的"灵丹妙药"。这种一窝蜂地上马办"都市报"的风潮，致使报纸"千人一面"、同质性问题严重。以《长沙晚报》的子报《东方新报》而言，定位为都市市民的社区报，其思路固然有一定的新意，但中国的都市社区文化未必像美国等发达国家那样成熟，所谓的社区报究竟与其他都市报有何本质上的区隔？经营者亦不甚了了，最终结局该报也不过是在一般都市报的版面上，多增加了些油盐柴米醋的服务信息，多增加了些家长里短的饭后谈资而已。该报创办至今，一直处于亏损状态。报业集团总编辑邬恩波对此深有感触地说：母报《长沙晚报》本身已经定位为准市民报，《东方新报》也是市民报，同一法人有两份争夺同一层面读者市场的报纸，结果必然是自己的左手与右手互相竞争，违背了媒介运作规律，致使《东方新报》在报纸的质上既无法超越母报，也很难与同质性的《三湘都市报》、《潇湘晨报》竞争。邬恩波总编，同时还担任着中国晚报协会副会长，他认为，从各地的报业发展来看，一般由党报的日报来办都市报类的子报，容易在市场上打下一片天地，这是因为两者很容易在定位上进行区隔；但由同属于晚报的机关报来办都市报性质的子报，就很难成功了，会遇到角色混乱的问题。我们的《东方新报》就是这样一个失误，无论母报如何输血，仍然无法使其起死回生①。

(4) 高度依赖广告生存，无法履行社会公器的职责。湖南的几家主要都市报，其广告收入大都在80%，甚至90%以上，广告的年增长率为15%～20%左右。报纸本身的发行并不盈利甚至发行得越多亏损越大，即纸张和印刷成本与售价倒挂，报纸赖以生存的基础完全依赖广告收入，而且广告收入的相当大的部分必须用来补贴发行亏损的状况。无疑，办报在中国仍属于一个暴利行业，在访谈中，经营者大都乐不可支地将报纸印刷机视为"印钞机"，并且想印多少就可以随心所欲地印多少，诚所谓是一个不必受中央银行管控的"特种行业"。以省城几家报纸而言，为

---

① 长沙晚报报业集团总编辑邬恩波2006年7月24日访谈记录。

了获取暴利，经营者大都见猎心喜，有时竞相毫无节制地扩版，最高时甚至达到100版的程度。坦率而言，低价倾销必将造成伪劣产品泛滥，要在这一“特种钞票”上，负载与社会期待的价值观和“社会正义”，毕竟不是一桩易事。报纸在其自身生存完全依赖广告的境况下，必然和企业这一广告金主之间发生越来越密切的利益输送关系，也就很难期待它们有效履行其作为社会公器，主持社会正义的职责。

党报改革与市场强势

——海南报业市场

葛　岩①

一、海南报业市场概况

海南省是个小省，无论从土地面积、人口数量或经济总量上看都是如此。2003年，海南国内生产总值268.30亿元，社会消费品零售总额191.64亿元，仅略高于西藏自治区，位居全国倒数第二位。如果以全省广告经营额当作表示媒体市场规模的指标，海南广告经营额为2.01亿元②，落后于位于第八位贵州省约2.5亿元，在泛珠江三角洲九省中叨陪末座。

不但市场规模小，海南报业市场的产业集中度也相对较高。自1950年以来持续出版的《海南日报》是当地一家独大的报纸。1998年建省时，其发行量为8万份，在2004年上升为17万份。同一时期，虽然该报纸零售价从0.1元增加到0.8元，发行量却始终保持上升。在海南"淘金"热潮尚未消退的1993年，《海南日报》曾有过广告收入1.3亿元的业绩③，在全省广告市场上一直占有半壁江山。考虑到广告收入与GDP显著相关性。与海南省的经济总量相比较，作为省委机关报却又能取得这样的广告收入，《海南日报》是令人瞩目的。而且，该报纸的发行市场份额占80%，号称每46个海南人便拥有一份《海南日报》，其中自费订阅率高达42.7%④。这些数字透露出海南应该是一个高度集中的报业市场。

---

① 葛岩，上海交通大学人文艺术研究院认知与决策研究中心主任，媒体与设计学院教授，深圳大学传媒与文化发展研究中心研究员。

② 宋建武等(2005).《中国媒介经济的发展规律与趋势》.北京：中国人民大学出版社，2005：88.

③ 吴长伟，文璐.于无声中谋变局　海南报业之历史回顾.http://media.people.com.cn/GB/40710/40715/3646804.html.2006-6-21访问.

④ 海南日报.创新赢市场(作者不详).http://www.qianhuaweb.com/20040729/ca168378.htm，2006-6-21访问.

不过，即便是小型市场，即便在“天涯海角”，海南报纸之间也有过一番激烈竞争。是什么力量在推动着海南报业的竞争？海南市场格局的变化路径、走向和其他省份的市场有什么样的一致性，又有什么样的差别？通过对这些问题的探讨，希望能够对这一地区市场有更多的理解，也希望能对于泛珠江三角洲地区市场的普遍性和各省市场的特殊性有更多的理解。

二、党报改革与海南报业市场格局的变化

1990 年代中后期，都市报在全国大部分省份纷纷面世，报业市场竞争愈演愈烈。相形之下，海南报业市场平稳不惊。1950 年代创刊，建省后成为省委机关报的《海南日报》继续在市场占有上处于领先地位。1988 年创刊的海口市委机关报纸《海口晚报》在全国晚报忙不迭地扩版增厚的风潮中安然保持着 4 个版面的旧面孔。这在泛珠江三角洲地区乃至全国都是并不常见的现象。

为什么海南报人会这样？

先看看海南第一大报《海南日报》。吴长伟和文璐相信，“由于(《海南日报》)是报业老大，在其他竞争者基本不构成威胁的情况下，并没有动作，而是通过加强报纸内容贴近性，担负了部分‘都市报’的功能。”[①]吴、文两位关于“担负了部分‘都市报’的功能”的看法可以得到佐证。《海南日报》身为省级党报，但它也像都市报纸一样改版增厚，搞“新闻策划”，并特意开辟了“民生”专栏，在其中包括“民生视点”、“民生热线”、“健康提醒”等一系列提供市民所需信息的实用性话题。在改版致辞中，该报称：“(报纸当)以平民视角关注百姓生存状态，服务百姓生活”[②]。与此同时，自 1997 年，《海南日报》开始在编采、人事、经营方面实行改革。1999 年还专门组团去广东，向那里的报纸学习，实行量化考核，强化激励机制。在编采、人事管理等方面一系列举措稳固了《海南日报》在市场上的领先地位。自 1998 年起，该报广

① 吴长伟，文璐．于无声中谋变局　海南报业之历史回顾．http://media.people.com.cn/GB/40710/40715/3646804.html．2006－6－21 访问．

② 伊秋雨．从新闻策划看海南各家报纸的实力竞争．http://club.hinews.cn/index.php? act=ST&f=66&t=32299&s=28ce5317dcc2fa3e9492ee4d17d69b20．2006－6－21 访问．笔眼．关注民生：党报专辟民生专版甚值推广．http://club.hinews.cn/main.php? act=ST&f=2&t=24465．2006－6－21 访问．

告经营额年平均增幅为10%[①]。

再看海南市场上的另一家党报《海口晚报》。按照吴长伟和文璐的看法，“财政全额拨款”是《海口晚报》安于现状的基本原因[②]。另一个可能的原因是《海口晚报》晚报的性质。虽然身为海口市委机关报，但晚报的性质使《海口晚报》或多或少地包含一些贴近市民生活的内容，进而拥有一定市场份额。《北京晚报》、《西安晚报》、《成都日报》都有过类似的双重身份，也都曾拥有过令人印象深刻的市场地位。

不过，上述平稳不惊的市场没有能永远地坚持下去。2001年，《海南日报》将子报《海外时报》改版为《南国都市报》，立其宗旨为“说市民话，办市民事，帮市民忙，进市民家”，效仿都市报纸经营的典型模式，独立经营核算，建立了发行队伍，主打零售市场，在缺乏竞争的海南市场迅速崛起。创办第二年，《南国都市报》发行量就超过15万份。换言之，假定在《海南日报》发行不减的情况下，《南国都市报》创造出和原来《海南日报》存量市场大体相当的新的增量市场。如果以1995年四川《华西都市报》创刊作为都市报在全国大规模出现的里程碑，以2001年《南国都市报》的出现为海南报业格局变化的开始，都市报从大陆腹地到“天涯海角”的行程有6年之遥。

是什么因素激励着《海南日报》投入都市报的潮流？

虽然，《海南日报》尚稳居海南报纸中居市场领先地位，在政府管理部门允许“事业单位，企业经营”的政策下，它难免没有追求更多利润和影响力的冲动。在全国报业的变化，特别是都市报在其他地区的成功的环境中，《海南日报》应该看到了进一步发展的机会。有理由认为，其他地区报业的变化应该是海南变化最为显见的激励因素。

同样有理由认为，广东报纸跨地区经营的影响是海南报业市场变化的第二个激励因素。1990年代末，广东的《羊城晚报》在海南市场占据大块的份额，一度发行量高达十几万份[③]，堪与当地第一大报《海南日报》抗衡。《羊城晚报》在海南异地发行的成功至少说明两个问题：其一，海南市场有着同类报纸的需求；其二，如果考虑到晚报、都市报需要具有鲜明的当地色彩，本地报纸具有天然优势等性质，

---

① 吴长伟，文璐. 于无声中谋变局　海南报业之历史回顾. http://media.people.com.cn/GB/40710/40715/3646804.html. 2006-6-21访问.

② 同上。

③ 同上。

《羊城晚报》在海南的成功更说明了海南本地同类报纸的市场缺位。在这种情况下,《海南日报》决定办都市报在情理之中。

这样的机会自然不会只向一家报纸招手。虽然不该假设历史,我们仍乐于相信,如果《海南日报》没有建立《南国都市报》,其他报纸也会有类似的举动。事实上,在 2001 年到 2002 年期间,若干家在市场上影响不大的报纸也纷纷改变面孔,向市民报、都市报方向靠拢。

《南国都市报》的直接对手是由海南省总商会主管《海南特区报》。该报在 2002 年 3 月由周三刊改版为日报,宗旨设为“全心全意为市民服务”,取都市类报纸定位,并将经营部分由公司负责,不采用广告代理,直接由报社广告部门从事广告业务。改版后,《海南特区报》立即许多都市报纸的竞争策略,采取价格竞争方式扩大发行。是时,海南市场上的《南国都市报》、《海南经济报》和《商旅报》零售价格均为每份 8 角,而《海南特区报》则每份率先降为 5 角。

《商旅报》是当时海南市场上另一家报纸。它由海南航空主办,从一开始的周报改版为周五报,主要发行地点为海航飞机,大量赠阅。曾号称发行量 9 万份,广告经营额 2 000 多万元。该报纸版式设计受到好评,大气、美观。其内容以都市新闻、休闲小资生活为主,读者定位为“白领和高收入人群”,与其他都市报在发行和内容上都有明显差别,似不构成直接竞争。

市场上另有一家创刊于 20 世纪 90 年代,由海南省社会科学联合会主办的《海南经济报》。该报有企业背景,投资方是四川省的一家铁路部门。从名称上看,《海南经济报》应该以经济报道为重点,但实际上其内容更像是综合性都市类报纸。该报一直想以尖锐的批评新闻占领市场,唯效果不彰。在 2002 年四川投资者撤资,该报开始负债经营。

值得提及的又一家报纸是《特区时报》。该报在海南建省时创办,市场份额有限,但因作风大胆受到读者关注。例如,该报经审批的报名为《特区时报》,但把报头上的报名印为《中国・特区时报》。包含“中国”字样的署名在中国媒体乃至商业界都是敏感问题,该报的行为透露出其行事风格。《特区时报》将主要发行市场定位在海口以外的县市,并大胆批评各县市的领导。据说,县市行政部门和该报时有摩擦,不断向有关部门状告“记者编辑‘吃拿卡要’”。2002 年初,该报依据读者举报和记者采访,以很大的篇幅报道海南不少市县将退伍老兵的荣军费和补偿金全部挪作他用,以及老兵的生活和医疗得不到保障的现状。该报道对数百名老兵在政府办公大楼前游行示威有激发作用,且导致了中央有关部门的过问。由于“多次违反中央和海南省的有关新闻宣传纪律”，2002 年夏，《特区时报》在海南市场消失①。

在回顾自 2001 年开始变化的海南报业市场时，一些批评者认为海口市委机关报《海口晚报》“一直执迷不悟”，“麻木不仁、不思进取”，“继续以海南报业党报中老二的身份一如既往地发旧闻和领导讲话”。据说，最终在海口市政府的干预下，《海口晚报》姗姗来迟地更换了报社领导层，开始了一系列改革。

2002 年，《海口晚报》社社长刘志力主张对该报做“导入现代报业管理机制”的改革，围绕着“党报性质，晚报特色，特区风采”的创刊宗旨，更新办报理念，将办报定位为“以本地新闻立报，更新、更快、更精彩”，强化晚报的“权威性、服务性、贴近性”。2003 年，海口市把《海口晚报》列为事业单位改革试点，当年 10 月，《海口晚报》召开改革动员大会，宣布开始全面改革，并大规模招聘人才，调整编采队伍和行政领导班子。从 12 月开始，《海口晚报》按照新模式运作，采编合一，部门制改为中心制，成立编辑中心、地方新闻中心，合并许多部门减少中间管理层次，实行全员聘用制。2003 年 1 月和 2004 年 1 月，《海口晚报》版面两次“瘦身”，成为 680 型窄报，扩版更换报头，每天 12 个版。在版面少于市场上其他综合性日报的情况下，在版内分上下版，以扩大信息量，并效仿《成都晚报》等晚报，“晚报早出”，改变发行时间，以争夺市场份额。2005 年 5 月，《海口晚报》再次进行了机构和人事调整，启动末位淘汰机制，进行分配制度、管理制度改革，将责权利下放给部门，希望以版面为中心，改进文风，增加与百姓相关的主流新闻。但刘志力承认，“作为老单位，《海口晚报》社很多管理制度还需要进一步改革，包括在体制、机制、所有制等多方面的改革。”②

综上所述，自 2001 年起，海南报业追随其他省份报业市场化的潮流，也展开了市场竞争。1978 年媒体管理模式带来的追逐利润的制度化可能性，全国报业的变化，《羊城晚报》异地发行成功透露出的海南市场对市民报纸的需求，和潜在市场进入者的威胁激活了海南报业市场的竞争。和全国其他地区类似，这种竞争主要体现在都市报纸领域。

不过，海南似乎从来没有形成其他地区那般旗鼓相当的两大甚至几大报纸激

---

① 海南报业.星星怎样才能点灯(作者不详). http://www.tianyablog.com/blogger/post_show.asp?blogid=180853&postid=4972637&idwriter=0&key=0. 2006-6-20 访问.

② 吴长伟，文璐.于无声中谋变局 海南报业之历史回顾. http://media.people.com.cn/GB/40710/40715/3646804.html. 2006-6-21 访问.

烈竞争的市场格局。如果把《海南日报》和《南国都市报》当作一个竞争单位去看，它们在市场上的优势从来没有根本动摇过。行政背景与《海南日报》同为党报的《海口晚报》，虽经几次变法，始终没有更好的市场表现。有志与《南国都市报》平分海南都市报市场的《海南特区报》也时时显出实力或势力不济的征兆。在竞争激烈的 2002 年底，《南国都市报》和《海南特区报》在同一天联合扩版。余秋雨评论："（两报）联袂登台"，"既暗中较劲，又握手同庆，共同出演了一幕令外行看不懂、令内行或喜或忧的报业大戏"。在余秋雨看来，"此次两报能够坐到一起，共商扩版大事，并且同台上演扩版大戏，还是让人看到了某些可喜的东西——这就是海南报业的竞争已经从之前的盲目恶性竞争，趋向理性的寻求竞合。"①细致些分析，报纸所谓"扩版"不外乎是想更好地满足读者需求，而满足读者需求意在扩大发行市场。两家有直接竞争关系的报纸通过"协商"来扩充版面，如假定其带来的市场收益是接近的，两家报纸的原有市场地位关系将保持不变，即《南国都市报》的领先地位保持不变。且不说这种"联袂登台"可能属于许多国家反垄断法律中禁止的共谋行为，它还说明，位居第二的《海南特区报》无力甚至无意挑战《海南日报》、《南国都市报》组合在海南市场上的地位。相对于广东、四川、福建、湖南等泛珠三角地区报业市场曾是后果难料的激烈竞争，海南市场的走向显得没有多少出人意料之处。

有迹象表明，海南报业市场，至少是存在竞争的都市报市场，已经出现了进一步发展的瓶颈。2003 年 4、5 月时，《南国都市报》发行曾突破 20 万份。但不断增长的发行量却导致以广告收入为利润主要来源的报纸出现严重亏损。母报《海南日报》因此"整合"了《南国都市报》的发行工作，对之实行限量控制发行，只保证占到其发行总量 80%的海口地区。在此之前的，《海南日报》还"整合"了《南国都市报》的广告经营②，显然，这些举动在透露出《海南日报》对其子报控制加强的同时，也透露出现存市场可能趋于饱和的状态。

三、分析与讨论

造成海南市场的上述特点的基本因素，不避大胆推测，可能有以下四点：

---

① 伊秋雨. 从南国、特区两报联合扩版看海南报业竞争的趋向. http://club.hinews.cn/index.php?act=ST&f=66&t=17981&s=6bf2f262de20dbbc308ec30e76cc16cb. 2006-6-21 访问.

② 吴长伟，文璐. 于无声中谋变局　海南报业之历史回顾. http://media.people.com.cn/GB/40710/40715/3646804.html. 2006-6-21 访问.

第一，市场规模小。

第二，有稳定、强大的市场在位者，《海南日报》。

第三，作为党报和市场领先者的《海南日报》有相对灵活的办报机制。

第四，行政部门一些独特的控制方式制约报业竞争。

以上四个因素是互为因果的。先看第一和第二之间的关系。对于强大的市场在位者，新进入者的成功需要至少满足两个条件的一个：① 有足够的资本投入以打破壁垒或跨越门槛；② 拥有出色的产品和创新的经营手段以迅速扩大市场份额。而在海南市场上，在缺少跨地区报业经营和业外资本很难进入的约束下，《海南日报》（以及《南国都市报》）是唯一可能有强大资本支持的报纸。其挑战者，如《海南特区报》，在改版都市报纸时所采用的也只是都市报纸常见的竞争手段，和直接竞争者《南国都市报》并无多少差别。本来规模不大的市场无法提供足够的增量来支持竞争者获得在位者的市场势力，"旗鼓相当"的竞争局面因此很难出现。

在这一图景中，《海口晚报》的角色是暧昧的。虽然从来也没有成为过市场上的领先者，但身为党报，它拥有在中国报业市场上十分重要的行政势力，且晚报的身份给其采取市场取向的一定空间。但如上所述，虽几经改革，《海口晚报》在海南报业市场上始终扮演二流乃至三流的角色。这显然与其缺少创新能力有关。而且，与传统上的《成都晚报》、《北京晚报》、《西安晚报》不同，晚报和党的机关报的双重身份在《海口晚报》这里没能成为最先走向市场的有利条件，反而成为其更灵活地办报的约束。

第三和第四点因素进一步强化了上述市场格局。和许多省份的党报相比较，虽然身为强势市场在位者，但恰恰是《海南日报》首先建立都市报，推动海南市场的变化。批评者认为，虽为党报，《海南日报》并不僵硬呆板。它重视报道民生。它讲求"贴近大众"，且效仿都市报纸，采用新闻策划、自办发行等手段来稳固其市场份额①，从而能始终保持其市场地位。据说，和许多省市的党报不同，由于经营成功，《海南日报》甚至在财政上支持其下属子报。《海南日报》的市场绩效转过头来又强化了其强势市场在位者的地位，换言之，强化了上述第二个因素。

前面提到的《特区时报》的消失反映了海南市场在新闻"把关"方面颇为严厉。如果说，《特区时报》案例或许有某种特殊性甚至偶然性，海南报纸中的公安部门报

---

① 笔眼．关注民生：党报专辟民生专版甚值推广．又见伊秋雨．从新闻策划看海南各家报纸的实力竞争．http://club.hinews.cn/index.php? act=ST&f=66&t=32299&s=28ce5317dcc2fa3e9492ee4d17d69b20．2006-6-21 访问．

道的"通稿"却透露出控制的普遍性。不经过省市有关厅局,海南公安部门不接待记者采访。遇到新闻事件发生,由公安部门发放由公安系统作者所写的"通稿"。"而报社记者得到稿件后常常是直接在通讯员名字的前面加上自己的名字。所以第二天一篇稿子会在多家媒体中同时出现,而且除了记者的名字以外一字不差。""如此一来,海南各家媒体的记者谁也不敢去得罪公安部门,因为他们怕到时候'通稿'都会没了造成漏稿,而别人家又会有。于是记者们在接到投诉公安部门的报料,不但不会去查,还会把这些投诉材料像礼物一样送给公安部门。因为在跑公安线的记者的眼里只有'通稿'才是他的衣食父母。"[①]这样的控制体系使市场的新进入者难以出奇制胜。而在各报纸内容大体一致的情况下,市场强势在位者的地位通常会更加稳定。上面提到的第二个因素又因此得到加强。加上第一个因素的约束,小规模市场使潜在新进入者的进入愿望降低,进入后成功的可能性降低。而缺少新进入者,竞争平缓的市场格局又为强势在位者保持其地位,为行政部门的强力控制提供了可能性。

2004 年 7 月,海南日报报业集团宣布成立。这家报业集团拥有《海南日报》和《南国都市报》、《海南侨报》、《证券导报》、《法制时报》、《教科导报》、《特区文摘报》等六家子报,拥有资产 3 亿元,年收入约 2 亿元[②]。不难想见,海南报业市场因垄断程度将因此进一步增高。在可见的未来,海南报业市场将有着更高的进入门槛,进而,更为稳定的市场格局。

据报道,一贯低调的《海南特区报》领导人对海南日报报业集团表示了"热烈的祝贺"[③]。这位领导人,有理由猜想,对于自己的报纸日后发展的空间该是心知肚明的。

---

① 海南报业.星星怎样才能点灯(作者不详).

② 海南报业集团于 7 月 6 日成立(作者不详). http://creative. wswire. com/htmlnews/2004/07/06/258659. htm. 2006-6-25 访问.

③ 同上。

区域报业的竞争力与辐射力

——福建报业市场

刘劲松[①]

北接著名的“长三角”，南联中国大陆最早富裕起来的“珠三角”，与宝岛台湾隔海相望，福建究竟是一个经济文化的洼地，还是一个“海峡西岸经济区”？这一直是困惑福建人的问题。

从福州经泉州到厦门，三点一线，经济的发展引人注目。但是，与“长三角”、“珠三角”相比，福建人口少，超百万人口的大城市只有省会福州，包括厦门、漳州、泉州在内的闽南三角洲地区，总人口仅 1 000 万出头。除福州、厦门外，其他地区的城市化水平并不高。这在一定程度上制约了福建报业的发展。

虽然没有广东报业市场竞争的硝烟弥漫，福建报业市场在近十年来仍然像全国绝大多数省份一样，经历了从传统报业模式迈向市场化的过程。回顾十年来福建报业的市场格局的变迁，可以清晰地看到目前福建报业市场格局的来龙去脉。

一、福建报业十年市场竞争格局变迁

1. 竞争序幕：都市报 VS 老牌晚报(1997－2000 年)

1997 年 10 月 1 日《海峡都市报》创刊。这是当时的福建省委机关报《福建日报》创办的一张报纸。与较早创办都市报的《四川日报》(办《华西都市报》)相比，整整晚了两年。而《海峡都市报》的创刊，也的确从多方面借鉴了《华西都市报》的经验，无论从新闻制作，到发行和广告经营，都全面地学习了后者的经验。这使得当时的《海峡都市报》虽然创刊时只有 4 开 8 版，创办费用也只有 250 万元，但是由于其都市报特有的敏锐的办报视角，立即为维持多年的福建报业市场带来了全新的

---

① 刘劲松，深圳大学传播学院新闻系教授。

气象。

1997 年底,福建省公开发行的新闻类报刊计有 43 家。其中,较有实力的是《福建日报》、《福州晚报》两家,分别属于省级和市级报纸。据《中国新闻年鉴》1998 卷中有关《1997 年福建省新闻事业概况》,1997 年《福建日报》的经济总收入比上年递增了 27.92%,利润增长了 57%;同年,市委机关报《福州晚报》广告收入比上年增长了 68%。两相比较,《福州晚报》扩大发行,广告收益居市场龙头地位。在这种情况下,《福建日报》创办了《海峡都市报》。

《海峡都市报》从一创刊就具有独立的法人地位,这在全国都市报里比较少见。《海峡都市报》创刊时为 4 开 8 版,采编人员 50 人,经营管理人员仅 8 人。当时的《福建晚报》为对开 8 版,采编人员 98 人,经营管理人员 58 人。1997 年《海峡都市报》创刊时,该报的广告收入已经达到 5 000 万元①,在当时为全国一流。作为老牌晚报,《福建晚报》的优势远远超出刚刚创办的《海峡都市报》。但是,作为都市报,《海峡都市报》的发展却开始对该报产生威胁。为了应对挑战,1998 年 5 月,《福州晚报》引进进口印刷设备,实现彩印;1998 年 9 月 1 日,出上、下午版;1998 年 10 月 1 日,《福州日报》创刊,《福州晚报》改版,明确了走市场化报纸的道路,脱掉了原有的机关报功能。

2. 群雄逐鹿:三报演义(2000-2006 年)

《海峡都市报》之后诞生的另一张都市报《东南快报》与市场上其他在位报纸最大的不同是其民营的身份。

2000 年 8 月 28 日,《东南快报》创办。主办单位:福建省贸促会。有民营资本介入。最早由《华西都市报》南下的几位新闻人办报。此后,原《海峡都市报》总编辑张锦贵到该报任高层。

《东南快报》作为由民营资本介入的报纸,它的创办使得福州报业市场形成了竞争的第三方。而这种竞争局面也与其他一些省份的竞争格局有着很大的相似之处。比如,以四川为例,成都报业前三名《成都商报》、《华西都市报》、《成都晚报》。《成都晚报》作为成都市委机关报,在《华西都市报》创办之前,曾经辉煌一时;《华西都市报》由于具有较新颖的办报理念,一跃成为报界老大;而作为有资本介入的报纸,《成都商报》却依靠体制的优势和资本的力量,最终成为市场的老大。这种竞争

---

① 1997 年福建省新闻事业概况.《中国新闻年鉴,1998 卷》,年鉴社.

格局在很多城市上演，但是到目前为止，福州报业市场上，在三方的较量中，《海峡都市报》仍占据绝对优势。

2001 年 1 月 13 日，《福州晚报》开始出早报。至此，福州早报市场上，三份报纸展开正面竞争。

3. 竞争升级：扩张较量(2001－2005 年)

从福州的报业竞争，扩大到泉州、厦门，并由此形成三点一线的格局，进而辐射全省，形成面辐射的格局。

福建报业竞争的最大特点是规模扩张。从福州到泉州、厦门，竞争的范围不断扩大。

其中最早产生扩张念头的是《海峡都市报》。2001 年，已经在福州站稳脚跟的《海峡都市报》把扩张作为自身发展的策略。据 2001 年中国人民大学舆论研究所做的调查报告，当时的《海峡都市报》已经成为福州报业市场的老大，占据 15.7%的市场份额；《福州晚报》占 12%；可见当时《海峡都市报》市场老大的地位并不稳固。该报选择了出击省内厦门和泉州等地，以扩大市场份额。特别是《闽南版》的创办，加剧了泉州地区的报业竞争。

几乎同时，2000 年 8 月，《泉州晚报》为了应对《海峡都市报》的扩张，创办了《东南早报》，使得各报在泉州地区的竞争十分激烈。

《福建日报》2000 年在厦门创办了《海峡导报》，《海峡都市报》同时让出厦门市场，主要瞄准泉州市场，办闽南版。《厦门日报》为了应对福建日报的扩张行为，也采取了扩张的措施，创办了《厦门晚报》和《厦门商报》。

在泉州，福建日报集团有三张报纸：《石狮日报》、《海峡都市报》闽南版、《晋江经济报》；而当地有三张报纸：《泉州日报》、《泉州晚报》、《东南早报》。竞争由此拉开帷幕。

《海峡都市报》闽南版的创办，开始于 1999－2000 年期间，当时该报派出一名编委到泉州建记者站，替换版面，做闽南版。但始终被其他报纸告状，说它不合法；2001 年，该报委托中国人民大学舆论研究所作出《2001 年福州、泉州两城市居民读报行为和读报意向调查的总体分析报告》，该报告认为，《海峡都市报》扩大市场规模份额的时机已成熟。

从福州居民对报纸的 16 项价值特色的评价和获取信息的倚重率来看，《海峡都市报》在福州人心中已成了最大的报纸角色期待，但与这种角色期待不相称的是

《海峡都市报》的当时的市场份额偏低。换句话来说，就是《海峡都市报》读者市场规模扩张的前提条件已相当成熟。

2004 年 6 月 30 日，《海峡都市报》在泉州拥有独立刊号，办了闽南版，成立海峡都市报闽南分社，成立了独立的编辑部、广告部、发行部。2006 年开始，广告、发行和编辑部都统一起来，独立运作，而原来是垂直管理，广告、发行和编辑部各不相干。

目前该报存在的问题还有广告争夺的问题。全省版主要在福州做，与地方版争夺。两者价位不同，广告效果也不一样。地方版因为经营空间有限，广告量目前不大。

闽南版发行以泉州为主，厦门、漳州也有发行。有地方新闻 16 个版，《海峡都市报》平均每周 304 版，《闽南版》平均每周出 280 版。其中地方版占 30%左右。主要以新闻加专刊的形式。《海峡都市报》派一名副总编和一名编委及少部分记者编辑到泉州，又在当地招了一些人。现在闽南版编辑部近 70 人，主要有新闻部、经济部、教育部和专刊部等；广告部有十几个人；发行部有 300 人，包括自办和邮发。

晋江在泉州的经济总量最高，想办当地自己的报纸，福建日报集团从与《泉州晚报》竞争的角度考虑，决定与当地合作办报。福建日报集团不出钱，派了《海峡都市报》一名副总编辑去办《晋江经济报》。

在厦门报业市场上，《海峡导报》、《东南早报》、《海峡都市报》等报纸的介入，想从原有当地报纸《厦门日报》、《厦门晚报》等分一杯羹。厦门报业市场的特征之一是福建省内（主要是来自泉州）的报纸《海峡都市报》闽南版、《东南早报》和《东南快报》对厦门市场有着一定的渗透。《海峡导报》在 2004 年所作的一项调查发现，与其他地区相比，厦门读者的地域意识强烈，对本地出版报纸的偏好达到了69.12%。本省出版的报纸和全国出版的报纸认同相差不多，分别为 27.06%和25.88%。因此，《厦门晚报》和《厦门日报》在发行量和读者每日阅读率上都居于领先地位。

2006 年底，厦门报业市场又有新的变化，《厦门商报》改版，福建日报报业集团旗下重要媒体《海峡导报》携手厦门金同成实业发展有限公司，合资组建厦门海峡导报发展有限公司，试行报业领域的文化体制改革。此举被称为“在福建新闻界，是敢于第一次吃螃蟹的勇者行为”①。

---

① 《海峡导报》与厦门企业携手　试行报业体制改革. 中新社，2006 - 12 - 31.

《厦门日报》创刊于1949年10月22日。《厦门日报》和《厦门晚报》两报有统一的广告部、发行部,捆绑发行。读者重叠率高(80%)。广告、发行均占市场绝对优势。

二、目前报业市场状况分析

1. 区域内竞争激烈——由"点对点"的竞争到"线对线"、"面对面"的竞争

据新生代市场监测机构有限公司在2006年所做的福州报业市场调查:74%的福州居民是《海峡都市报》的读者,其中,平均每期读者就有53.3万人,其中32.2万人为独占读者人群。这使我们看到了《海峡都市报》在福州报业市场中的领先优势;同时,读者主动阅读率、忠诚度持续稳定上升,也进一步体现《海峡都市报》影响力不断扩伸,成为福州主流媒体。

在福州,《海峡都市报》几乎没有像样的竞争对手。读者数据显示,《海峡都市报》每期报纸能够覆盖福州近六成居民(15～64岁),其每期报纸读者规模达到53.3万人,超过第二名的报纸2倍以上,这使得《海峡都市报》影响范围远远超出当地其他报纸,独享霸主地位。

一家独大,新秀挑战,老牌图谋东山再起,市场领跑者、追随者、挑战者分化到位,但仍各有优势、劣势,市场竞争格局仍存在变数。在福州,形成《海峡都市报》、《东南快报》、《福州晚报》之争。目前(2006年)福州市区的各报发行量:《东南快报》12万份;《福州晚报》7万～8万份;《海峡都市报》20多万份。

在福州,各报的座次重新排定,《福州晚报》经年初的扩版改革,但是疲态未减;竞争的焦点似乎已经集中在体制上。拥有灵活机制的《东南快报》上升势头迅猛。《海峡都市报》由于人员的疲态和体制的束缚,似乎难以找到急需发展的动力。这使得现阶段报业市场的竞争出现了微妙的变化。

《海峡都市报》于1997年10月1日创刊。创刊时为4开8版。2003年广告额过亿元,发行量40万份。与集团的关系:盈利80%上交集团;20%留归自己,《闽南版》就是该报用20%的利润去办的。广告从创刊到现在全都是代理制,广告部只是管理部门。创刊即自办发行,福州以外的地区有少量邮发。2005年成立海峡都市报读者服务公司。目前福州有500多人的队伍,敲门发行。目前福州市区有

20多万份，比《东南快报》发行量多一倍，总发行量40多万，日均40多版。

福建日报集团在厦门、泉州均有自己的印刷厂，为报业集团的扩张提供了基本保障。分析该报的劣势：创刊十年，人员进入疲劳期。缺乏创新的激情，体制的限制，内部管理跟不上。《海峡都市报》2003年广告额过亿元，发行量40万份。

《东南快报》于2000年8月28日创办。主办单位是福建省贸促会。有民营资本介入。目前主打福州和厦门，广告额在5 000万元至6 000万元之间。

2005年该报挑起"租报"大战，目的是为了迅速扩大发行量，向市场老大《海峡都市报》发起挑战，结果，《东南快报》发行量增加1万份，《海峡都市报》跟进，也搞了租报，但是一个月以后就撤出了，发行量增加5万份。

2003年3月，《东南快报》挖走《海峡都市报》发行部的十几位骨干；2004年元旦，扩版，日均36版，与《海峡都市报》持平；2004年5月，发行价格战；2005年开始加大厦门投入。

分析该报的不利因素：一是目前没有自己的印刷厂，在福州晚报印刷厂和一家民营印刷厂及福建日报印刷厂印报；二是资金紧张；三是2003年该报扩张，在福州以外扩张到厦门，分散了资金。当时，该报在福州的势头不错，版面有创意，"民生新闻"版办得红火一时，但坚持得不好，因其他报纸争相模仿，发行上采取低价竞争策略。但是由于扩张，分散了资金，结果在厦门并没有取得预期的市场效果。

而该报也具有明显的优势，表现在体制优势上，反应速度快，决策可以根据市场化的方式去做；对外经营灵活；广告上，行业特刊做得最好，房产特刊有特色，机制也灵活。

《福州晚报》2006年贷款3 000万元，提出"打造榕城第一厚报"，每周多出8个版。福州日报社的社长是从省报过去的，今年初改版、扩版，零售量上升，但是到年中，零售量有回落。该报原为大报，后改为瘦报，2006年1月1日，又改为4开小报。作为老牌晚报，该报的劣势体现在体制上和人员老化，内容设计陈旧上。

总体上说，目前福建报业市场格局不稳定。与四川比较，民营资本创办报纸的经营情况尚不理想。《中国新闻年鉴·传媒调查卷》2003卷（下）——《全国城市居民媒介接触与实用性为调查报告》（黄京华、张隽、谢俊、沙丽梅，IMI（创研）市场信息研究所）中显示，福州地区经常阅读的报纸排名顺序为（多选题，合计百分比超过100%）：《海峡都市报》（71.9%）、《福州晚报》（37.2%）、《东南快报》（24.5%）、《福州日报》、《经济快报》、《福建日报》。

2. 同质竞争，各报定位区别不大，新闻炒作手法相似

争做“厚报”。2006 年 8 月 24 日，福州。当日福州本地三份报纸的版数分别为：《海峡都市报》56 版；《东南快报》64 版；《福州晚报》56 版。

竞争手法相似。2006 年正值福州第一大报《海峡都市报》创刊九周年，《东南快报》创刊六周年，作为挑战者，《东南快报》当日在温泉公园举办创刊六周年读者节活动。

发行降价大战，还停留在原始竞争阶段。

《东南快报》VS《福州晚报》：2001 年，《海峡都市报》委托中国人民大学舆论研究所作出《2001 年福州、泉州两城市居民读报行为和读报意向调查的总体分析报告》，该报告认为，整个福州的报业阅读市场呈现为“人”字的雁群队形，“领头雁”是《海峡都市报》。目前《海峡都市报》在福州报业市场上各主要报纸的居民每日接触率、每日实际拥有的读者规模、在阅读市场上所占的份额上都占据第一，其次是同类报纸的《福州晚报》紧随其后，再后面依次有《福州日报》、《福建日报》等；另外有《每周文摘》、《福建广播电视报》等专门化报纸。但是，2006 年，竞争格局已经发生了重大变化：《东南快报》的发行量已经远远超过了《福州晚报》，达 26 万份，而后者只有 12.6 万份，只能屈居第三位。

《海峡都市报》VS《东南快报》：2001 年，中国人民大学舆论研究所做的《9 种主要日报在福州居民中的每周接触频次分布》调查中显示，《东南快报》仅位列第七位，居前五位的是本地的五张报纸：《海峡都市报》每日读者 50.6 万人、《福州晚报》每日读者数 38.6 万人、《每周文摘》每日读者 27.8 万人、《福建广播电视报》24.2 万人、《福州日报》22 万人（见下表）。

表 1 福州各主要报纸的每日居民接触规模

报纸名称	居民每日接触规模	报纸名称	居民每日接触规模
《海峡都市报》	50.6 万人	《参考消息》	18.3 万人
《福州晚报》	38.6 万人	《福建日报》	18.1 万人
《每周文摘》	27.8 万人	《文化生活报》	18.1 万人
《福建广播电视报》	24.2 万人	《福建经济快报》	13.7 万人
《福州日报》	22 万人	《体坛周报》	12.3 万人

续 表

报纸名称	居民每日接触规模	报纸名称	居民每日接触规模
证券类报纸	11万人	其他体育类报纸	7.1万人
《东南快报》	10.2万人	《中国计算机报》	5.3万人
《海峡周报》	10万人	《环球时报》	5.2万人
《人民日报》	8.5万人	《计算机世界》报	4.6万人
《海峡消费报》	8万人	《东南早报》	2.8万人
《南方周末》	7.9万人		

表2 福州各主要报纸市场份额

报纸名称	所占市场份额	报纸名称	所占市场份额
《海峡都市报》	15.7%	《东南快报》	3.2%
《福州晚报》	12%	《海峡周报》	3.1%
《每周文摘》	8.7%	《人民日报》	2.7%
《福建广播电视报》	7.5%	《海峡消费报》	2.5%
《福州日报》	6.9%	《南方周末》	2.5%
《参考消息》	5.7%	其他体育类报纸	2.2%
《福建日报》	5.6%	《中国计算机报》	1.6%
《文化生活报》	4.7%	《环球时报》	1.6%
《福建经济快报》	4.3%	《计算机世界》报	1.4%
《体坛周报》	3.8%	《东南早报》	0.8%
证券类报纸	3.4%	合 计	100%

据新生代市场监测机构有限公司在2006年做的福州报业市场调查,《海峡都市报》的读者规模是53.3万人,较第二名《东南快报》多出一倍,占据市场优势。

3. 报业竞争已经从单纯的纸媒竞争发展到网络竞争

目前,福建报业竞争已经从单纯的纸媒竞争发展到网络竞争。数字时代新一轮竞争拉开帷幕,从2005年起,各报纷纷触网,在福州,有海都资讯网和福州新闻网之争;在厦门,2006年,《海峡导报》创办台海网,《厦门日报》原有的海峡网改造升级,更名为厦门网,亦成竞争之势。此外,由《泉州晚报》社创办的泉州网也经过多次改版,成为区域性的综合新闻网站。这些网站均依托平面媒体的新闻资源,采取报网互动的形式，增强报纸的竞争力。

海都资讯网于2005年10月建站，成为《海峡都市报》网上互动平台网站。定位在市民生活服务类的地域性网站。“2006年10月海都资讯网再次改版，把内容归整为新闻点击、民情视点、都市前沿、休闲驿站4个资讯频道，更鲜明体现了网站的定位。在短短的两年中海都资讯网发展迅速，每日点击量达30万人次，并持续上升。”①

福州新闻网是福州市委市政府主办的新闻网站，试图成为区域内网上新闻中心。该网站依托福州日报社所属《福州日报》、《福州晚报》、《家园》杂志等系列报刊信息资源，每日独家整合发布上述纸质媒体全部新闻及有关资讯。

2006年，《海峡导报》创办台海网。台海网是福建日报报业集团主办的新闻门户网站，也是福建第一家以对台传播为特色的综合性新闻网站，突出对台传播特色，开设有新闻、互动、生活、商务四大版块20多个中文频道，有100多个栏目。新闻中心以“华人视野看台海”为编辑方针，追求“两岸资讯，第一时间”。台海网总部设在厦门，由海峡在线传媒（厦门）有限公司负责运营②。

厦门网（http://www.xmnn.cn/）是厦门市委主办、厦门市委宣传部主管、厦门日报社和厦门广电集团联合承办的新兴媒体，其前身是厦门日报社原有的海峡网。1999年10月下旬，厦门日报社投资100万元创办了厦门日报电子版。2001年元旦更名为“海峡网”，成为厦门市最大的新闻网站。2006年4月，厦门日报社进行网站的升级改造。2007年1月1日，海峡网正式更名为厦门网。

泉州网，由《泉州晚报》社创办。前身是《泉州晚报》的电子版。网站创建于1998年6月1日，是福建省乃至全国最早上网的地市报之一。2002年3月，泉州网第三次改版，网站改用现名“泉州网”。2005年7月1日，网站第六次改版完成，泉州网作为综合类新闻网站的色彩日益凸显③。

三、未来福建报业市场的发展趋势

在2006年全国晚报都市报竞争力评比中，《海峡都市报》名列20强榜单。令人看到福建报业在竞争中的崛起。但是，能否增强区域辐射力，将决定未来福建报

① 海都资讯网，http://www.hdzxw.com/aboutus.html.
② 台海网，http://www.taihainet.com/about.html.
③ 泉州网，http://www.qzwb.com/function/qzwgn_qzw.htm.

业的生存。

处于几大强势媒体辐射圈内，福建报业增强区域辐射力的关键是增强核心竞争力，福建报业的核心竞争力是区域文化。独有的闽南文化铸就了特定的报业竞争力。发挥文化特色、地域特色，才能树立个性，并具备延展性。

福建地域虽小，人口也不多，报业竞争却依然激烈，表现特点：报业扩张，由点到线正在向面发展；报业竞争格局尚不稳定，仍存在许多变数；报业竞争手段陈旧，利润下降。

区域经济发展辐射理论，考察经济发展水平和现代化程度相对较高的地区与经济发展水平和现代化程度相对较低的地区之间的信息流动和思想观念的传播。通常，经济发展水平和现代化程度相对较高地区成为辐射源。从辐射的方式上来看，又分为点辐射、线辐射和面辐射。在辐射过程中，资本必然向投资效率高的地区流动。而报业的发展伴随着现代化进程的脚步，也呈现出明显的辐射特征：从福建报业发展轨迹看，由中心城市开始的报业发展逐渐形成福州、泉州、厦门等三个辐射源，形成点辐射，继而三点一线，形成线辐射的形式，目前，已经开始向面辐射发展。由三个主要城市向周边市县发展，报业经营在闽南三角洲的面辐射趋势更加明显。

福建报业竞争的特点是，由在中心城市的竞争，到区域内多点竞争，以致形成更广阔区域内的竞争。从单个报社来说，企业发展的轨迹（发行范围）是由点辐射到线辐射，再到面辐射。经过区域内充分竞争，报业发展呈现出区域辐射的明显轨迹。

当然报业经济的发展具有特殊性，受到制度的限制。福建报业市场目前已经形成区域化的竞争态势；未来，由于它所处的特殊地理位置，在经过区域内的充分竞争之后，如果不能向外作进一步的辐射，则势必会受到区域外辐射源的影响。换句话说，作为处于“长三角”和“珠三角”之间的省份，福建报业如果不进一步强壮自身，则后一种假设出现的可能性更大——区域外资本将进入并改变现有的竞争格局。

报业市场管理制度与市场主体

——江西报业的困境与可选择的路径

李新立[①]

江西的影响总是超出其自身的实力。

在中国，江西是一个很特殊的省份。它具有太多的其他省区所没有的符号资源，这些符号资源对江西的影响恐怕远不是一句“正面”或“负面”那么简单的词语能够说得清楚的。但有一点是肯定的，这些符号增添了江西的神秘感。

红色的土地，红色的政权，加之红色的想象，还有后来的邓小平下放地，都会放大我们对江西的某一部分的想象。如果我们抹去各种符号的装饰，就会发现江西更为真实的一面。

在“9+2”的省区内江西的经济发展总体状况都位于中等偏下的水平，各种社会经济主要指标亦居于中下。[②] 在令人眩晕的红色故事背后，是江西相对落后的社会经济面貌。

江西的经济规模从根本上决定了它的报业的市场规模，但政治影响力却并不完全受制于此。

一、江西报业的一般性考察

1958年，《南昌晚报》创立，成为新中国第一批创办的晚报之一，1979年“文革”结束，《南昌晚报》在全国率先复刊。

1984年，江西日报社创办《信息日报》，该报以提供经济信息为主，并开始了媒体办报活动的尝试，成为一张有全国影响力的江西报纸。

1994年，江西日报社创办了8版4开小报《赣江大众报》，1997年4月1日，该

---

① 李新立，深圳大学传播学院广告系副教授。

② 有关数据可查阅泛珠三角出版合作信息网：http://www.pppt.com.cn。

报更名为《江南都市报》。

2000 年 7 月，江西省新闻出版局出资 3 000 万元打造《都市消费报》（周刊改为日刊）。2001 年，省经贸委旗下的《经济晚报》改为彩色印张。2002 年 8 月，江西报业与凤凰光学[①]和《成都日报》联手打造《江西商报》。

表 1　2004 年江西报业情况一览表[②]

名　称	报　型	版　数	拥有者	广告额(万元)	实际发行量(万份)
江西日报	党报		省委机关报	2 500	21
江西都市报	都市报	四开 32 - 40 版	江西日报社	11 635	40
信息日报	都市报	四开 32 版	江西日报社	3 029	16
南昌晚报	都市报		市委机关	2 500	30
经济晚报	都市报		省经贸委		
都市消费报	都市报		出版集团		30
江西商报	都市报		江西报业 凤凰光学 成都商报		
今日家庭报	周刊			271	30(1 周 4 期)， 其中 30 万份在省外
其他市级报纸	综合		各地市委 机关报		

江西本地的数家报纸大多数成立较晚，目前市场主体主要由《江南都市报》、《南昌晚报》、《江西商报》、《信息日报》、《都市消费报》构成。此外，其他报纸，如《南方周末》、《经济观察报》等一些国内著名报纸，亦占南昌一定的市场份额，特别是零售份额，但这些外来品牌的报纸在南昌受到限制[③]。

截至 2005 年，江西报业的市场格局进入了一个相对稳定的状态，所谓相对稳定，是指无新的报纸创立，也无报纸退出。各报发行量和广告额保持大致不变的结构比例。目前的这种相对稳定状态是经历了所谓的“报业大战”(2002 年)之后形成的。

---

① 江西报业与凤凰光学是江西省两家上市公司。

② 该表是作者根据有关统计年鉴和网络文章上的数据结合而成，可能有个别数据不太精确，但大致符合实际情况。

③ 主要受到异地办报政策层面的限制。

目前江西报业的市场格局十分清晰：一社独大，即江西日报社统领江西报业；一报独大，即《江南都市报》独占市场鳌头，其他报纸跟随其后。广告额说明了一切。2005 年，整个江西省报业的广告收入大约 3 亿多元人民币，其中《江南都市报》占了一半，达 1.5 亿多元，其他报纸占据剩下的一半。而 11 个地市级报纸基本没有启动，所占份额几乎可忽略不计。所以，仅从广告额收入的角度来看，江西报业市场显现出“单一寡头加几个跟随者”的市场结构。

倘若换一个角度，从所有权的归属，或更准确地说是报纸的主管部门这一角度来看，江西报业市场则更偏向垄断一边，以江西日报社为龙头老大，其他报社紧随其后，但江西日报社的垄断地位显而易见。

江西日报社（或称江西报业集团）下辖五报二刊一网，五大子报包括《江西日报》、《江南都市报》、《信息日报》、《今日家庭》（周报）、《江西法制报》（独立法人），五大子报中，又以《江南都市报》为龙头，整个报业集团的广告收入占全省的 2/3 强，一头独大的市场格局难以动摇。

二、江西报业的市场竞争行为描述

在江西报业市场上，所谓市场化运作的报业有六家。在市区人口不足 150 万人的南昌市里，报业之间的竞争很具戏剧性，一些记者对所谓报业大战的描述也颇有武侠小说的味道。

真正的市场竞争始于 1997 年。此年，《赣江大众报》正式更名为《江南都市报》，报社增添了一批新人，模仿《华西都市报》的办报方法，特别是“敲门发行”的模式，几乎一夜之间使南昌市民耳目一新。当时南昌报业的龙头是《南昌晚报》，但《江南都市报》几乎一夜之间成为南昌市场上第一大平面媒体，发行量和广告收入跃居第一。

时间到了 2000 年，《江南都市报》的轻易成功诱发了好几家有实力的组织的觊觎。7 月 15 日，江西省新闻出版局出资 3 000 万元创建《都市消费报》，其经营策略极具攻击性。24 个版的周五报全年订价仅为 72 元，自办发行，版面内容以突发新闻事件为主打，迅速赢得了读者和市场，市场地位跃为南昌第二。2001 年《经济晚报》以全彩印张，异型版面重回江西报业市场。2002 年 8 月，《江西商报》强势切入，江西报业的平静局面被彻底打破。

《江西商报》正式出版的第 4 天，其经营策略随之发生重大变动，《商报》宣布：

订一份报纸赠送128元大礼包，礼包里面有白酒、饮料、山茶油等，《南昌晚报》随之跟进，订户可获得“《十万个为什么》、5升花生油、20斤大米、分类广告等”。一时间，南昌街头出现了提着赠品满街走的奇异景观。在此情况下，《经济晚报》、《消费报》也不得不随即跟进。

那么，作为新主的《江南都市报》在做什么呢？经过短时间的精心策划，10月14日，《江南都市报》在其报纸中夹送了一张引人注目的广告，广告语是：送米送油不如送现金。承诺订一份2003年的《江西都市报》可获得某大型连锁商场的100元赠券、外加一份《今日家庭报》、50字分类广告、台历、空调彩电大抽奖。两天之后，《南昌晚报》开始送现金，而且不搞赠券，直截了当，44元即可订一份2003年的晚报，相当于白送。

10月18日，江西报业主管单位，江西省新闻出版局突然干预，要求各报停止所谓各种不正当的竞价征订工作，竞价发行工作遂转入地下进行。10月29日，《消费报》推出订一份报纸赠送140元某大型超市购物券的征订活动，价格竞争达到顶峰①。

时间进入2003年，前所未有的价格竞争使各报业成本剧增，利润锐减。竞争还导致了南昌报业市场格局的重新排列，《江西商报》退败，《经济晚报》、《都市消费报》败而未退，《南昌晚报》、《信息日报》勉强维持，只有《江南都市报》变得更加强壮，占据江西报业广告市场1/2以上的份额，排名进入中国报业50强，成为江西唯一一家进入中国报业100强的平面媒体。

三、现象背后的问题

部分报业的研究者应用一些具有充满激情的词汇描述中国报业市场的某些现象，如“价格大战”、“恶性竞争”等，这些概念性词汇既有某种程度的震撼力，但同时也可能掩盖对报业市场问题深层次思考。

江西报业目前的状况在全国具有一定的典型性，我和我的同事林晓光教授曾经对湖南、广西、云南的报业做过访谈调研，各省区的情况大致差不多，有少许的市场结构的差异，但本质及表现出的大部分现象几乎是一样的，所遇到的问题也大同小异。

---

① 资料主要来源于《中国经营报》记者姜拾荣的采访报道和项目所作的访问调查。

经过筛选、归类，本文就江西报业演化过程中出现的问题做了一个全面总结，这些问题也是目前江西报业所遇到的问题。

为什么都市类的报纸都把发行量放在第一位，对发行量的追求成为都市类报纸的第一选择？

管理部门（对江西省而言，即新闻出版局）的干预是否合理？是否应该干预所谓的“价格大战”，干预是否能够达到期望目的？为什么如此激烈的价格竞争淘汰掉的并不是“体质”弱的报纸，而是财务状况相对较好的《江西商报》，原因到底何在？

《江西都市报》通过价格战获得了稳定的市场势力，并一跃成为江西第一大报，特别是它在广告收入方面的强势地位，这一结果到底说明了什么？

江西报业市场目前的状况是属于压力之下暂时“休战”还是一种市场稳态，是否孕育着新一轮的“价格大战”？

我们应该构建怎样的报业市场管理制度？

以上五个问题并不能涵盖江西报业的所有问题，但本文希望通过对上述五个问题回答，为江西报业找到一条良性发展的路径。

四、分　　析

（1）在我们对江西各大报纸管理者的访谈过程，发现这些管理者频繁提起的一个词就是发行量，各大报纸对发行量的追求已经到了痴迷的程度，在报纸的管理者来看，发行量是广告额的另一种表述形式，对发行量的追求就是对广告利润的追求。

我们知道，广告主能否达到目标，取决于报纸广告的实际影响力，而报纸的实际影响力取决于报纸的发行量、报纸读者与广告目标受众的相关性及报纸的公信度。发行量仅仅是一个因素，而后两个因素尤为重要，《参考消息》在我国可谓发行量最大，而它的广告价值却很低。很多发行量远不及它的报纸广告价值却比它高出许多。那么，为什么管理者眼里只有“发行量”呢？

让人最容易想到的原因就是报纸管理者和广告主的“无知”，他们不明白报纸的广告价值到底为何物？实际情况不是这样的，我们不排除个别或少数广告主和管理者观念上存在某些误区或知识量不足，但多数管理者（包含广告主）有足够智慧和知识量，他们一般都受过良好的专业教育，对市场非常了解，对行业的实际情况亦清楚。如果报纸以广告收入最大化为目标，在其他条件允许的情况下，报纸的管理者没有理由不寻求各种提高广告收入的方法。扩大发行量只是其中最容易想到的方法。

按照市场细分的观点，确定与广告目标受众高度相关的读者群则不失为一种避开竞争的有效方法。如《北京青年报》的经营战略。但在江西，我们发现众多的报纸挤在一起打成一团，没有对市场进行有效细化和独特的市场定位，大家不约而同选择了价格作为唯一的竞争手段，原因何在？

如果我们把报纸作为一种商品，这种商品是很特殊的，在消费的众多购买决策因子中，价格其实是一个相对次要的因子。收入差别较大的人群极有可能阅读同样的报纸，如果他们的学养相当的话。职业亦是一个很重要的考虑因素，“大报”的读者群的职业是很明确的[①]，而且是忠诚度较高，广告价值亦大。然而，客观情况是，大家都挤在“市民”这个界限模糊的市场上，一条庸俗的路径上挤满了“市井小报”(通称都市报类)，“精英”报纸渺无踪迹。

这是一个社会问题，有限的有效需求规模对市场分化是一种限制，类似规模与分工的关系。江西在中国是一个农业大省，城市化程度不够，加上中国特有的社会政治环境，无论按照哪一标准，江西都不是一个“阶层”社会，换言之，相对沿海经济发达的省市，江西没有显著的社会分层。在此情况下，报纸这种特殊商品很难做到市场的区隔化。此外，还有一个重要的因素也阻碍市场的细分，那就是政策的限制，报禁未开，有一些领域不能涉足，报纸必然走向大综市场，于是，对发行量的追求就成为各报社不二的选择。

(2) 政府对市场干预问题在主流经济学家看来是一个业已解决的问题。政府被定格于“公共产品”的提供者，市场能够解决的，政府的任何干预都是对效率的损失。然而，实际情况是复杂的。首先，报纸的产品属性本身是复杂的，具有双重性。一方面，它是党的喉舌；另一方面，它也是一种商品。作为喉舌的报纸，它具有公共产品的性质，作为商品的报纸，它具有私人品的性质，即使从效率的角度，报纸的这种双重属性使得我们对政府(或党)的干预行为不能简单地作出判断。在缺少数据支撑的条件下，我们只能从发生的结果作谨慎推论。

经济学理论证明，公共产品由政府提供是有效率的。这似乎给报纸的公有制提供了理论上的支持。在市场失灵的情况下，政府适当的干预以纠正市场的混乱，

---

① 所谓“大报”在这里指的是自愿订阅的有政治影响力的报纸。

也是各国政府或多或少采用的方法，只是干预的程度不同而已。当今世界，发达国家的政府对报纸的内容与经营一般不干预，基本上采取放任自由的政策。权威主义国家一般只对报纸的内容进行管制，对报纸的定价一般也不作干预。政府直接干预报纸的市场定价做法是极其罕见的，且效果十分有限。

从江西的实际情况来看，效果很不明显。在省新闻出版局发文之后，"价格战"表面平息，但实际上转为地下进行。隐性"价格战"仍然在进行，干预的目的并没有达到，但没有预想到的效果出现了：《江西商报》退出市场，并且是唯一的一家退市报纸。

《江西商报》原属省供销系统所有，后来由江西报业、凤凰光学两家上市公司及《成都商报》接手。该报成立以来就实行市场化运作，强大的营销能力，企业化运作方式使得《江西商报》在南昌报业市场上逐渐被市民认可，发行量快速上升，并以其特色服务，稳定了一批特定用户群，由于有上市公司的强势介入，《江西商报》资本实力相对雄厚，加上《成都商报》的人才优势，使得《江西商报》很快蹿升，但就是这样一份市场化程度高的报纸，在此次"价格战"中成为唯一被淘汰出局的报纸。

《江西商报》在江西报业中无论从哪方面衡量都不是最弱的，但市场没有淘汰弱者，而是相对的强者。

自由市场框架内，价格竞争是一种常态，竞争力弱的企业被迫推出市场，市场得以出清。所谓"恶性"竞争只是反映了价格竞争的激烈程度，但"恶性"这一明显带有强烈价值判断的词很容易给人误导。报业的产业化带来价格竞争，这既符合管理部门改革的意图之一，也证明了报业的改革取得了阶段性的成果。稍有一点"价格战"的味道，就冠以"恶性"是缺乏市场经济常识的表现，这反映出报业在计划经济条件浸淫的太久。

《江西商报》的退出既然是市场竞争的结果，就应该没有什么值得疑问得了，然而，事情并非这样。从表面看来，《江西商报》的出局是一个经营方面的问题，从本质看来，是一个报业产权改革的问题。

由于我国的报业改革实行的是一条渐近式的改革道路，改革的措施不可能一步到位，先易后难，所以，在此过程中出现上下脱节的问题也就不足为奇了。报业要实行市场化改革，产权改革就是不可回避的。目前，每家报纸背后都有一个力量强大的主管单位，强力部门的存在使得报纸的所谓"法人代表"实际上并不存在，也就是说，报社并不是完整意义的市场主体，有形之手随时可以接管操盘。这样，报社实际上处于"有形之手"与"无形之手"之间，经营管理者需要很强的平衡能力应付两方面的张力。

这种特定时代的中国特色的产权结构使得报纸的管理既有竞争的冲动，更有不怕“牺牲”的冒险精神和行为，即使发生严重的亏损，背后还有强大的主管部门的支持。用一句俗语来讲，就是“好赖打不死”(至少短期来看是如此)。而《江西商报》就不同了，它由三家法人组成，经营上基本脱离了“母体”，在激烈的市场竞争之下(但常常是不平等竞争)，退出市场是其唯一选择。

不平等的税收政策也起到了一定的作用，加剧了不公平竞争的程度。

(3)《江南都市报》获得的市场势力在全国是有典型性的，差不多每个省都有一家独占鳌头的都市类报纸(也许湖南是个例外)，这种带有普遍性的现象是中国报业经营环境的写照。

不可否认，《江南都市报》的垄断地位与其管理者的经营有术密切相关，但我们也不能忽视其他方面的因素。由于我国报业的市场化改革是在原有基础上的改革，在改革之后，各家报纸具有严格的等级，这种等级在改革之初就是不平等的，原有的等级制度也顺势带入市场，导致各家报纸一开始就处于一种不平等竞争的状态。

不平等竞争的突出表现在于画地为牢，不同级别的报纸只能在指定的区域内自主发行。如果一份市级报纸即使办得再好，也只能在本市市场内自办发行，政策限制了市级报纸的市场拓展空间和报社的壮大。此外，税收和金融的差别化政策也是其中的原因之一。从全国范围来看，为什么总是省级都市类报纸在省内独占鳌头，与其说是经营有术，倒不如说是政策使然。

(4) 报业市场的暂时平静是否意味着“价格战”的结束，这取决于市场主体是否有降价的冲动及能够降价的客观条件。

报纸产品的商品性决定了报社主观上具有获得更大市场势力的动机，这种动机是否能形成降低行为还取决于其他一些因素。首先，降价是否有助于它获得短期利润或长期市场势力；其次，自身是否有一定的实力承受降价所带来的利润的损失以及对于同样的行为所带来的市场冲击；再者，是否能够承受由降价行为所引发的主管部门对报社或报纸管理层个人的惩处。在这里，我们假使报社的管理者为“理性人”，实际上，管理者发动价格竞争未必是完全信息条件下作出的决策。

作为常识，我们都明白报纸的收入主要来源有两方面：发行收入和广告收入，当报纸的管理者认为降低发行价格能够增加广告收入从而增加总收入时，他选择降价就不失为一种明智的决策，至于对手的反应就是决策之后的事了。

在经营者的角度，我们可进一步分析两种不同情形的市场行为：

假如一家报纸处于市场领先者的地位，如果这种地位从一开始就是由它的“出身”所赋予的，那么，它挑起价格战则只会降低其利润，并不能带来其他方面的利益，对市场领先者而言，发动价格战是得不偿失的，事实上，各省的价格战确实不是由“龙头老大”挑起。

假如一家报纸处于市场挑战者的地位，或自认为是市场挑战者，行业内高额的利润、市场领先者的管理弊端，预期的发行量扩大所带来的广告收益等，这些诱因必然促使其发动价格攻势。事实上，各省的报业“价格战”也多由挑战者发起。江西如此，云南、湖南也是如此，只是价格战的结局并不是挑战者可预见的。由于中国报业市场化处于起步阶段，市场管理制度供给严重不足，“价格战”必然导致管理部门的行政干预，但行政干预的结果也只是扬汤止沸，并没有做到釜底抽薪。事实上，变相的价格行为各报纸仍然在悄悄地进行，而行业利润相对于其他市场化程度高地行业而言仍然偏高①。

五、综　　合

前面的分析回答了本文提出的前四个问题，从分析的过程和结论中，我们有理由相信，目前江西报业市场是一个不规范的市场，其深层次的问题不是市场本身能够解决的。

对跨地区经营的限制政策和报纸管制使得壮大起来的报纸的能量无地释放，迫使它们在一个有限的市场范围内拼命追求发行量，以期获得最大的广告收益；报纸的产权问题导致不能形成有效率的要素市场，价格竞争的结果使产权相对明确的报纸退出市场，市场出现逆淘汰现象，政府管理对价格的干预只是取得了表面平静的效果，价格机制仍然在顽强地发挥作用，政府不应该也无力替代价格机制的效能。新的一轮“价格大战”随时有可能爆发。

这一切都表明了江西报业不彻底的市场化改革存在不可调和的矛盾，只有构建新的报业市场管理制度才能规范市场秩序，从而从根本上走出目前的困境。

报业市场管理制度构建的一个总体目标就是要消除市场障碍，提升报业市场

---

① 根据作者的访问调查，报纸的利润仍然维持在高位。如，《江南都市报》的广告利润经过前期的“价格战”之后，由 80%降为 40%，远远高于众多的行业利润，实有太大的降价空间。

的运营效率，让价格机制最大限度地发挥作用。由于报纸产品特殊的双重性，党管报业是必须坚守的方向，因此，报业的改革是要找到一条在喉舌与市场之间取得均衡的路径。

报纸产品的双重属性和报业改革的两重目的性，决定了完全市场化和完全管制都是行不通的。一条可探索的路径是改变目前的双重管制制度，变双重管制为单一管制。党的宣传部门对报纸实行内容管制，报社的经营则交给市场，由市场来决定报纸的命运。

党的宣传部门对报纸内容的管制可实行分级管理制度，借鉴电影的管理方法。党的宣传部门可对常规的报道内容实行标准化的管理，制定报纸报道的条条框框、底线等，对非常规的报道内容实行不定期的指导，并建立事后追查制度。这是一个重大课题，非本文能够阐释清楚，在此不作论述。

假如能够做到报纸内容管制，则可在报纸的经营管理方面作出重大突破的改革：完全放开报纸的经营管理权，让市场来作出取舍。首先，各报社与原单位完全脱钩，成立真正的市场主体，允许国内不同属性的资本进入报业，打破进入壁垒。为稳健起见，第一步可允许国有资本进入报业，待时机成熟再让民营资本进入，但禁止外国资本进入。报业资本法人化的结果，报纸的等级制就自然而然被打破。其次，允许各报社跨地区经营，充分发挥市场竞争的作用，利用市场机制打破画地为牢，块块分割，淘汰经营不善者，否则，逆淘汰现象还会一再重演。再者，建立报业的国内资本市场，打破报社行政垄断，为广告业的健康发展创造条件。

六、总　　结

江西报业是全国报业的一个缩影，报纸的市场化改革为江西报业的整体发展注入了强大的生命力，促使报业发展水平快速提高。同时，市场化也给江西报业长期发展造成了困扰，并对现存的报业管理制度提出了新的挑战。

报业管理部门对报业市场的干预除了造成社会福利的损失外，没有解决根本问题，掩盖了矛盾，并为新的市场失序造成了条件。解决问题的根本途径是管理权力的分离，实行党对报纸内容的控制，同时让报纸真正成为市场主体，让市场来决定报社的命运。

市场格局与创新悖论

——四川报业市场

葛　岩[1]

一、四川报业市场的概况

即便重庆出走了，四川仍然是中国的大省。

虽然地处西部，四川的国内生产总值在“9＋2”地区的九个省份中位居第二。如果把广告经营额当作衡量媒体市场规模的基本指标的话，2003年，四川省广告经营额达28.28亿元，虽远远落后于高达165.89亿元的广东省，但也以1.37亿元的优势超过福建省，为泛珠江三角洲九省中的第二大媒体市场。如果以广告经营额占社会消费品零售总额的比例来衡量消费中媒体消费的比重，四川（1.36％）在广东（2.97％）、福建（1.56％）和云南（1.46％）之后，居第四位[2]。

和全国大部分地区一样，四川报业市场分布是以省会城市为中心的。自1997年起，省会成都年广告量一直保持在10亿元以上，在2000年超过15亿元。广告经营单位达1 178家，从业人员1.2万人。这无疑使成都传媒业有了发展的基础。按照宋建武等人以城市广告经营额在全省广告经营额中所占比例所做的城市广告集中度分析，在全国主要城市的四级聚类分析中，成都在和乌鲁木齐、西宁、西安和武汉等城市一起位居第二类，聚类中心值为57.57％[3]。换言之，包括报业在内的四川媒体市场上，占据了成都就占据了四川市场的半壁江山。值得注意的是，这种情况近期出现一些变化的迹象。2004年，成都以外市州的报纸广告发行总收入2.89亿元，比2003年增长30％，超过同期四川报业广告收入的平均增长幅度。其

---

① 葛岩，上海交通大学人文艺术研究院认知与决策研究中心主任，媒体与设计学院教授，深圳大学传媒与文化发展研究中心研究员。

② 宋建武等(2005)，《中国媒介经济的发展规律与趋势》。中国人民大学出版社：84－90。

③ 同上：64。

中,《南充晚报》、《绵阳晚报》等省会外报纸被认为是异军突起,年广告收入分别超过千万元。这些变化或许透露出二线城市在四川报业市场上逐渐增长的重要性。

在这种宏观经济背景之下,四川报业市场表现活跃。其中最引人注意的是《华西都市报》和《成都商报》。1995年出现的《华西都市报》,因其迅速在成都市场上取代曾为发行量第一,广告量第一,影响力第一的《成都晚报》,也因其最早明确"都市报"定位并相应采取一系列编辑和发行措施,被称为"都市报群体中的领头雁"①。《成都商报》不但以其市场份额迅速赶超《华西都市报》的经营业绩骄人,更因为率先开展资本运营、避开政策壁垒,通过子公司控股上市公司而让全国报业瞩目。

1994报业管理模式(集团化实施)之后②,《四川日报》报业集团、《成都日报》报业集团和四川党建期刊集团在2000年至2002年期间相继成立,在四川市场上形成三大寡头控制的报刊市场格局。其中,《四川日报》报业集团拥有12报2刊1网站;《成都日报》报业集团拥有8家报刊社;2005年10月重新整合后的四川党建期刊集团扩张为15家期刊、4张报纸。截至2005年,在市场上公开发行四川报纸多达96种,总发行量15.45亿份,出版规模在全国各省份中高居第五。

在后1994之后模式(编辑与经营分离)下③,四川各报业集团开始加大报社编辑与经营分离的力度,获得经济效益。2005年,四川报刊业广告收入16.47亿元,较2004年增长12.44%;发行收入4.88亿元,增幅14.82%。2005年报业利润2.08亿元,上缴税收2.3亿元。全省平均期发量超过20万份的报纸8种,广告收入超过5 000万元的报纸3种,发行收入超过1 000万元的报纸9种,利税总额超过500万元的报纸6种。

通过回顾和讨论十年来四川——主要是成都——报业市场的变化,本文试图描述推动市场格局变化的主要力量,主要在位者的角色和相互间的关系,以及目前市场格局中存在的内部和外部的问题。

二、旧有市场格局是怎样被打破的

1980年代,成都和四川报纸市场相当平静。当时成都市场上仅有四份当地报

① 阮志孝.报业市场变化及川报的崛起. http://academic.mediachina.net/academic_zjlt_lw view.jsp?id=4340&people=47.2006-6-14访问.

② 对报业管理模式的划分,见本书葛岩、卢嘉杰、吴予敏,制度变迁视野里的报业市场格局。

③ 同上。

纸。其中，以自1956年创刊，虽身为成都市委机关报但却能关注市民生活新闻的《成都晚报》较为读者欢迎。在这样一个缺乏竞争的市场上，省委机关报《四川日报》或许还大体满意自己的地位。虽然从1980年代中后期以来，《成都晚报》在发行，广告方面均居市场第一[①]，四川日报社的收入也相对丰厚，尚能够与《解放日报》、《南方日报》、《新华日报》一起被称为"中国省报四强"。不过，在1993年，《四川日报》和《成都晚报》在市场表现上的差别变得难以忽视。是年，《成都晚报》广告收入达到了6 000多万元，为《四川日报》的一倍。面对这样的压力，《四川日报》在1994年决定停办子报《棋牌报》，跟进全国以面向市民读者的晚报类报纸盛行的风潮。通过对多家晚报的调查研究，集合多家之长，《四川日报》确定了新建子报的市场定位，在1995年1月利用《棋牌报》刊号推出新报。这便是在中国报业市场上最先挥舞起"都市报"的旗帜，被称为"(拥有)原创都市报的操作模式"的《华西都市报》[②]。

虽然在市民取向的报纸中，《华西都市报》并非是开创者，但它获得了无可争辩的成功。该报第一年发行达10万份，次年达到24万份。第三年原计划为35万份，但至7月下旬已达到40万份，年底更突破50万份。在发行成功的基础上，该报广告收入第一年达到1 000万元，次年达到2 000万元，第三年达到9 000万元。创办9月后便还清借支的210万元，第一年就盈利了60万元，第二年盈利950万元，第三年盈利1 800万元[③]。2000年广告收入高达1.8亿元。

《华西都市报》成功的道理在哪里?

按照赵曙光的分析，在考察了《广州日报》、《扬子晚报》、《北京青年报》、《南方周末》、《北京晚报》等报后，负责筹办《华西都市报》的席文举决定以流行的晚报作为参考。当时的晚报可分为三类。第一、第二类分别是以《新民晚报》、《羊城晚报》为代表的传统晚报，和以《成都晚报》、《西安晚报》为代表的机关报类晚报。它们多是党委的机关报，可指望主管部门动用行政力量征订。但身为晚报，它们也比典型

---

① "90年代前期，《成都晚报》以其兼具机关报与市民报的特色赢得了读者和广告主的青睐，在成都大小数十家报纸中独占鳌头，拥有20万份～30万份的发行量，经济收益相当丰厚，其鼎盛时期的广告年收入曾创下1.5亿元的记录。"见董天策、黄顺铭、谭舒，成都报业趋同化的实证分析，《西南民族学院学报(哲学社会科学版)》，2001年4期。http://academic.mediachina.net/academic_xsqk_view.jsp?id=2579。2006-6-19访问。

② 赵曙光.谁动了《华西都市报》的奶酪? http://www.people.com.cn/GB/14677/14764/22251/1916452.html.2006-6-16访问.

③ 同上。

党报靠近市民生活，偏重社会新闻，在内容方面折中于政策宣传与市民信息服务之间。第三类以新见于市场上的《扬子晚报》等为代表。这类晚报是1978模式（事业单位、企业经营）之后的报业改革的产物，有明确的市场取向，将内容定位于同市民衣食住行等日常生活密切相关的、实用性强的各类新闻和信息。在席文举眼里，第三类晚报更适合当时四川报业市场的需要。他主张改变单纯的宣传取向，强调报纸的服务性、实用性，全面反映市民生活，尽量满足市民对各种信息需求。

在这种定位下，综合多个报纸的特点的《华西都市报》于1995年1月出现在成都市场。赵曙光相信，这份新报拥有"原创都市报的操作模式"。赵为这一模式概括出"三个核心要素"：一、突出实用性。如在八个版面中辟出了"生活服务版"。扩版后更将"实用"、"服务"灌注到其他版面中，为市民服务到位。之后的几次扩版，也主要是增加新闻版面和实用性信息。现在这类版面每天同时或交替出现，多达4～8个，为报纸总量的1/4至1/2。二、提供大容量的信息，实现创刊时提出的全方位（政治、经济、文化、体育、科技和教育）引导社会新潮流。《华西都市报》的持续扩版，目的是为了给加大信息量提供版面保证。三、增强可读性，改变过去日报僵化的内容和呆板的表达风格。[①] 在这样的操作模式下，加之以不断推出的戏剧化的新闻策划，引人注目的舆论监督，惊邻动舍的敲门发行和大刀阔斧的人才引进，原本可以用川人俗话"好安逸"来概括的平静市场，迅速被《华西都市报》动摇。

在全国报业环境变化的大趋势下，《华西都市报》以市场化的办报观念，市民化的报纸形式和一系列相关的编辑、营销手段打破了四川报业市场的旧有格局。

三、旧格局打破后发生了什么

在旧有市场格局被打破之后，四川报业市场变得空前活跃起来。在《华西都市报》成功的激励下，数家报纸纷纷走上市民取向的都市报路线。

除非是在某些涉及资金、技术门槛过高的领域，一家企业的成功通常会引起连串的市场跟进，继而消解创新者的超额报偿，稀释利润，迫使经营不成功者退出市场。市场利用这样的机制来完成对于资源的配置。虽然，中国报业市场还远不是标准的市场，但对于非机关报的都市报纸，看不见的手已经屡见不鲜地制造这类看

① 赵曙光. 谁动了《华西都市报》的奶酪? http://www.people.com.cn/GB/14677/14764/22251/1916452.html. 2006-6-16访问.

得见的喜剧或悲剧。四川报业市场也不例外。

1991 年创办，原打算走精英路线的《成都商报》紧跟《华西都市报》，在 1995 年转轨改行市民路线。到 1997 年 1 月，《成都商报》的发行量上升到 22 万份，《华西都市报》的发行量为 26.5 万份，两报的广告收入大体持平，达 1 亿元左右，共同成为成都报业中市场化报纸的两大领先者。1993 年创办，由原新华社四川分社主办的《蜀报》在 1998 年与四川旅游局进行资产重组，改教育为重心为旅游为重心，并以每份 0.2 元的低价策略和大规模的赠阅活动来抢占市场。同在 1998 年，市场份额不断下降的《成都晚报》改晚报为早上发行，并通过彩色版面和扩版增厚等手段争取读者。与《华西都市报》同属《四川日报》的另一子报《天府早报》也于 1999 年面市，随后紧跟进入早报市场的是《商务早报》，两报也都定位于综合性市民报。2000 年初，《四川青年报》全面改版，也走上了综合性市民报的道路，参与成都报业市场的竞争。在世纪之交，成都和临近地区市场上有了七家市民取向的报纸。

在这种激烈竞争中，除了开风气之先的《华西都市报》之外，最引人瞩目的当属《成都商报》。该报在改变定位之后的两年内，发行量便达到 40 多万份。1998 年广告额超过 1 亿元，2000 年超过 2 亿元，报纸发行量逐步增长到 60 余万份[①]，逐渐取代《华西都市报》，成为发行量第一，广告收入第一的四川第一大报。

然而，《成都商报》令全国报业瞩目的主要原因并不是其发行和广告业绩。

1997 年，《成都商报》、四川汇通企业集团、成都博瑞广告传播公司等三家共同出资成立博瑞传播投资有限公司，《成都商报》在其中占 49％的股份。由于《成都商报》在博瑞广告中还有 70％的股份，两处股权利相加，使之在博瑞投资中处于控股地位。两年后的 1999 年，博瑞又控股上交所上市公司四川电器，这使《成都商报》实际上控制了四川电器，成为中国报纸“借壳上市”第一家。股市闻讯做出积极反应，一月余时间里该股票价涨幅高达 67％。《成都商报》成功的资本运作随即成为 20 世纪结束时我国最受关注的媒体事件之一。

人所共知，在我国的政治制度下，业外资本进入媒体是一个敏感的政治问题。管理部门对此从来持十分谨慎的态度。《成都商报》“借壳上市”的意义在于它打破了长期以来政府对媒体资本的严格控制。“思资若渴”的媒体难免发问：《成都商报》为什么能获得这种难得的机会？其中是否有许多不为人知的“运作”？

---

① 论成都报业群体的生存环境与体制创新(作者不详)。http://www.oursee.com/html/jingli/2005_12_23_14_53_923_2.html，2006-6-16 访问。

的确，在中国做许多事情都离不开“运作”，但有中国特色的“运作”的魅力之一——如果那些捕风捉影的流言不被计算在内的话——在于公众永远无法了解“运作”的真实过程。不过，就《成都商报》案例而言，“运作”或许存在，但对上市公司四川电器所做的财务和经营分析表明，传统企业对经营转型的强烈需求才是《成都商报》“借壳”成功的根本原因。

据郑磊的研究[①]，被《成都商报》用来作“壳”的四川电器原本是以大型高低压电力开关为主要产品企业。1995年，四川电器当年经济效益综合指数在全国高压开关行业中居第三位，工业产品销售率居第六位，资金利税率居第三位，成本利润率居第一位，在上海成功上市。然而，四川电器自从上市之后，由于宏观经济一直在紧缩资金的调控中运行，市场竞争激烈，传统制造业在整体渐入困境。公司在新产品开发和质量方面下了很大力气，且开源节流，强化成本管理，加大欠款催收和销售力度，并尝试进行多元化经营，生产成本、管理费用、应收款数量都有明显下降，毛利润率在艰难中爬升并在1998年达到良好效益。但由于传统制造业整体上的困境，1999年效益再度下跌。上市后的四年间，销售收入基本未增长。作为主业的电力开关利润和盈利能力一路下降。上市第二年，主业利润下降88.4%，盈利能力减弱50%以上。洞察到行业走势，早在1997年，四川电器就试图通过兼并成都环保设备厂来摆脱本行业难以发展的困境，并不断寻找多元经营的机会。由此可见，和博瑞的交易是四川电器寻求多元化经营，进入新兴行业的基本战略指导下的又一次尝试。

在1999年，据郑磊分析[②]，四川电器进一步加强推广多元化经营战略的力度，以“开关产业为基础，信息传媒、环保产业为支撑，高科技产品为先导，除加大对传统主业的投入外，从战略高度出发，进行资产重组，逐步积极推进优化公司的产业结构，努力实现多业经营，释放公司主业单一的经营风险”。唯传统开关市场竞争日渐激烈，四川电器市场份额大幅下降53%，传统业务利润率继续下降5%。但公司通过出售部分房产，引入《成都商报》背景的博瑞投资，当年仍然实现净利润增长29%。其中，新业务的利润贡献率大大高于公司原业务。这表明，多业经营方式已起到了大幅度提高公司收入的明显效果，缓解了传统主业业绩下滑所带来的风险。之后的五年中，四川电器逐渐使公司成为以信息传播产业为主导产业的上市公司。

---

① 郑磊.两报业上市模式之辩.http://www.jjxj.com.cn/news_detail.jsp? keyno=9777.2006-6-17访问.

② 关注四川电器财务与经营方向变化过程的读者，可参考上注郑文。

通过资产置换使盈利能力较低的传统制造业从公司淡出，全方位进入盈利能力强、发展空间大的广告、印务等传媒业务。高成长、高效益的传媒业务资产比例由原来的不足40%上升到90%以上，以发行投递、广告、印刷、纸张代理为业务，初步形成了一家架构比较完整的报业服务公司。在2003年，公司实现了上市以来最好的经营业绩，主营业务收入、利润总额、净利润，分别增长30.14%、2.18%和14.54%。在2005年，公司定位为传统媒体运营服务商、新兴媒体内容提供商，以报业印刷为主导，以国际化为手段寻求突破。主营业务收入、利润和净利润分别增长58.47%、32.83%和39.35%，并与国外媒体集团在传统媒体运营和新兴媒体方面进行合作，探索在互联网、移动电视以及移动通信增值业务领域的投资机会。

这样看来，《成都商报》"借壳上市"成功不仅是——甚至主要不是——"运作"的结果。

喻国明或许读到过或许没有读到过郑磊的分析报告，但在对报业市场走势的分析中，他以其惯有的"宏大叙事"的方式表达出和财务报告分析类似的结论①：

> 巨额闲置资本的增值冲动和媒介产业对资本进入的高度饥渴是我国社会生活中的一个基本现实。进入20世纪90年代中后期，我国许多中低端产业在以知识密集型经济为代表的高端产业的挤压下业已进入"微利"甚至"无利"时代，大量从中流出的资本急于寻找可能获得高额回报的新的投资领域。而此时，正值我国的媒介产业由'跑马占地'式的高速成长阶段进入以规模竞争为特点的市场成熟和整合阶段，而所谓规模竞争，其实质就是资本的竞争。如果说，在高速成长阶段，媒介产业的发展中，资本投入的大小还仅仅是衡量媒介利润产出大小的一个变量的话(所谓'小投入，小产出；大投入，大产出')，那么，到了市场成熟阶段的今天，由资本的大小所带来的规模大小就已经是决定媒介生存废退的一个基本标志了(所谓'大投入，大产出；小投入，不产出')。在巨额闲置资本的增值冲动和媒介产业对资本进入的高度饥渴的双向作用下，资本与媒介的结缘肯定将是未来3～5年内我国社会发展中最值得注意的现象之一。

整体去看，在《华西都市报》崛起后，成都报业市场很快拥塞相互竞争的同类报纸。赢利冲动推动报纸在内容和营销手段上都不断向市场靠拢，多元经营和资本运作也随之而来。

---

① 喻国明. 略论资本市场与传媒产业结缘的机遇、操作方式与风险规避. http://www.people.com.cn/GB/14677/22100/26521/26522/2699196.html. 2006-6-16 访问.

四、新的市场格局：稳定还是创新乏力

按照粟晓瑜的说法，从1990年代中期到2002年，成都报业市场的变化可分为三个阶段[①]。第一阶段自1995年开始。《华西都市报》问世后，《成都商报》迅速跟进，彼此并与在位多年的《成都晚报》构成竞争，被当地称为“三国演义”。两年后，后来者占据上风，《成都晚报》落于其后。自1998年起开始第二阶段亦被称为“战国七雄”时期，有七家定位类似的报纸拥挤在市场上。其中，《华西都市报》和《成都商报》处于优势地位，“其他五张报纸施以‘近身肉搏’战术。新闻定位、版面设置以及广告模式都逐渐趋同。接着竞争渐次演变为价格战、发行量欺诈、广告杀价、向竞争对手派‘卧底’等”。在2001年5月，《蜀报》和《商务早报》停止发行，《四川青年报》在坚持稍长一段时间后也退出竞争，第二阶段宣告结束[②]。第三阶段在2001年开始，其特点是在集团化下的市场格局重组。2001年7月1日，《成都日报》作为市委机关报正式刊出，使原来兼有机关报和市场报性质的《成都晚报》得以重新定位，以更纯粹的都市类报纸的面目出现。《成都日报》、《成都晚报》与《成都商报》一起组建《成都日报》报业集团。在2002年9月，《四川日报》报业集团宣告成立，形成以《四川日报》、《华西都市报》、《天府早报》等组成的报纸群，与《成都日报》报业集团下属三大报纸(《成都日报》、《成都晚报》、《成都商报》)形成竞争，被粟晓瑜称为“两军对垒、捉对厮杀”。“其中最引人注目的重头戏是《华西都市报》与《成都商报》的对峙”，因为，《华西都市报》的发行量约42万份(零售和订阅比为1∶1)，《成都商报》发行量约为60万份(零售和订阅比为2∶1)，占据了成都乃至四川发行市场的可观份额。

“厮杀”的描述可能有些夸张。成都市场的都市类报纸的确还在竞争，但远不如集团化之前那样激烈。竞争的主要特点或许可以用努力使定位差别化来概括。

2003年，张金辉在他“放眼成都报业市场”的时候发现：“《华西》文风趋雅，弘扬主旋律，风格清雅，庄重大气，屡有整合社会资源之策划专题，《商报》则渐走俗文

① 粟晓瑜. 成都报业：两军对垒，捉对厮杀. http://www.xinhuanet.com/newmedia/cmqk/qnjz.htm. 2006-6-14访问.

② 董天策等人对于成都报业市场的激烈竞争也做过类似的描述。见董天策、黄顺铭、谭舒，成都报业趋同化的实证分析。

化路线，另辟新径，秉承'创新、务实、理性、开朗'的办报理念，追求版面的丰富多样、新闻报道的全面快捷、版式风格的清新活泼，主张'新闻发生地，《商报》在现场'，力争'一报在手，别无所求'的市场目标。""而《天府早报》的风格则倾向于清丽别致，小巧活泼，内容多以都市餐饮娱乐夺人。"《成都晚报》虽喊出要全面深入演绎"大众化、平民化、都市化、时尚化"的新闻理念。"这个定位还是不够深入，不够精细，要说平民化、大众化，成都另三家综合性报纸都在做，而且传统意义的市民生活报已是《华西》不再玩的了；要说都市化，《华西》可谓引领一批白领都市群，营造健康精英、大气守正的都市生活，《商报》引领一批蓝领都市群，营造现代市井、出位出奇的都市生活，《早报》则埋头经营都市酒吧巷店里吃和玩的小块阵地。那么，时尚呢？这个定位尚是个突破口"，"《成都晚报》应该以此扩张，做新定位，新时尚。"①

在2004年，成都报纸也曾再度祭起都市报业屡试不殆的法宝：增加版面，加厚报纸。2004年3月，《成都商报》与《华西都市报》的日均出版数扩至24版，内容进一步丰富。究其动机，彭剑相信，是因为"某（外地）报纸早在去年（2003年）就想来成都办一张新报纸，而且进行了一些试探性的洽谈"。因此，"成都报纸的此次扩版，一方面可以看作是报纸追求自身发展壮大的必然动作，另一方面，在客观上也起到了抬高报业门槛、阻止外来竞争者的作用。"同时，彭剑还相信，"随着读者需求的日益扩大报纸自身的内容也需要扩充"。"扩版的另一个动因是市场对报纸容量的客观需求"②。成都报纸此举的结果如何？时过一年，姚劲松这样描述：③

> 对于身处第一阵营的《成都商报》和《华西都市报》来说，扩版增厚无疑是提升竞争优势，提高进入壁垒的有效手段。2004年3月开始，《成都商报》和《华西都市报》由日出对开20版扩为24版。当年年底，四川省新闻出版局放开版面限制后，两报纷纷扩版和加张，其中《华西都市报》、《成都商报》再次扩至28版以上，尤其在广告来源市场比较丰富时，星期四和星期五的版面基本在40版以上，《华西都市报》最高达60版，《成都商报》最高达84版。然而，从日均版数看，尽管《成都商报》、《华西都市报》都希望在"瘦身"后"扩容"，《华西

① 张金辉. 呼唤你的"三次完全革命"——《成都晚报》发展之今日反思. http://www.chinatv-net.com/tv/cmw/info.jsp?id=0000022670&send=1&boardid=130&ctype=6. 2006-6-19访问.

② 彭剑. 2004成都报业新动向. http://www.cwmedia.org/html/2005-1-24/2005124144402.htm, 2006-6-16访问.

③ 姚劲松. 成都报业：竞争从没有平息. http://blog.chinatv-net.com/mediablog/user1/torch1314/archives/2006/10690.htm. 2006-6-12访问.

都市报》甚至希望以此“早日迈进厚报时代”，但瘦身后，版数规模并未见明显变化，《华西都市报》日均约28版，《成都商报》约为31版，而成都报业10月遭遇寒流，《华西都市报》、《成都商报》日均分别跌至19.7、25.5版。

对于挑战者、落后者而言，为突破现状，也不得不走改版、增厚之路。《成都晚报》改版后，推出了“一报六刊”模式，加强对周刊的经营，版数由日均四开32版增加到40版左右，最多曾达124版。《天府早报》改版后日均增长5个多版，最高时为四开56版。然而，在现有的“低价厚报”运作模式之下，改版后广告必须及时跟上，否则终将被打回原形。《成都晚报》在(2005年)10月，日均版数跌至29.4版，比同是黄金周的5月日均少了约10版。《天府早报》在改版后就遭遇“天花板”，在(2005年)9月各报均扩版的环境下却不增反降，(2005年)10月更是直线下降，日均减少约15版，被打回了原形。

如果相信彭剑对成都报纸增版加厚动机所做的分析，就抬高市场门槛而言，诸报的策略或许有一定效果；但就满足“市场对报纸容量的客观需求”而论，增版加厚最终无功而退说明这种对“需求”的估计是错误的[①]。关于增版加厚效果不彰的真正原因，姚劲松解释：“‘一城多报’、同质化竞争激烈的格局，导致有限的蛋糕难以养活多家厚报，走厚报之路的报纸尤其是落后者就失去生存根基，患了‘虚胖症’，终将难以为继。而就读者的读报时间而言，也不具备出厚报的条件，‘成都读者的日常读报时间未超过半个小时，没有出厚报的必要。’四川省社会科学院新闻传播研究所所长张立伟研究员分析说。”[②]张立伟还说：“除了房地产、医疗广告今年(2005年，笔者注)缩水这个特殊原因，还有一般原因。没充分考虑中国目前是一城多报，有多家报纸在瓜分广告市场；新闻来源市场也被机关报和都市报切为两个细分市场。于是，办厚报，广告跟不上，新闻来源也不足，只有增加些泡沫新闻，如下水道一堵一报，救小猫图文并茂……搞得读者也抱怨。”[③]

值得一提的还有《天府早报》“早报晚出”的失败尝试。《华西都市报》对《成都商报》在上午出报，《成都晚报》(早晨上市)对《天府早报》在早上出报，但事实上，四份报纸在整体定位上有许多类似之处。2005年8月，《天府早报》改为下午出版，打算加大出版时间的差别来实现差异化经营。在“看当天新闻，读天府早报”的口

---

① 从规模经济角度对“厚报”的较为详细的分析，见喻国明，“厚报”的标准、成因与限度。http://media.people.com.cn/GB/22114/42328/53314/3702480.html。2006-6-15访问。

② 姚劲松.成都报业：竞争从没有平息.

③ 同上。

号下，企图以“当日新闻”的优势占领下午市场，形成“上午三选一(《华西都市报》、《成都商报》、《成都晚报》)，下午独一家(《天府早报》)”的格局。这一试验在70天后以失败收场。按照姚劲松的看法[①]，主要原因在于出版时间本身不能在今天的报业市场上形成有意义的报纸差异。读者购买报纸时间的习惯，其他报纸的内容，其他报纸的品牌效应，都使《天府早报》的策略不能奏效。《天府早报》尝试的失败说明四份报纸的同质性仍然很高。董天策等人对于2001年前后成都报业市场的同质化实证分析可能仍然有效[②]。

概括起来看，在集团化带来的新的市场格局中，成都各报纸虽各有努力，但已经难以形成大的突破，似乎处在相对稳定和“技止此耳”的状态。

这种创新乏力报业行为说明了什么？是因为现存的市场格局合理到了难再发生大的变动程度，或是这一格局制约了报业的进一步发展？

五、分析与讨论

至少从数据上看，集团化之后，或曰，新的市场格局形成后，成都报业的经济表现是好的。2005年，在全国报业收入普遍下滑，业内人士惊呼报业“拐点”到来的时候[③]，根据央视市场研究股份有限公司的调查，成都以12.07亿元在当年全国报业广告收入前20名的城市中名列第十一，保持了在2004年的位置。如果按照广告收入增长率计算，成都则以11.31%名列第九。另根据CTR调查，2005年全国报纸广告刊登额51.36亿元，比2004年同期增长6.59%[④]。而成都市场11.31%的增长幅度明显高于全国平均水平。

然而，仔细分析一下成都报业在两大报业集团成立后的格局，会发现其中可能存在着抑制创新和发展的因素。这种抑制体现为：主要报纸之间的关系与其说是直接竞争的，不如说——至少从理论上看——是竞争、合作、服从、冲突混合在一起的某种暧昧关系。

在这种市场格局中，《四川日报》、《华西都市报》和《天府早报》与《成都日报》、

---

① 姚劲松.成都报业：竞争从没有平息.

② 董天策，黄顺铭，谭舒，成都报业趋同化的实证分析.

③ 吴海民.不仅是都市报的冬天，也是整个报业的冬天.http://news.xinhuanet.com/newmedia/2006-02/24/content_4222396.htm.2006-6-17访问.

④ 姚林.2005年中国报纸广告市场分析.载崔保国主编(2006).《2006年：中国传媒产业发展报告》.北京：社会科学文献出版社：129-137.

《成都晚报》、《成都商报》是所谓"对垒"的"两军"。表面上，《四川日报》和《成都日报》分别是四川省委和成都市委的机关报，性质相同，且都能够利用行政订阅来获得收入，应该构成竞争关系。而它们的生存费用是行政开支的一部分。从经济角度去看，两份在同一市场上的同类报纸不构成竞争是不经济的市场安排，但这是目前中国体制下需要付出的制度成本。再仔细些观察，省级报纸《四川日报》可以将订阅范围扩大到四川全省，而《成都日报》的订阅范围在成都市辖区。因此，《成都日报》获得的可能是原来属于《成都晚报》(集团化前曾为机关报)一部分市场。在成都范围内，有关单位可能必须同时订阅《四川日报》、《成都日报》才能满足行政要求。有理由相信，两张机关报纸不构成直接的竞争关系。而《成都日报》的出现可能要以夺走前兼职机关报，今天和其同归一个集团旗下的《成都晚报》的一部分读者为代价。这使所谓"两军对垒"的竞争关系比表面上看来的要复杂许多。

再看"两军"中的四大子报。董天策等人曾从版式样、版面设置、新闻题材、报道格调等多方面细致地证明了在2000年到2001年间成都主要都市报纸的"趋同化"[①]。上节一描述过，虽然各家报纸在近年有差异化经营的努力，但效果不彰[②]。换言之，《华西都市报》、《天府早报》、《成都晚报》和《成都商报》四报之间仍存在较为直接的竞争关系。而其中，同属《四川日报》集团的《华西都市报》和《天府早报》，同属于《成都日报》集团的《成都晚报》和《成都商报》，至少在制度安排上，还须在竞争的同时亦服从集团整体利益进行某种合作。如果从把集团作为企业的立场去看，在同一集团中拥有多家竞争关系同类报纸是不经济的，它们之间的暧昧关系是低效率的。合理的方式是整合、兼并，但从现在的制度安排去观察，似乎看不出有《华西都市报》兼并《天府早报》，《成都晚报》兼并《成都商报》以提高效率的可能；反之亦然。所以如此，是因为我们的报业的集团化不是市场竞争带来的报社的组合，而是一种综合政治和经济考虑的，类似寡头垄断式市场格局出现的一种制度安排。其中各方的商业利益关系和其他利益是含混不清的，任何创新的举措都必须服从那多重利益的约束。

当然，集团化为报纸带来的不止是约束，也许，更多的是利益。寡头垄断的可能减少了报纸之间的"恶性竞争"，使寡头们具备了本来没有的市场势力。但对于社会的其他部分来说，这可能意味着利益的损失。例如，同属一个集团的报纸通过

---

① 董天策，黄顺铭，谭舒. 成都报业趋同化的实证分析.

② 张金辉. 呼唤你的"三次完全革命"——成都晚报发展之今日反思；姚劲松. 成都报业：竞争从没有平息.

所谓“协调”即价格共谋的方式提高广告价格，而广告主和广告商却在市场上找不到其他替代服务。最终，这些广告成本将被转嫁到消费者那里，造成社会资源错误配置。当然，这是基于产业经济学观点的纯粹理论的讨论，因为很难获得集团化前后成都时常广告价格的变化真实数据。和发行量一样，准确的广告价格在中国报业市场上从来都是个秘密。

不过，报纸属于“事业单位”不是秘密，报业市场的进入门槛是政治权利，集团化是行政决策的结果也不是秘密。因此，如果集团化为报纸带来了超额利润，在本质上，那是权力寻租的结果。

政策文化环境与区域报业市场格局

——云南报业案例

杨星星　孙信茹[①]

一、改革进程中云南报业市场的变迁

"云南"一词，从进入人们视野之日开始，似乎就伴随着边塞和神秘之意。《云南通志》中记载："汉武元狩间，彩云见于南中，道使迹之，云南之名始此。"然而，相较于云南的闭塞和奇异，如果用较为准确的学理性语言来描述，则从公元前122年西汉在滇设县之日起，云南就处于区域经济的开发格局之中了。

在云南38.3万平方公里的土地上，山地面积就有33万多平方公里，占全省面积的84%。全省的海拔从6 740米到76.4米都有分布，形成了多样的资源和生活环境。除却山多，水也不少。从云南西到东南，澜沧江、伊洛瓦底江、怒江、金沙江、元江和南盘江六大水系贯穿全省，与江河连通的是30多个湖泊和无数的水塘等。山高水长造就的是云南多样立体的气候，滇南呈热带气候，滇中、滇东和滇西大部分地区是温带气候，而滇西北却是高海拔的寒带气候。云南境内山河交错纵横、湖泊星罗棋布又彼此相互隔离，独特的自然地理条件深刻地影响到了云南社会的发展以及与外界的交流进程。尤其是前工业时代，云南的物质交流和往来常常依赖马帮运输，因此，云南便以众多民族群体分割聚居的相对封闭性，长期维系了地域开发格局[②]。

在传统的地域开发格局下，云南当代报业的发展脉络基本上是"有章可循"的。一方面，云南省报业结构的形成和发展与国家计划体制下的新闻宣传工作方针、政策高度合拍；一方面，云南报业的区域性、地方性特征充分显现。从总体上看，到

---

① 杨星星，云南大学人文学院新闻系副教授；孙信茹，云南大学人文学院新闻系副教授。

② 陈庆德(2001)，《资源配置与制度变迁》。云南大学出版社：145。

20世纪90年代以前，云南报业基本维系了以政治权力为主导、以喉舌功能为核心、以行政区划为布局标准的发展格局。

随着新旧世纪的更替，中国新闻改革的步伐不断加快，为云南报业发展提供了宏大的变革背景。同时，昔日阻碍云南经济发展的种种限制因素正逐步转化为发展区域经济的有利条件。随着“9＋2”泛珠江三角洲经济合作、中国—东盟建立自由贸易区、澜沧江—湄公河地区次区域经济合作的提出和展开，云南省各界形成了自然地理区位独特优势的统一认识，把云南建设为“连接东南亚、南亚国际大通道”的战略目标得以形成。在区域经济增长和区域经济产业结构调整中，文化产业的比重日益凸显。2006年，云南省省委省政府正式宣布，把文化产业作为云南的新兴的支柱产业，确定“十一五”期间云南文化产业的产值要占到GDP的8%～10%的目标。在此背景下，云南报业进入了新的发展机遇期。

如果说，市场的引入是中国新闻改革成果的重要标志和显著特征，那么，透过云南报业市场化的筚路蓝缕，也可以窥见云南报业变迁的概貌。

1. 云南报业市场的发蒙期

当代云南报业的市场化发展，可以追溯到20世纪80年代初。这个时期，恰逢我国报业复兴的黄金时期，云南报业由此进入了重要的规模扩张期。由云南日报社创办的《春城晚报》，在1980年1月1日正式发行，成为我国“文革”之后创办的第一张晚报。分布于云南各地的地市级党报纷纷创刊，如《红河报》、《丽江报》等。同时，在省会城市昆明，一部分行业报、专业报、对象性报纸、生活服务性报纸也纷纷创刊。然而，这一时期云南报业仍然是由国家财政全额拨款支持，采取“事业性质，事业管理”的机关报运作模式，形成了以党报为核心的报业布局。各家报纸突出的是党和政府的喉舌和宣传职能，少数报纸偶尔进行广告、发行、生活服务等经营活动，但普遍规模较小，并带有鲜明的行政特征，未能成为报纸主要的经济来源，也未形成真正意义上的报业市场。在这时期，即便是后来成为云南报业市场领头羊的《春城晚报》，也未能形成相对清晰的市场定位。

2. 云南报业市场的尝试期

20世纪90年代，是云南报业走向市场的重要时期。1990年，全国各地报纸创办周末版达到了高潮，传统的办报理念受到挑战。1993年，《广州日报》率先在国内报纸中推行广告公司代理制。1996年，《广州日报》作为改革试点，组建为国内第一家报业集团。这些无疑对云南报业的发展格局有很大触动，云南报业的发展具有了广阔的想象空间，报业的运行模式开始发生变化，报纸与市场的关联性逐步显现。最突出的表现是，在确立和完善社会主义市场经济体制的脚步声中，云南报业的广告市场开始勃兴，药品、房地产、保健品、日用品、教育培训等领域的广告投放量开始剧增，报社的广告经营部门显赫一时。但此时云南报业的广告经营，还带有明显的买方市场的特征，不时出现刊登广告需要排队、走后门的现象。另一个显著的特征就是报纸零售市场的初步繁荣。在昆明主城区，报刊零售点遍地开花，出现了众多沿街叫卖的贩报人。不过，这种景象在云南省也只有昆明市主城区才可一见。此外，还有一个重要的表现就是，传统独大的《春城晚报》开始有了竞争对手。由昆明日报社编辑出版的周末报《都市周末》在昆明街头的迅速走红，成为《春城晚报》最有力的叫板者。也就在90年代上半期，昆明还出现了一些市场化程度较高的报纸，如《市场新报》、《亚太风》等，可惜基本上都是惊鸿一瞥。相较于昆明的热闹，云南各州市报业的发展尚属波澜不惊，各地党报依然形同“寂寞高手”。

3. 云南报业市场的角力期

1999年，是云南报业发生重大转折的年份。这一年，云南报业市场化竞争格局正式形成。此后昆明报业市场的烽火连绵，成为云南传媒产业化变革的形象表征。

在云南报业产业化竞争态势形成的过程中，“川军入滇”成为最引人瞩目的现象。1999年前后，《成都商报》等川派报纸携资金、人才进入云南报业市场，在昆明办起了以成都职业报人为主的都市报，如《云南信息报》原是云南省计委下属的一张行业机关报，当年与《成都商报》合作并改版。《生活新报》的前身是由云南省残疾人联合会主办的《残疾人导报》，与《华西都市报》战略合作后改为现名，成为面向全国公开发行的都市类综合新闻日报。这些报纸不论在运作理念和经营模式上，都积极地和市场靠拢，尽可能地占据广告市场。如《生活新报》在广告运作上努力推行代理制，与国际惯例接轨，精心制作广告，有严格的广告发布质量管理制度，确保广告发布准确无误。并率先开辟《财富周刊》、《网络周刊》、《房地产周刊》、《美丽人生》等独具特色的专刊，注意满足各阶层读者的需求。《云南信息报》则将其广告市场紧锁在昆明的房地产和汽车等高端领域，占有昆明报纸房产广告总量的约50%。

这段时期，也是昆明都市报大发展的时期。除了老资格的《春城晚报》之外，

《生活新报》、《都市时报》、《云南信息报》、《东陆时报》的粉墨登场，使得昆明报业市场热闹非凡。这时，一场被称为昆明报业"肉搏战"的报业竞争大战开始上演。在这场报纸恶战中，几家报纸不惜血本超量印刷、低价倾销。一时间，昆明街头的报纸便宜到几乎等于白送的程度。有的报纸印刷成本 6 角，批发给报贩才 5 分钱，100 份仅卖 5 元，报贩难以脱手，只好转卖到废纸收购站，100 份还可以赚 1.50 元；有的彩印报纸单印刷费就 1 元以上，也只卖两角一份[①]。2003 年，《东陆时报》等报纸退出了这场惨烈的都市类日报大战，从而形成今天"四强割据"的基本格局。

在经历了一番惨烈的"搏杀"之后，云南报业组建报业集团也提上了议事日程。2001 年 9 月 13 日，云南日报报业集团成立，形成了"9 报 3 刊 1 网站"的格局。9 报为《云南日报》、《春城晚报》、《滇池晨报》、《文摘周刊》、《大众消费报》、《云南经济日报》、《云南科技报》、《云南法制报》、《民族时报》，3 刊为《大观周刊》、《影响力》、《社会主义论坛》，一个网站为云南日报网，之后又增加了一个影视中心，成为集政治、经济、文化等不同类型报刊于一体，融不同媒体经营于一身的媒体经营集团。

然而，昆明报业的平静并没有持续太长的时间。2006 年 4 月，《生活新报》继续使用福建《东南快报》36 元租报策略，即 36 元订阅全年报纸，报社保证旧报回收。一场报纸的征订大战由此展开，云南报业市场似乎又要面临重新洗牌的时刻。这一时期，最惨烈的状况甚至出现过昆明报纸 20 元钱看一年的现象。在这场征订大战中，表面上看可能是那些竞争力强的报业胜出一筹，但事实上每家报纸都元气大伤。2006 年 7 月，这场大战通过行政手段干预叫停。

与昆明报业的喧嚣一时相比，州市报业市场化进程就显得平静了许多。在此期间，州市党报尽管也受到昆明都市、服务类报纸州市扩张战略的冲击，如《云南广播电视报》一度在经济较发达的州市创设地方版，但冲击力度并不大。在此期间，州市党报的市场化进程主要是在政策导向和报纸自身市场能量释放中不断推进的。2006 年，红河传媒集团的挂牌，成为云南文化产业发展的令人瞩目的事件。《红河日报》成为该集团的唯一纸媒。

4. 云南报业市场的平稳期

截至 2006 年，云南省现有报纸总数 63 种，其中党委机关报 24 种（含少数民族

---

① 昆明报业"肉搏战"，小贩赚了报社赔.《云南日报》，2000-6-29.

文字版 6 种，政协报 1 种)；行业类报纸 10 种，生活服务类报纸 2 种，文摘类报纸 1 种，晨、晚报及都市类报纸 5 种[①]。报纸的总发行量 37 822 万份，平均期发行量 10 万份以上的有 7 种报纸。除《云南日报》外，其余 6 种均为晚报都市类报纸[②]。作为云南报业“四强”的《春城晚报》、《都市时报》、《生活新报》、《云南信息报》的总发行量超过了 24 种党报发行量的总和[③]。至此，云南报业进入一个逐步深化和多元化发展的阶段。

从目前云南报业的经营收入来看，云南报业中的“四强”显然占据了绝对的强势地位。《春城晚报》和《都市时报》的广告收入在 2006 年分别达到 2 亿元和 1.2 亿元，《生活新报》和《云南信息报》在当年的广告收入中大致为 8 000 万元和 3 500 万元左右[④]。从经营运作模式上来看，实行差额拨款的报纸有 14 种，主要是党委机关报。其中，有部分州市党报可以靠非财政投入来支撑，如《玉溪日报》、《楚雄日报》等。实行自收自支的报纸有 16 种，主要是社会文化生活类报纸[⑤]。从读者的构成状况来看，2006 年，昆明报业市场的读者规模大概有 145 万人左右，加上州市市场，全省不超过 200 万人左右[⑥]。以四大报纸的读者为例，《都市时报》在男性人群中的阅读比例是 20.6%，《春城晚报》是 17.6%，《生活新报》是 16.9%，《云南信息报》是 9.0%。四大报纸的读者主动性(即通过个人订阅、自己和家人购买获得报纸的读者)平均数为 88.8%[⑦]。

2006 年后，云南报业市场形成相对平稳的运行格局。竞争最为激烈的昆明报业市场上，“四强割据，各霸一方”成为基本的竞争态势写照；竞争相对弱化的州市报业市场，则成为州市党报潜心经营的舞台。尽管目前云南报业市场形成了表面上的平和，但依然是难掩其暗流涌动。如 2007 年 9 月《云南信息报》与南方报业的携手，使其具有了“血统更新”概念；《昆明日报》的高调出击，也透射出对昆明报业市场的虎视眈眈。也许，暂时的平静，正预示着更为猛烈的暴风雨的来临。

---

① 繁荣新闻出版事业，加快发展出版产业课题组.《云南省新闻出版业行业发展状况调研报告》。云南省新闻出版局办公室：2006，39—40。

②《云南省新闻出版业行业发展状况调研报告》：43。

③ 同上：44。

④ 施惟达主编(2007).《态与势——云南文化产业研究》. 昆明：云南大学出版社：22。

⑤ 同上：23。

⑥ 施惟达主编(2007).《态与势——云南文化产业研究》：20.

⑦ 同上：21。

二、市场推动中云南报业格局的落差

概括言之，自20世纪90年代以来，云南报业的发展主要具有四重规制。其一是国家宏观政策面的演化，尤其是市场化、产业化发展基调的确立，使得市场推进成为云南报业发展的主要驱动力；其二是云南地方社会经济发展战略的设计，尤其是大力发展文化产业的决策，成为云南报业市场化发展的强大助推器；其三是新闻行业的特殊性，尤其是其鲜明的意识形态属性或宣传属性，成为云南报业市场化发展的重要调控器；其四是云南地方的经济文化特征，尤其是地方经济发展的不平衡性、少数民族传统文化多元共存和传媒人才资源的相对缺乏，成为云南报业市场化发展的影响因素。在此背景下，云南报业市场的发展呈现出“别样”的景观。

1. 竞争性格局：昆明报业的“肉搏战”

昆明是云南省的省会，也是云南省唯一的中心城市。昆明人口有600万，主城区人口约有200万，作为云南省政治、经济和文化的中心，昆明自然成为云南报业竞争的核心区域。

1999年之前的昆明报业还算风平浪静。到了这一年，《成都商报》带着600万元的资金敲开了昆明都市类报纸的大门，接手由云南省计委主办的报纸《云南信息报》。《成都商报》副总编郭平出任报纸的执行总编辑，并率采编、发行、广告人员充实该报。《成都商报》的新闻策划、版面模式、发行经验全面移植到《云南信息报》。《云南信息报》由原来的周报改为日报，不仅如此，《成都商报》每天向昆明传送4个版面的新闻。短短6个月的时间，《成都商报》就收回了成本。报纸惊人的收益让人们一下子意识到云南报业市场所具有的利润空间，就此，一份原本毫不起眼的行业报悄然拉开了昆明都市报竞争的序幕。

同年，由云南省残联主办的《残疾人导报》更名为《生活新报》，由《华西都市报》原副总编向先跃任执行总编辑，并融资1 000万元改造该报。在“川军入滇”的影响下，云南报业不论在办报理念，还是市场化运作等方面都面临冲击。川军的强大攻势也开始波及昆明的一些本土报纸。云南省外宣办和政府新闻办主办的《东陆时报》开始向《华西都市报》招兵买马；《云南日报》与成都《蜀报》合作，全面改造该报旗下的《大众消费报》。

作为我国第一份都市报《华西都市报》诞生地的成都，在新旧世纪之交成为办报经验和办报人才输出的重要基地。《华西都市报》城市市民的清晰定位和贴近百姓的办报理念在业界同行中曾经引起地震般的轰动。对于紧邻四川的云南而言，报业的读者和广告的市场空间都较为广阔，这些无疑为处于激烈竞争的四川报业提供了一个施展拳脚的空间。而此时的云南，在建设民族文化大省发展目标的指引下，也急需创造良好的舆论环境，办出在全国具有一定影响力的报纸也就成了云南报业发展的重头戏。继《生活新报》、《东陆时报》改版后，《昆明日报》将原有的《都市周末》和《百姓生活》两份周刊合并成为《都市时报》。此外，《云南日报》的老牌报纸《春城晚报》及《滇池晨报》也纷纷加强办报力度。一时间，六家综合性都市类报纸齐聚昆明，一场争夺新闻资源、广告市场和读者数量的大战随即展开。

面对激烈的竞争态势，各家报纸使出浑身解数。《生活新报》率先实行新闻线人制度，报纸根据新闻价值付给新闻线人一定的报酬，资金从 50 元到 500 元不等。《云南信息报》注重新闻策划，不断推出独家新闻报道。《都市时报》几个大型的报道引人关注，《大胆城管欺骗代市长》、《杨天勇犯罪集团覆灭记》等都是当年颇有影响力的新闻作品。

和新闻内容的竞争同样火热的是报纸零售市场，报纸零售价格不断下泻，目标直接指向报纸发行量。2000 年 6 月 7 日，《都市时报》在一版头条以通栏标题公布《本报日发行量突破 10 万》。该消息写道："《都市时报》成为目前昆明地区覆盖密度最大、发行量最大的日报。昨日下午，本报隆重举行发行量突破 10 万大关公证大会，这是云南省第一家对日发行量进行公证的报纸。"《都市时报》的举动引起了昆明众多报纸的不满。《春城晚报》首先针锋相对，在 6 月 8 日该报的报眼位置，一条消息称，"本报发行量稳居全省都市类报纸首位"，并援引权威部门的调查说，目前省内都市类报纸有六七张之多，日发行量 30 多万份，其中"本报占总量的一半以上"。《生活新报》紧跟着实行报纸的大幅降价，每份报纸零售 0.20 元，到下午允许报贩降价为 0.10 元。并且，《生活新报》用逐日公布开机印数的办法表明自己的立场：6 月 16 日印数 13.36 万份，17 日 14.01 万份，19 日 15.24 万份，20 日 16.05 万份，截至 6 月 23 日，印数已升至 20.16 万份[①]。那段时间，昆明的读者花 5 角钱就可以买到 3 份报纸。报纸零售价格的降低，迫使广告费也不断下调。有的报纸整版广告开价 10 万元，实收只有 2 000 元。一个通栏广告只要 80 元，刚好是广告制

① 昆明报业"肉搏战"，小贩赚了报社赔.《云南日报》，2000－6－29.

作的胶片成本费用[①]。一位都市报总编辑对都市报这些做法评论说:"这样的做法是自杀呀!"[②]

昆明报纸价格的"肉搏战"引起了主管部门的重视。时任中共云南省委副书记的王天玺告诫省内媒体,必须坚持正确的舆论导向,摈弃弄虚作假、哗众取宠的庸俗办报作风,使报业健康有序地发展。2000 年,中共云南省委召开云南报业发展座谈会。会上王天玺代表省委宣布了对昆明报界的五条规定:一是所有报刊必须坚持为人民服务、为社会主义服务的方向;二是所有报刊不得宣扬暴力和色情;三是所有报刊的售价、定价不得低于最低限价;四是所有编辑记者必须持证上岗;五是所有受到重大处分的编辑、记者五年内不得从事新闻业务。同时,云南省委宣传部下发文件规定:从当年的 7 月 1 日起,所有报纸必须按核定价格销售,不得压价倾销,否则将予以警告。被警告两次者,撤换报纸负责人。被警告三次者,报纸停刊。

2000 年 7 月 1 日以后,昆明报纸的价格大战似乎偃旗息鼓了。但时至今日,那场惨烈的价格大战仍留给人们太多的思索。市场的开放必然使媒介竞争加剧,而这种竞争首先就体现在同一地区同一种类媒体的竞争上。同种媒体的竞争主要由争夺竞争和分摊竞争两种类型构成[③]。争夺竞争的一个典型案例是,上海早报市场由原先的《新闻晨报》独占,2003 年 7 月出现了《东方早报》这个竞争者。《新闻晨报》经过长久的市场培育与积累,占据了报纸种内竞争最重要的资源:读者和广告商。《东方早报》,在缺乏强有力的竞争策略下,发展缓慢,市场反响平平。相对于上海早报市场的竞争来说,昆明报纸的价格战就是分摊竞争[④]。昆明都市类报纸最多的时候一共有 7 家,报纸不仅在新闻内容、表达方式,读者构成还是在广告资源的来源上都有极高的同质性,这样的竞争态势使得参与竞争中的个体能够获取的资源远远不能满足维持自身发展所需的能量。可以说,在这场竞争中,没有真正的赢家。当时任《春城晚报》副总编辑刘祖武一语道出当年报人的心境:"我们欢迎正当的竞争,正当的竞争会带来繁荣。而恶性竞争将导致虚假繁荣和报业泡沫"[⑤]。经过洗牌,到 2003 年,昆明报业市场最终留下了《春城晚报》、《都市时报》、

① 刘鹏,成都报业开辟"第二战场"——看'川军'战火如何燃向昆明。《新闻记者》,2000 年10 期。

② 昆明报业"肉搏战",小贩赚了报社赔.《云南日报》,2000 - 6 - 29.

③ 陶建杰,《媒介发展中的生态学法则》,《新闻传播》,2007 年 9 月。

④ 同上。

⑤ 昆明报业"肉搏战",小贩赚了报社赔.《云南日报》,2000 - 6 - 29.

《生活新报》和《云南信息报》四家报纸。

1999 年开始的昆明报纸价格大战虽然被政府主管部门强制叫停，但各家报纸私下的较劲并没有停止。事实上，几家报纸一直以来都处在明争暗斗中，发行量成为几个报纸争夺的焦点。2003 年开始，昆明几家报纸的征订大战主要采用订报优惠和随报赠送油米等方法。2005 年，《生活新报》更是采用 36 元租报策略，即 36 元订阅全年报纸，报社保证旧报回收。2005 年 9 月，在云南省委宣传部和省新闻出版局的主持下，云南 4 家都市类报纸签订了《报纸发行自律协议》。根据该协议，自 10 月 1 日起，云南省社会文化生活类报刊征订使用统一收据，不得自行印制征订收据。凡对开 8 版以上的报纸，批发价每份不得低于 0.35 元，市场零售价不得低于 0.5 元[①]。几家报纸甚至各自拿出 20 万元诚信保证金交新闻出版局，约定一旦违规就严惩不贷。

可是，到了 2006 年 4 月，《生活新报》36 元租报策略"死灰复燃"，其他报纸被逼无奈，迅速做出反应：6 月 18 日，《春城晚报》将报纸一年的定价压至 25 元。6 月 19 日，《都市时报》再度出手，压至 20 元。6 月 22 日，《云南信息报》跟进，每份 20 元。据说还有几天跌至闻所未闻的 6 元[②]。面对报纸大幅的降价，报纸的订数也并没有如预期大幅的增加，更多的读者采取了观望的态度。在 2006 年的头几个月，2007 年《春城晚报》的征订数已达到了数万份，在 6 月 19 日《春城晚报》被动应战，降价至 25 元后，许多以 80 元订阅的老订户纷纷给刘祖武总编辑打来电话质询。"那几天我都不敢接电话。"刘祖武说，整个昆明报业市场的价格体系被打乱了，媒体的公信力和品牌形象受到损害[③]。

近年来，我国传媒业市场化的程度不断加深，传媒业各项政策的出台为中国传媒产业化和市场化的趋势推波助澜，传媒业中所蕴涵的巨大商业价值更是不断被挖掘出来。从 20 世纪 90 年代末，我国新闻行业收入首次超过烟草行业，在全国各行业收入中排名第四，一些传媒学者将其称为"暴利行业"。资本追求增值的本性决定了资本必然寻求能够给其带来利益最大化的方式，报业的丰厚利润对社会资本无疑具有较强的吸引力，因此，报业和社会资本的联姻在或明或暗中进行。在昆明的首次报纸价格大战中，社会资本进入昆明报业市场成为显著的特点。作为引爆价格大战的《成都商报》，就是通过其控股的成都博瑞传播有限责任公司，用

---

① 昆明报业争相降价破自律协议.《中国青年报》，2006－7－13.

② 陈鹏.乱战——昆明都市报业价格"肉搏"警示录.新华网云南频道，2006－7－27.

③ 昆明报业争相降价破自律协议.《中国青年报》，2006－7－13.

5 000多万元收购上市公司成功借壳上市。《春城晚报》当时曾有过这样的报道:参与报业大战的报纸,“多为省外个体业主或企业老板携资入滇”,“他们的目标十分明确——尽快收回投资并获取高额利润”[①]。先进的资本运作理念和灵活的民营资本机制使得本地传媒确实在一定程度上能够摆脱机制和运营的僵化和束缚。

然而,新闻的竞争毕竟还是新闻内容和质量的竞争,从昆明几次报纸大战的焦点来看,自我吹嘘、贬低同行、夸大发行量等手段成为常态。似乎谁叫得大声,谁就能够占得先机,而纸媒最核心的内容和报道质量反而被丢在一边。竞争中的粗暴简单和急功近利展露无遗,竞争中广告资源的争夺就是典型。从云南的产业经济结构来看,云南报纸赖以生存的广告基础相对薄弱。作为云南支柱产业的烟草、矿业和旅游等行业更多属于非竞争的行业,这些行业要么是国家禁止做广告,要么就是不需要广告或者在全国投放广告。广告市场空间的狭窄使得云南报业无法形成对等或高效的回报。加之各报拿不出过硬的新闻内容,只得不顾血本无归,在压价上展开肉搏战了。有研究者分析发现,昆明报纸甚至出现过完全以广告充斥版面的情况。比如,《春城晚报》的广告就出现过占全部版面的五成以上,头版头条就是广告甚至整个头版为广告所覆盖[②]。

2008年9月19日,是《云南信息报》改版一周年的日子,这个日子,同时也是《南方都市报》团队从资本、制度、采编、经营、发行等各环节全面进驻《云南信息报》一年的日子。新的发展和变动,似乎也预示着昆明报业新一轮洗牌和重组的开始。正如有学者分析的那样:长期以来,昆明文化生活类报纸低层次竞争,以价格战来扩大发行无异于饮鸩止渴。只有量的横向扩张,没有质的纵向提升,结果只会是读者、报业两败俱伤[③]。如何重新明晰报纸的定位,如何生产出有价高质量和独特性的新闻内容,如何创造报业竞争公正、良性循环环境,这些问题应该成为昆明报业重新洗牌和发展时期考虑的重心。

纵观近十年昆明报业市场化发展的风雨历程,“竞争”当之无愧地成了昆明报业的演进主线。而这种几乎完全以市场为风向的竞争性格局的形成与延展,则是多种因素相互交织的必然结果。首当其冲的是国家对新闻事(产)业宏观政策面的变化以及由此带来的全国各地区,特别是经济发达地区传媒产业蓬勃发展的示范效应。其次是云南省的地区社会经济发展战略对文化产业发展的倚重以及由此带

---

① 刘鹏.成都报业开辟“第二战场”——看“川军”战火如何燃向昆明.新闻记者,2000(10).
② 郑思礼(2007).西部大开发与云南报业经济.邱沛篁编,《国家课题报告.西部大开发与西部报业经济》.
③ 昆明报业发行恶性竞争全国罕见.《中国青年报》,2006-7-13.

来的政策倾斜。这两方面共同构筑了昆明报业市场格局形成的良好的制度环境。再者，昆明作为云南省唯一的大型中心城市和国家级历史文化名城，具备了报业市场形成和报业竞争持续展开的经济和文化环境。同时，昆明报业发展的历史积淀和变革动力也积蓄了整装待发的力量。当上述因素在新旧世纪之交适时地交叠在一起的时候，便将昆明推向了中国报业市场化改革的前沿阵地，同成都、南京、广州等城市一起成为全国报业竞争的拼杀主战场。显然，昆明报业市场格局的形成与演化，对云南传媒业的发展规模和发展水平具有跨越历史的意义，对于云南地方经济发展和民族文化建设功不可没。但是，这十年昆明报业市场竞争所存在的低端、恶性、功利等特点，也使得昆明报业发展带上了明显的“曲线”前行的特点。

2. 准竞争性格局：云南州市报业的“暗战”

在云南，除了昆明这个中心大型城市之外，其他中型、小型城市遍布全省各州市，是当地的政治、经济和文化中心，如玉溪市、曲靖市、香格里拉县、蒙自县等。这些中、小型城市经济、文化发展水平不一，交通地理和信息流通状况差异很大。由于云南各地的特殊性，昆明出版的任何一家报纸都很难成为影响力完全覆盖全省的大报。从云南省报业结构的特点看，云南有 20 余家党报(包括少数民族文字报纸)，仅有《云南日报》属于省级党报，其余均按照行政区域划分分布于 16 个州市。其他公开出版的报纸主要集中于昆明，其影响力也主要集中于昆明主城区。因此，从云南报业的整体布局看，与昆明热闹的媒体扎堆相比，各州市报业就显得“冷冷清清”，一语概之，就是当地党报的“唯我独尊”。

显然，云南州市报业中地方党报的一枝独秀，更多地得益于我国原有新闻运行体制构成的政策性保护。时至今日，云南州市党报依然具有巨大的发展空间，甚至还将迎来新一轮的发展机遇期。就云南州市党报的市场发展格局来看，呈现出以下四个显著的特点：

其一，云南州市党报具有良好的发展基础。云南州市党报和其他省的州市党报一样，诞生于中国当代党报系统的建立和整合过程中，迄今都有较长时段的发展历史。即便是改革开放以后创刊的州市党报，至今也有了扎实深厚的根基。换言之，州市党报已经形成了明晰的办报理念和定位，建立了较为稳定的运作机制，同时也累积了支撑其发展的人力、物力等优质资源。这些，都为州市党报的深化改革提供强有力的物质条件和智力支持。如 1989 年创办的中共玉溪市委机关报《玉溪日报》，主要在玉溪一区八县发行，总发行量 6 万份，人均拥有报量居全省州市首位。该报创办以来，经过几次改版，最终确立了以“党报品位，晚报风格”的定位，以“给你一份好看的报纸”作为对读者的承诺。2006 年，《玉溪日报》被国家新闻出版署表彰为地方报社管理先进单位，成为云南州市媒体改革发展的风向标。20 世纪 80 年代创办的《红河日报》，到 2005 年，发行量跃居至全省州市级报纸的第二位。2006 年，红河州成立红河传媒集团，集团成立后最大的一个动作就是《红河日报》的改版以及《滇南晨刊》的创刊。《滇南晨刊》为四开 16 版，具有鲜明的都市报风格。此外，关注旅游休闲、贴近百姓家庭生活的家庭文化生活报《红河新周刊》也开始创办。同样在 20 世纪 80 年代创办的《曲靖日报》目前是曲靖地区最大的、综合实力最强的日报，该报在改革中力图将报纸办为一张具有党报权威性、知识传播性、信息服务性、生活导向性和具有影响力的报纸。

其二，州市党报具有很大的发展潜能。区域经济良好的发展势头，必将促进当地报业经济的发展，也能不断拓宽州市党报的赢利渠道，提升州市党报的赢利能力。同时，受众整体素质的不断提高，也能扩大州市党报的现实读者群。目前，云南省的人均拥有报纸数量也还处于低水平，这也表明州市党报的发行还有很大的潜力。可以说，州市党报还远远未达到发展的“饱和点”。此外，随着党报改革的深化，也为州市党报的自我变革提供了极佳的契机。如曲靖市作为一个新兴的工业城市，有 561 万人口，全市报纸订阅和零售总量大约 6 万份，其中作为当地主流媒体的《曲靖日报》订阅零售量只达到 2.5 万份，占 40%左右。另外一半的份额被由中央、省级党报和生活类报刊占据。也就是说，在曲靖，平均每百人才有一张报纸，每二百人才有一张《曲靖日报》，而且绝大多数是公费订阅[①]。读者市场的开放和发育直接关系到报纸的生存，根据相关统计，在 2004 年，云南的报纸消费水平在全国排列倒数第三[②]。挖掘本地受众的新闻关注度，提升本地受众的媒体消费能力，成为云南州市党报的一个发展方向。

其三，州市党报具有鲜明的“垄断”优势。其“垄断性”主要表现为，州市党报往往是区域内的唯一专业化纸媒，不需要与其他纸媒“短兵相接”，能基本独享区域报业经济的“大蛋糕”。与此对应，在政策资源、新闻资源、人才资源、市场资源等方面也具有垄断性优势。并且，党报的喉舌功能，也使党报不仅是地方党委政府的扶持

---

① 王乔富. 地市党报应在市场中完善定位.《新闻界》，2005(1)。

② 施惟达主编.《态与势——云南文化产业研究》：30.

对象，也是地方党委政府工作的组成部分。如《玉溪日报》从2000年改版以来，《玉溪日报》努力改进办报方式，提高办报质量，一方面更加重视时政新闻，及时准确地传达市委、政府的声音；另一方面，更加重视民生新闻报道，及时反映基层群众呼声，重视舆论监督。目前，该报形成了以时政新闻报道为龙头的《玉溪日报》(主报)和以都市生活为主要内容的《晨刊》(子报)相互补充、配合的办报格局，成为当地唯一的强势纸媒。

其四，州市党报具有突出的地缘优势。注重地域性，历来是媒介运作的重要策略，特别在经营方面，专业媒介必须营建一个核心经济圈，纸媒尤其凸显了这一特征。州市党报天生的“地方性”，使其在内容开发、产业经营和受众构成上都具有鲜明的地域性特征，也基本形成了区域性发展格局。特别是在大众传播向分众传播转型的过程中，州市党报的地缘优势已成为运营中的优势资源。仍然以《玉溪日报》为例，该报在加强对当地烟草、矿电等优势产业发展情况报道的同时，也密切关注县区特色经济的发展。2007年初开始，《玉溪日报》记者部加强新闻策划，总编辑亲自组织实施，派出骨干记者多次深入采访易门县(玉溪地区的一个县)，四易其稿，反映易门县域经济发展的系列报道刊出后反响强烈。《玉溪日报》改版后从版面设置上体现了本土化的要求，80%的版面是地方新闻，同时出版《玉溪日报·晨刊》，民生新闻已占总内容60%，强化舆论监督，从内容到形式鲜活透亮，极大地满足了本地读者的阅读需求①。在经营策略上，该报还采取与当地社会组织联办、合办专刊、专栏的形式，有效提升报纸的影响力和广告经营能力。

云南州市报业市场化发展中的先天优势，使其占据天时、地利、人和等所有条件。但是，市场机制的引入，使得地处一隅的州市党报也同样面临竞争的挑战。州市报业市场的蛋糕不会轻易被“独吞”，“暗战”格局已然形成。

所谓“暗战”，是指州市报业的市场竞争并不如同昆明报业市场的短兵相接，而是有其鲜明的特殊性。这种特殊性主要表现在州市报业的竞争压力主要不是来自报业自身，而是来自本地区的其他类型媒体，如当地电视台、本地网站等对本地受众和广告商的分流。虽然州市党报也面临一些全国性报纸和昆明都市类报纸向州市扩张的压力，但从总体上这种压力还不足以形成正面作战的竞争格局。因此，从云南州市报业发展的历史和现实层面看，州市报业的市场竞争尚处于准竞争格局

① 矣顺文.公信力：地市党报生命线——提高地市党报公信力的思考.中国新闻研究中心，2008-5-17.

之中，还远未形成规模化和常态化，而州市党报的市场化变革，则更多地带有未雨绸缪的意味和强身健体的色彩。

在“暗战”的背景下，云南州市党报的市场化进程呈现出相对乐观的态势。近年来一些州市党报的办报理念和运作机制不断发生变化。这些报纸已经不再满足于原有的州市党报的读者定位，即以村级以上的党政机关和企事业单位干部为主要受众群，开始将报纸拓展为综合性日报，尽可能贴近广大读者、扩充新闻内容和拓展报纸的服务功能。而在与市场接轨方面，变革力度也越来越大，如《玉溪日报》、《思茅日报》、《红河日报》、《楚雄日报》和《曲靖日报》等几份报纸可以靠非财政投入运作发展。其中，《玉溪日报》紧紧依托区位经济优势，做好做强主业的同时，积极拓宽经营渠道，近两年的年广告经营额均在 1 500 万元以上，保持了强劲的发展势头。在相对乐观的同时，云南一些州市，特别是经济发展水平相对落后的州市，地方报纸至今仍主要依靠财政的投入，如《德宏团结报》和 2003 年创办的《迪庆日报》，每年的财政投入甚至有逐年加大的趋势。因此，对于云南州市报业的整体发展而言，办报理念落后、市场化程度较低、经营管理滞后、报纸规模偏小等都是州市报业发展中存在的危机。随着区域保护政策能量的耗尽和报业跨区域的扩张圈地，州市党报就会面临最严峻的市场选择。也许不久，云南的次中心城市，就将成为云南报业市场竞争的主战场。

3. 开放性变局：云南报业的“出击战”

近十年来，虽然云南报业经济获得了迅猛发展，并在经营理念、管理模式、人才队伍等方面不断引入新的动力，但就其发展规模和水平而言，在全国依然处于较为靠后的位置。应该说，云南省现阶段的社会经济发展水平、文化教育发展程度和传统意义上的边缘性地理区位是最主要的制约因素。这些因素使得云南报业经济具有鲜明的地方性特点，无法起到主导潮流的作用。

随着区域经济的发展和区域合作的深入，云南特殊的地理区位优势和经济发展潜力逐步凸显。首先，“9+2”泛珠江三角洲经济合作构想的提出，使云南与国内周边省区的经济文化交往日益频繁，合作空间不断扩大。由于泛珠三角区域内各省的经济和信息发展水平存在较大差距，信息交流并不十分畅通，泛珠三角区域经济合作的构想使得在泛珠区域内创设相应的信息协作机制成为可能。这样，就能够在各省及各行业中实现信息活动的协调。在追求共赢和资源互补的时代，泛珠三角区域经济合作也必定会给云南报业市场带来新的发展视角和机遇。其次，澜沧江—湄公河次区域经济合作机制的深化和建立中国—东盟自由贸易区发展战略的实施，使得云南和东南亚、南亚等国的交往日益广泛，甚至发挥出“经济窗口”的作用。这些重要的变化对云南报业市场的发展有着积极的影响和促进作用。如果说，1999 年的“川军入滇”可以看作是“输血式变革”，云南报业还显得稚嫩和信心不足，那么，时至今日区域经济发展的大好机遇，云南报业就表现出信心百倍，主动培育自身的“造血机能”了。

事实上，无论是在“9＋2”泛珠三角区域经济合作构想提出及实施过程中，还是在建立中国—东盟自由贸易区的背景下，云南报业已经开始了自己的“造血”活动。如，2003 年 11 月，福建日报、江西日报、湖南日报、南方日报、广西日报、海南日报、四川日报、贵州日报、云南日报和香港文汇报、澳门日报就共同开展了“9＋2：携手珠江”大型新闻活动。可以说，这次活动对推动泛珠三角区域合作起到了良好的宣传和动员作用。伴随着泛珠三角区域合作走向全面实施的新阶段，11 家主流媒体意识到，泛珠三角区域合作给区域内的主流媒体开展合作带来了全新的机遇，应该把合作从比较单纯的采编合作扩大到经营合作、网络合作等全面合作的新阶段①。在媒体合作论坛的预备会上，11 家媒体决定配合“泛珠三角区域合作与发展论坛”等会议的宣传报道，每年召开一次“泛珠三角媒体合作论坛”，打造泛珠三角主流媒体交流经验、促进合作的平台。毋庸置疑，媒体间的交流合作，将会使云南报业无论在策划创意、易地采访、人才交流，还是在经营理念、广告发行、资本运作等方面都将产生积极的推动作用。

除此之外，在中国—东盟自由贸易区的背景下，云南的一些报纸媒体开始了向外扩展的动作。2003 年，《云南日报》开辟了中国云南・东盟专刊，这个专刊专门介绍东盟各国经济社会发展情况，介绍云南省和其他省区与东盟各国开展经贸合作的最新动态和一些重大项目。云南报业还和周边省份的纸媒合作，发挥地缘优势，寻找新的合作路径。2008 年 3 月初至 4 月中旬，云南日报报业集团和广西日报社联手开展了首次“桂滇记者口岸行”活动。其他媒体也不甘示弱，纷纷从区域经济合作与发展的宏观视角，加强了对云南周边国家和地区的报道。2008 年，《云南信息报》正式确立了“立足云南，面向东盟”的发展方向。其中一个重大举措就是，由云南出版集团公司与南方报业传媒集团联手、云南信息报和南方都市报发起了

① “9＋2”传媒合唱大戏　首届“泛珠”媒体合作论坛将举行。《南方日报》，2004 年 6 月 9 日。http://www.southcn.com。2007－5－31 访问。

“发现东盟”大型采访活动。活动计划用一年时间，走访越南、柬埔寨、老挝、缅甸、泰国、马来西亚、新加坡、文莱、印尼、菲律宾等东盟10国。此次采访活动试图站在更高更远的角度上，以新鲜、独特、专业的现代传媒视角，去寻找、挖掘、传播东盟10国丰富多彩的风土人情、旅游魅力和最有潜力的投资领域。这一举措，使《云南信息报》成为第一家走向东盟的云南都市生活类媒体。2008年9月1日，《云南信息报》推出了东盟专版，立足云南，集中报道东盟各国政经新闻，培养并强化云南读者的东盟意识。

云南媒体一个更具规模的举措就是从2006年开始举办每年一次的“中国—东盟媒体论坛”。该论坛是由香港《文汇报》发起，得到云南省发展和改革委员会、云南省人民政府新闻办公室大力支持。该论坛旨在为中国内地、港澳台，尤其是泛珠三角区域各成员与东盟国家交流合作搭建“经济发展黄金桥，文化交流文明桥，人员往来友谊桥，互利共赢繁荣桥”的高层对话平台。这一活动正是通过媒体间的交流和对话，共同探索媒体合作的有效途径，寻求合作发展的最佳模式的一种尝试。同时，这也是云南发挥面向东南亚、南亚的独特区位优势的需要。

在前所未有的开放性格局中，云南报业正积极尝试着整体性变局。尽管当下云南报业的这种主动性变化尚处于发端，也还更多地停留在新闻业务合作层面上，但这种主动性变化透射出来的活力和张力是令人遐想的。可以这么说，区域经济合作格局的形成和发展，将成为云南报业走向广阔市场的巨大能量。

三、竞争演进中云南报业方向的抉择

云南当代报业市场化的发展轨迹，是经济、政治、文化等多种力量交织、博弈、平衡而共同书写的图景。显然，这幅生动呈现的图景有很多的不完美，甚至存在明灭可见的败笔。但是，这幅图景所蕴含的念想和回味，却又是绵长的。

对云南当代报业而言，十年的市场化进程，是一笔弥足珍贵的财富。在这笔不菲的财富中，回望和反思是最大的收获。从宏观层面分析，云南报业发展当有五大反思：一是市场运行机制不畅。云南报业市场化改革从一开始，就带有浓重的政策主导色彩。在政策主导而不是市场主导的框架下，云南报业尤其是州市报业，从“事业管理”向“企业化管理”的转轨就显得很不清晰和流畅，报业的市场潜能没有获得充分挖掘，报业的市场培育也显得进程缓慢。但另一方面，昆明报业市场狂热的恶性竞争，又折射出市场的混乱无序和急功近利，反映出政策调控的含糊甚至缺位，无法建立良好的市场运行机制，云南报业产业化就缺乏最稳固的发展环境。二是报业经济规模不大。与泛珠三角区域各省区相比，云南报业经济规模偏小，市场竞争力不强。由于目前地方报业经济发展基本上还是按行政区域进行划分和布局，带有明显的政策保护的因素，云南报业经济的危机还不是十分直露。一旦规模化的媒介跨地域发展格局出现，云南报业经济的弱小和脆弱就极易成为致命伤。尽管云南也在政策主导下实施了报业集团化发展战略，出现了云南日报报业集团和红河传媒集团，但其实际运作的效果远远未达到预期，集团的产业规模还十分有限，集团化的规模效应也并未得到充分显现，能鏖战市场的核心竞争力也未形成。云南报业的乱战和弱市场化特征，都与报业规模偏小直接关联。三是竞争层次较低。昆明报业市场的兵戈相向，基本都围绕着价格和发行量展开。严重的同质化低端竞争，导致的只是元气大伤。尽管传媒产业被称为“朝阳产业”或者“最后的暴利产业”，但昆明市场的戮力拼争却不时透露出夕阳的悲凉和“烧钱”的无奈。州市报业则在“断奶”的吆喝声中显得小心翼翼，市场化进程缓慢。在云南报业的市场竞争，一直缺乏的就是战略合作、资本运作的大手笔。四是赢利模式单一。在云南报业竞争中，广告是唯一的经营法宝。即便是市场化程度最高的昆明市四家都市报，“广告收入几乎占其经营收入的 100%”①。在云南经济产业结构较为特殊的背景下，对广告经营的过度依赖，是制约云南报业市场做大做强的重要因素。报纸发行不赚钱，多元经营为浅尝，似乎成为云南报业赢利模式单一化的正当理由。五是人才资源相对缺乏。人才是市场竞争的核心要素。人才的缺乏，特别是高质量的媒介经营管理人才，已经成为云南报业竞争中的软肋。云南报业职业进入的“低门槛”，实际上就是专业人才缺乏的鲜明写照。

在反思中前行，路会走得更坚定，更踏实。展望变革中前行的云南报业，虽然仍会有“路漫漫其修远兮”的慨叹，但“吾将上下而求索”将会成为云南报业发展的精神注释。从云南省社会经济发展的良好势头看，云南报业市场的未来将会迎来令人瞩目的美好前景：

借助云南省建设民族文化大省、深化文化体制改革和大力发展文化产业的强力推进，云南报业市场化发展将被置于前所未有的政策环境中，将极大拓展管理体制、运行机制、整合资源等战略层面的创新空间；立足于区域经济合作所提供的综

① 施惟达主编.《态与势——云南文化产业研究》：33.

合性平台，云南报业将形成“立足云南、辐射周边省区、走向东盟”的发展格局，并将促进云南报业实现跨媒体、跨区域、跨行业的整合性发展；植根于云南丰富的民族文化资源开发，云南报业将逐步凸显鲜明的民族文化特色，打好“民族文化牌”，将成为云南报业在市场竞争中的身份标志。

这，也许就是云南报业发展的方向。

听得见的喉舌与看不见的手

——广西报业市场

李新立[1]

引　言

本文根据对广西报业的实地考察，描述广西报业市场的现状，并对广西报业市场的一些现象的形成机制做出理论解释，旨在说明现阶段广西报业的状况与特定制度安排以及宏观政治经济环境之间的关系。同中国其他省区一样，广西报业正经历着一个巨大的变迁过程，因此，本文还将探讨这种变迁的动力和可能的发展趋势。

省区范围内的实地考察、调研，对当前中国报业的宏观问题研究是一种必不可少的补充。特别是对中国报业跨地区经营问题的研究，其研究成果将说明地区因素的重要性，并对报业宏观管理的制度安排提供有现实意义的参考。

注重传统的技术管理体制与新的市场动力具有同等重要性是十分必要的，因为中国报业管理制度变迁的真正过程，既不仅仅是传统的平衡受到了干扰，也不仅仅只是从西方社会报业制度直接转渡的过程。目前存在的问题是这两种力量相互作用的结果。其结果不会是西方报业的复制品或者传统报业的复旧。最终的形式将取决于中国报业改革的目标与路径。

要成功完成报业管理体制的变革是很困难的。我们知道原有的体制不能满足人民的需求，社会主义市场经济体制的建立需要与互相适应的报业管理体制。在这一点上无论是报业的参与者还是其他行业人士以及管理部门都应该没有分歧。根本目的是明确一致的，分歧之处在于对事实的误述或对事实的不同解读。我们

---

① 李新立，深圳大学传播学院传播系副教授。

需要一种以可靠的事实为依据的常识性判断。

对目前中国报业实际情况的不准确的阐述或分析，不论是出于无知或故意的过错，对报业的未来都是十分有害的，其后果可能波及中国的改革事业。中国报业的管理体制从根本上讲是由人际关系构成的，只有通过一致的行为才能改变它，而这并非一蹴而就。在中国目前这样的改革过程中，社会各方面的情况是极其复杂的，参与改革的个人，他们的期望也是各不相同。报业组织、个人、地方政府、中央政府等，其观点和利益也多少存在差异，这就需要一个为大家所共同认可或大致认可的分析框架。这样，我们才能对实际情况做出正确的阐述，对人民的需要和报业运转所依赖的制度进行适当的阐释。

一、调查的对象与方法

调查对象的选择对事实的真实程度至关重要，对研究人员而言，获得第一手真实的材料是研究的基础。一般而言，被访者都会有意或无意隐藏对自己不太有利的材料的趋向，但程度会各有不同。笔者将这种现象称为“访谈陷阱”。所谓“访谈陷阱”并非指被访问者的虚假陈述，而是指被访问者在向访谈者讲述的过程中，避免说出他自己以为对自己或自己所在组织不利的事实，而放大对己有利的事实材料。为了减少访谈陷阱所带来的风险，笔者在调查对象的选择和调查方法上都做出了谨慎的处理。

简单地讲，依照时间序列，首先从二手资料收集开始，然而调查小组进入广西地区开展实地调研。实地调查的过程，首先访问报业的研究单位，然后访问报业组织，由外向内。

在访问的对象的选择上，我们首先访问了熟悉广西报业情况，而目前都不在广西报业任职的非利益相关者。然后再访问报业组织内的管理人士（利益相关者）。具体而言，调查小组约谈了广西大学新闻传播学院、《南国早报》、广西日报社、《南宁晚报》、《北海日报》、柳州的《南国今报》、广西新闻出版局等组织机构的相关人士，获得了较为丰富的第一手资料。

调查对象选择从非利益相关者开始，再到利益相关者，其有益之处有两点：第一，便于尽快了解广西报业的大致状况；第二，避免调查者首先受到利益相关者的影响造成先入为主的心理定式。

二、广西报业规模概述

相对而言，无论是从发行量还是从广告收入水平来看，广西报业的总体规模都偏小，广西也没有具全国影响力的大报，这种状况与广西整体发展水平以及在全国的地位比较一致。

广西壮族自治区的报纸大致上可分为三种类型。

第一种类型，我们称之为喉舌类报纸，即通常所说的党报，亦称大报。主要有，《广西日报》、《南宁日报》，以及各地级市的党委机关报，如《北海日报》、《桂林日报》等。这类报纸的发行主要靠“摊派”，广告收入非常有限，如广西最大的党报《广西日报》2006 年的广告收入仅 2 000 万元，入不敷出。出超部分主要依赖其他类型报纸的经营收入或多种经营收入来弥补。有些地市级的党报也能部分获得主办者的财务补贴。补贴费的多少取决于地方财政的总体水平和某些方面的不确定因素。

第二种类型，行内称之为“都市报”类型，即所谓市场类报纸，俗称小报。主要有：《南国早报》，发行量全区第一，2006 年达 30 万份，其中 60%分布在南宁，2006 年广告收入 2 亿多元，位列全国前 20 名；《南宁晚报》，它的演变过程还有点戏剧性。20 世纪 50 年代南宁市委机关创办，1990 年曾一度“小报化”，2000 年改回“大报”。2004 年南宁进行行政区化的调整，撤销了原来的南宁地区，将其归于南宁市管辖，即所谓的撤地建市。为了避免与《南宁日报》发生重叠、冲撞或者说为了更好地突出《南宁日报》，2005 年 1 月 1 日，《南宁晚报》又一次改变面貌，不再担当市委机关报的职能，与《八桂都市报》整合成一份都市类晚报，回到“小报”的位置。其结果，2006 年的广告收入达到 1.7 亿元左右，发行量 14 万份。此外，像《华声晨报》、《都市壹周》、《当代生活报》、《北海晚报》，以及《南国早报》在柳州的姐妹版《南国今报》、桂林的《桂林晚报》等均可视为都市报类型。

第三种类型，可谓专业类报纸，亦可称行业类报纸，主要包括：《健报》、《法制快报》、《南方科技报》、《电视报》等。这类报纸专业性强，一般由行业主管部门或行业协会主办，其社会影响力有限，但读者群稳定。随着报业集团化的推进，这类报纸已经脱离了与原单位的隶属关系而划归某报业集团，如《法制日报》，原由司法部门主办，现属广西日报社。由于广西壮族自治区的壮族人口比例较高，故有壮文编辑出版的《广西民族报》，属周报，逢周三发行，发行量很少，大约只有几千份，其中个人订阅者少之又少。有人据此认为壮文有消亡的危险。然而，这份报纸的出版发行并不是一种市场行为，而是民族政策的考虑。另外，还有一份纯广告的报纸《信知港》，无新闻，只有广告。其实，它算不上我们通常所说的报纸类别。

上述三类报纸的经营状况差异较大。第一类报纸的运作甚至不能用“经营”二字来表述，其办报的理念和目的是政治性的，与市场没有直接关系，其管理方式仍然是计划式的。这类报纸的发行称为“计划安排”，实际上就是摊派。然而，其政治地位和影响力比较大，亦拥有一定数量的比较稳定的读者群，只不过这些读者往往不是自己自费订阅，而是单位或组织集体出资订阅的。一般说来，该类报纸的广告收入较低，远不能填补其整体开支，其支出缺口往往由其他方面的利得来弥补。

第二类所谓的都市型报纸可以用“经营”二字来描述其行为，这类报纸是现阶段中国大陆市场化程度最高的报纸。面向市场，服务于市场，取之于市场。但其政治地位不及第一类报纸，所以，被行内人称之为“小报”。“小报”之称谓与报纸的发行量和广告收入水平没有关系，甚至与其社会影响力也没多大关系，它是一种政治地位的称道。这类话语的流行，多多少少反映出报人潜意识里对市场的轻蔑与不屑。此类报纸是目前广西报业市场内最活跃的，也是最受读者喜爱的报纸，其中，《南国早报》最有代表性。

第三类专业性报纸或行业类报纸具有明确的目标读者群，如《健报》。这类报纸具有很强的专业知识性，除专业内的新闻外，其他新闻一律不在其视野范围。其所谓的专业领域一般指医疗卫生、教育、体育、计算机等。由于种种原因，广西界面此类报纸并不多见。

三、产权制度与控制权

在中国大陆，报社才是具备法人资格的实体组织，报纸只是报社的“产品”。一家报社可能只有一份报纸，也可能拥有数份报纸或其他产品，如广西日报社旗下就有《南国早报》、《广西日报》、《当代生活报》、《今报》、《健报》和一个网站，是广西壮族自治区最大的报业集团。所以，当我们说到报纸的产权问题时，逻辑上指的是报社的所有权问题。

报纸的产权问题是既简单又复杂。从理论上讲，报纸的所有权属于中国共产党，即所谓党产。然而，中国共产党是全民党，她代表了全中国人民的根本利益，她是全国各族人民的领导核心，当然也是人民中的一分子，她不可能拥有独立于人民之外的属于党组织自家的资产，所以，报纸的产权只能是国有产权。

按照现阶段我国国有资产管理的制度安排，各报社资产理论上都应该交由国资委管理。但是，实际情况是国资委管不了报社，也无权配置报社的任何资源。原因在于报业资产非一般性的国有资产，它属于特殊的国有资产。这种特殊性构成了中国特色社会主义的特殊部分，那就是党对新闻工作的绝对控制和党对新闻事业的绝对领导。党的性质和党的历史都表明这种特殊的制度安排是十分必要的。然而，在推进以法治国的今天，这种产权“空置”的状况对报业组织的进一步扩展与提升必然造成不可逾越的障碍。

然而，报业的治权却是十分复杂的。在行业管理层面上，各报社名义上由国家新闻出版署管理，各省区内的报社由省区的新闻出版局具体管理。各级新闻出版组织是政府组织，它对报业真实的影响力来源于它掌握着“刊号”的审批权，也就是说它把持着报纸的进入门槛，可对已经获得刊号的机构而言，它基本上处于无关紧要的位置。实际上，各地区的报社都是由不同层级的宣传部门把关，宣传部门掌管着各报业组织的人事权，但是，各级宣传部门对各级报业组织的财产并没有法律上的管理权，它也不是真正的行业管理者。这里面涉及党政权力划分的问题，本文在此不做赘述。

宣传部门的报业管理目标是十分明确的，那就是要保证党和政府的声音能够有效传播，不容许有任何噪音的干扰。为此，在计划经济时代，宣传部门实行的是全方位控制。从采编到发行，每一个环节都体现、展示了党的意旨和精神。随着国家战略目标的调整，宣传部门对报业的管理方式也随着环境的改变做了相应的调整。简单扼要地讲，就是放开报社的经营管理权而不放松对报纸的内容管理。显著的改变是容许不同性质的资本进入报纸的发行环节，报纸广告的管理几乎完全由工商行政部门负责，宣传部门不做干涉。报纸的版面形式也基本上由报社自己决定。宣传部门的主要管理范围集中于内容与方向性问题，经营收入方面的事务基本上不在其主要的视野范围之内。放松管制的结果使报社在广告的经营管理上拥有了前所未有的自主权。对报社的管理者和员工而言，报纸的经营利润直接关系到他们的切身利益，对经济利益的追求很可能使他们偏向市场，因为他们是市场的一分子而且是其中主要的受益人。

四、地域分布

报社及其产品的地域分布是一个与其等级密切相关的问题。一份报纸的级别由这份报纸的主办者的行政级别所决定，也同时决定了此份报纸的发行范围与存在的地理空间。如《广西日报》，由自治区党委主办，区党委宣传部直接领导，它的级别就定为省级。在广西地面，属最高等级，有权力在全区范围内发行；再如《桂林日报》，属地市级，就只能在桂林城乡地面上发行。以此类推，大致如此。

按行政级别划分经营范围，人为分割市场，画地为牢，一个区位地理学的问题变得复杂了。

对于第一类报纸而言，按行政区划确定势力范围与此类报纸的目的、历史及运作手法高度吻合，所以不存在什么问题。第三类报纸由于规模与影响力均十分有限，所以暂时或者说现阶段也不存在什么问题。但是，对第二类报纸而言，目前的这种地理格局却产生了非常复杂的问题。

首先，都市类报纸的收入主要依赖广告，广告收入占总收入的70%～80%（如《南宁晚报》），而报纸的发行量直接影响到广告的收入水平，所以，对市场占有率的追求也就成为各都市类报纸的不二选择。然而，地域的限制使得更高效率的报业组织无法拓展空间，低效率的组织借此制度安排而继续存在，这种逆向选择的结果是整个行业在一个低效的水平面上运行。

对《南国早报》而言，省级报纸的地位使其有权在全自治区范围内发行，但仍然不能在南宁市以外的地区办报和印刷。由于技术与地理因素在报纸规模的界限设定上扮演着至关重要的角色，当《南国早报》试图为南宁市以外的城市（比如桂林市）服务时，它面临着不断扩大的运输成本以及由于递送延误所带来的成本，主要问题还在于很难获得贴近当地人的信息，其结果只能是“优不胜劣不汰”。其次，增加了广告主，特别是以全区或全国为目标市场的大的广告主的信息成本与交易费用，对产业绩效有一定的负面影响。再者，使舆论监督难上加难。无论是从权力结构还是从利益关系上讲，报纸对其所在地政府的舆论监督都是困难重重，打破地域限制则可在一定程度上落实舆论监督的作用。

五、宣传模式

即使是在同一报社的内部，不同的报纸对市场的态度仍然存在很大的差异。这种差异主要体现在第一类报纸与第二类报纸之间，并非反映出不同报社的经营理念的差异。

简而言之，第一类报纸表现出亲喉舌的宣传模式；第二类报纸则表现出相对亲市场的宣传模式。最典型的莫过于同属广西日报社的两份报纸——《广西日报》与《南国早报》。这两份报纸除了总目标是一致之外，其他各个方面，如内容、版面形式、风格等等，都存在明显的差异。在市场经济环境之内，同一组织内生产同类型但有差异性的产品通常是市场细分的结果，但“一社两报”的现象显然不属此列。

六、问 题 症 结

我国的报业改革实行的是一条渐近式的、先易后难的路径，所以，在此过程中出现上下脱节的问题也就不足为奇了。报业要实行改革的总体目标，产权改革就不可回避。目前，每家报纸背后都有一个力量强大的主管单位，强力部门的存在使得报纸的所谓“法人代表”实际上大打折扣，也就是说，报社并不是完整意义的市场主体，有形之手随时可以接管操盘。这样，报社实际上处于“有形之手”与“无形之手”之间，经营管理者需要很强的平衡能力应付两方面的张力。

这种特定时代的中国特色的产权结构使得报纸的管理者既有保全现存利益的惰性，也有获取更大利益的竞争冲动。当实力不够时（如发生严重的亏损），自然会寻求其背后的主管部门的支持。而各级主管部门都要拥有自己的各级喉舌，自然也要全力保护，鼎力支持。这就是桂林市咬住不让省级报纸进入的主要原因所在，用一句俗语来讲，就是“好赖是自己的”（至少短期来看是如此）；当实力雄厚时，自然会寻求其背后的主管部门对其向前扩张的支持。可见，在报业这一领域，权力对市场的干预无处不在，市场只在一定范围内发挥有限程度的作用。

巨大的利益预期总会引来风险爱好者，有限的尝试均未能达到目的。而《广西商报》就是一例，它的产权结构相对多元，经营上基本脱离了“母体”，在激烈的市场竞争之下（但常常是不平等竞争），退出市场是其唯一选择。

不平等的税收政策也起到了一定的作用，加剧了不公平竞争的程度。

七、结　　语

报业的部分市场化改革是国家总体战略的需要。基于工具主义的理由，更加开放的报业既有利于行业整体绩效的提升，也会减少诸如可能的权力的滥用。

不平等竞争的突出表现在于画地为牢，不同级别的报纸只能在指定的区域内自主发行。如果一份市级报纸即使办得再好，也只能在本市市场内独立编辑，政策限制了市级报纸的市场拓展空间和报社的壮大。此外，税收和金融的差别化政策也是其中的原因之一。

从全国范围来看，为什么总是省级都市类报纸在省内独占鳌头，与其说是经营有术，倒不如说是政策使然。

广西的各级报纸媒体既是各级党委的喉舌，也是市场体系的一个组成部分，由各级党和政府拥有，而越来越多地依赖于广告来获取收入。作为喉舌的报纸与倾向市场的报纸往往并存于同一组织内，如此态势可视为喉舌与市场这两股力量相互作用的产物。广西报业作为党的喉舌系统的一个完整的组成部分，理所当然地依赖政府以获取大部分信息并寻求所在地政府的保护。发行与阻隔异地报纸的进入是所在地最常使用的两种地区市场的保护措施。

域外参照：美国对媒体集团化的争论

葛　岩[①]

西方学者把媒体管理体制分为三类，一曰“权威主义式”，一曰“家长式”，一曰“放权式”。依此说，前苏联的体制是权威主义式，视媒体为政府的一个部门，吃国家拨款，为政府设定的国家利益效劳。英加等国采用家长式体制，视媒体为服务于社会公共利益的工具，国家税收可用来支持媒体。但该体制承认公共利益与政府举措并非总是一致，故有关媒体的重要决定由外于政府的机构做出。英国广播公司，加拿大广播公司是这种管理体制的代表。美国采用的是放权制。在该体制下，媒体是产业，靠市场维生，政府干预相对有限[②]。若此说不妄，中国传媒管理当是前苏联体制之余绪。称之为“余绪”，一方面，我们假定国家利益和公众利益是一回事，主要媒体的所有权仍为国家垄断，定位政府的“喉舌”；另一方面中国传媒号称是“事业单位”，但“企业化经营”，广告收入是其主要收入来源，国家财政支持日趋减少。跨行业观之，其他各业的市场化为传媒业提供了绝好盈利机会：你竞争惨烈，非大作广告而无以维生；我坐拥台站报纸，大把收银。于是中国传媒曾被称为“最后一个可获暴利的产业”。微观传媒业，各“单位/企业”的日子并不必然好过。虽是国家垄断，中央、省市、地、县各有其利，麾下的媒体就难免争夺不休。中央电视台眼睁睁看着省台、港台争得全国落地权，省台则无奈于市县同行攻略城池。适逢西方媒体假解禁之机大肆并购，重新跑马圈地，中国媒体也开始在集团化的大纛下争控资源。一面与同业展开“垄断体之间”的较量，一面扬言要在跨国媒体集团大举进入前占据要冲。这样，西方媒体集团化成了常被提及的话题。或用之作楷模，证明中国媒体集团化的合理；或用之渲染危机感，创造同仇敌忾的共识来减少集团化的阻力。

---

① 葛岩，上海交通大学人文艺术研究院认知与决策研究中心主任，媒体与设计学院教授，深圳大学传媒与文化发展研究中心研究员。

② Walker, James R., Ferguson, Douglas A. (1998), *The Broadcasting Television Industry*. Boston: Ally and Bacon, a Viacom Company.

下来的问题是：对于社会进步而言，媒体集团化究竟是好事还是坏事？对于这个问题，我国传播学界尚不见认真讨论。起码，不见论点交集的争论。基于美国研究者的不同看法，本文试图说明：相对于其他产业，政府通常对媒体通常做更多的干预，甚至在美国这样的市场化体制下也不例外。作为产业结构的重要变化，媒体集团化利弊各有。其对美国乃至国际社会政治经济学层面的长程影响尚是凶吉未卜。

一、美国的媒体法规和解禁

美国媒体管理原则上走放权一路，但政府对广电企业的干预远较对其他产业严厉。从广电市场历史的若干现象可管窥这种干预。罗斯福当政时，美国建立了联邦通讯委员会，或FCC，眼下负责管理跨州和国际的电台、电视台、有线传播电缆和通讯卫星。FCC在传统上主张媒体所有权分散，制作播放分离，并依此原则来管理广电市场。美国市场分为两级，全国和地方。电视市场分为210个地方市场，广播地方市场多达268个。全国性的台站不多，如电视，长期来只有三个，ABC，NBC和CBS。近年来又有若干新进者，其中FOX已颇成气候。就发行而言，全国市场是个空架子，全国性台站要通过地方转播才能把信号传给观众和听众。美国没有CCTV式的台站，没有谁能凭行政力量就独享全国市场。欲扩大市场占有率，全国台站的招数有两种：直截了当的手段是兼并；兼并不得求其次，与地方台结盟。以这些全国台站的财力，兼并当不是问题。但为FCC所不容。以电视为例，很长时间里，一家全国网路台拥有的地方台站受众覆盖率不得超过全国受众总数的25%。对于欲兼并而不得的地方台站，全国网路台站只好吸引其加盟，为地方台站提供节目，还要为此付一些费用。除此之外，FCC还限制一公司在同一地方市场上的跨媒体所有权。例如新闻集团购买了纽约的一电视台，它就不得不割爱，售出手中的《纽约日报》。美国的媒体虽是产业，政府却不让其完全由"看不见的手"来操纵。

这种政府干预的理由何在？传统上，FCC的根据有二：其一，广播电视服务有关"公众利益"。政府可依据"公众利益"来决定是否给予有关企业的营业执照。其二，如广播电视这样的媒体，其使用的波长是国家稀有资源。甲用了这个资源，乙就无法再用。政府因此有权仲裁。在这两种根据中，"公众利益"是核心，因为公正合理地分配媒体资源说到底还是为了更好地服务于公众利益。不过，公众利益"横看成岭侧成峰”，是个公婆各有道理的东西。因此，对立双方法庭上兵戎相见的事屡屡发生[①]。如果把 FCC 对市场覆盖率和媒体企业所有权的限制放在政治经济学的角度来看，其干预的目的是不许个别媒体企业做得太大，进而保证舆论多元。美国号称民主制度，理论上，媒体中应该有不同利益集团的声音，是所谓“观念(竞争)的市场”(market of ideas)。非如此，民主制度难以健康运行。

20 世纪 80 年代里根推行新保守主义以来，美国政府的立场变得大为松动，不断放宽对媒体的限制。1996 年，国会通过的电信解规法案，使媒体解禁达到高潮。从效果上去看，一系列解禁的核心是大幅度推进通讯传媒工业的市场化程度。例如，以往对全国电视台站直接拥有受众不得超过 25％的限制放宽到 35％，这在效果上是允许资本雄厚，竞争力强的大企业扩展市场占有率，淘汰竞争力弱的中小企业。再如，取消原来台站最低拥期为三年的时限，这在效果上可以加快广电企业交易的速度，为广电企业在资本市场上的买卖流通提供便利。事实上，正是二十多年来一系列解禁提供的法律可能性，催生了大型传媒集团。

美国法规的变更由许多可能的因素决定。不同利益集团在政治法律层面争夺，政府对现实经济问题的解决方案，国家对于长远发展战略的设计，主政白宫或控制国会的政党在意识形态方面的追求都可能在立法过程中发生影响。就媒体解禁而言，从里根当政起，主张市场自由的新保守主义意识形态一直占上风。中间偏左的克林顿时代大力推行全球化经济的政策，对待触动大企业利益也颇为顾忌。这些都是媒体解禁的政治环境。具体到媒体本身，解禁支持者强调传播技术的发展已动摇了政府干预的基础：传播资源的有限性。例如，动辄拥有数十上百频道的有线电视已大为普及，低电力波长的使用使同一地区可拥有更多的电台，网络和电子娱乐设备已进入寻常百姓之家，这一切使媒体资源极大丰富，至少，远不再像往日那般“有限”。不同利益集团应当有办法在这种极大丰富的媒体资源中找到表达自己的声音渠道。如此，顺从市场规律，减少政府干预便是在情理之中了。

二、美国有关媒体集团化的争论

但在左翼批评家眼里，媒体集团化为情理所不容。根据伊利诺伊大学教授，激

---

① Blumenthal, Howard J., Goodenough, Oliver R. (1998), *This Business of Television*, Second Edition, New York: Billboard Books. Walker, James R., Ferguson, Douglas A. (1998), *The Broadcasting Television Industry*. Boston: Ally and Bacon, a Viacom Company.

进左派罗伯特·麦克切斯尼(Robert McChesney)统计,在20世纪90年代末,五大制造商控制了87%的音乐市场;六大公司控制了80%的都市有线电视服务;七家公司控制了75%的电视频道和节目;四家电台获利占全国电台获利总额的1/3;独立的书店在全国书店中的比例已从1992年的42%下降为1998年的20%;从1930年代起便称霸好莱坞的六家制片商现在都发展为同时拥有电视制作、电视网络、电视台、影像制作、有线电视、杂志、报纸和出版社的媒体联合体。也就是说,美国媒体控制在少数几家公司手中。麦氏认定这种媒体集中化是对美国社会的威胁[①]。

早在80年代初,观察家已开始注意到集团化的趋势,首先是报业和杂志集团化的趋势。1982年,普利策奖得主,曾参与越战时代发表五角大楼秘密文件,时任加州大学伯克利分校新闻学院院长的自由左派本杰明·巴格迪坎(Ben H. Bagdikian)出版了引人瞩目的著作《媒体垄断》(Media Monopoly)。该书中列举大量案例,严厉抨击这种媒体垄断化发展趋势对美国社会的伤害。巴格迪坎这样描述作为特殊产业的媒体的作用:“如同绝大多数人一样,美国公众从报纸、杂志、广播、电视、书籍和电影中获得这个世界的形象。在任何时候,大众传播都充当着判断何为正确与错误,何为现实,何为幻想,何为重要,何为微不足道的权威。这是一种无法超越的塑造人们思想的力量;即便它是兽性的力量,它也能成功地让人们接受兽性。”巴氏接着经典地表达出自由主义新闻学的理念:“控制信息有着一种病态的历史。所以病态,不仅因为它践踏了民主的观念,更因为它通常导致错误。不受质询的信息注定是有漏洞的信息。如果受控制的信息在开始时便错了,它无法得到纠正。如果它有时是正确的,它很快就会变得陈腐。如果它得不到来自现实世界无所禁忌的反馈,它会变得与现实无涉。没有任何一种权威能帮助人们获得社会的真实的图景。”[②]

正是为了使信息不被控制,巴氏反对少数公司垄断媒体,反对非媒体的大公司拥有媒体,也反对大公司的跨媒体经营。在他看来,垄断企业对于最大利润的追求会瓦解传统的新闻道德,使媒体屈从广告商的利益,服务于掌握媒体的大企业的利润目标。同时,垄断企业还将利用媒体的公众影响力操纵政治过程,进而危及民主体制的运行。因此,巴氏力主分散的媒体所有权。他为美国传媒勾画出这样一张理想主义的画图:“美国拥有的大众传媒令人印象深刻,1 700家日报社,11 000种

---

① McChesney, Robert, W. (2000), Rich Media, Poor Democracy: Communication Politics in Dubious Times. New York: New Press.

② Bagdikian, Ben H. (1983), *Media Monopoly*. Boston: Beacon Press.

杂志，9 000 家广播电台，1 000 家电视台，2 500 间出版社，七家电影制造厂（所引数字均为 1982 年统计，笔者注）。假如这些企业的拥有人各不相同，这个国家就会有 25 000 个各具声色的媒体声音。如此巨大的数目几乎可以确保将各阶层政治的、社会的观念传播给大众。这将会限制权力的集中化，因为每个媒体拥有者都将与其他 24 999 个媒体拥有者一起分享对大众的影响。市场由如此众多的公司分享还意味着公司的规模会小一些，这又会使新进者较容易入场，带来他们新的思想观念。”①

在理想主义的炫目光环下，巴氏留下一些重要的问题在光环遮掩的黑影里。在描述其民主化的媒体产业时，他没有回答，他所鼓吹的“小国寡民”式的所有权结构是否有足够的资本去拥有诸如通讯卫星，光学纤维网络等技术设备，以适应现代传播行业的发展。他没有回答，如果沿袭历史上严格的法规来制止集团化的形成，当日本的索尼、德国的贝塔斯曼在国际和美国市场上攻略城池时，美国是否准备将巨大的经济利益和新闻娱乐的话语权力拱手相让。他也没有回答，在政府对市场大规模干预已被证明是低效率产生的重要根源的今天，他那种基于政府介入而市场竞争的媒体所有权设计，怎样能避免一个原本蓬勃发展的产业枯萎颓败。在试图维护媒体与民主制度的“合理”关系的同时，巴格迪坎似乎忘记了媒体在美国首先是作为产业存在的。很大程度上，是“无形的手”而非政府意旨操纵着这一产业的发展。

虽然自里根入主白宫之后，自由派（liberal）已渐失其对美国公众的感召力，虽然自共和党拥有国会多数席位后，市场自由化的政策深刻地改变了美国的经济和社会生活，对媒体集团化的批评并未停息。2000 年，巴格迪坎的《媒体垄断》发行了第六版。罗伯特-麦克切斯尼抨击媒体集团化的著作——《富裕的媒体，贫困的民主：暧昧时代里的传播政治》（Rich Media，Poor Democracy：Communication Politics in Dubious Times）——出版后，立刻成为伊利诺伊大学出版社历史上最畅销的精装书。丁-欧哲（Dean Alger）更是开门见山，在其著作的名字中便怒不可遏地攻击媒体的集团化，称之为《媒体巨擘：超级大公司如何统治媒体，扭曲竞争，置民主于险境》（Megamedia：How Giant Corporations Dominate Mass Media，Distort Competition，and Endanger Democracy）。这些媒体批评家从媒体政治经济学的角度出发，认为媒体的集团化或垄断化保护大企业的利益，遏制多元化的声

① Bagdikian，Ben H.（1983）.

音，从而威胁美国乃至西方的民主制度。

在思想角力的另一端，替集团化申辩来自经济学，或经营学阵营。此类申辩又可分为两种角度，一是根本不承认媒体有垄断之虞，以为左翼对媒体产业的担忧不过是杞人忧天，是堂吉诃德在和风车作战；二是承认大规模集团化的趋势，但相信这不会导致左翼人士担心的结果。

第一种角度的看法以金融学教授埃里·瑙姆(Eli Noam)为代表。他在哥伦比亚大学专门设立了一个研究项目，调查媒体集团化问题。利用经济学常用的衡量公式——产业中前四大企业在全产业产值中所占的百分比超过50%，该产业可判定为高度集中化产业——瑙氏发现美国全国性媒体非但没有高度集中，还有分散化的趋势。虽然他承认解禁形成了几个空前庞大的媒体企业，但在国会作证时，他巧妙地争辩，虽然鱼大了，但媒体市场，或媒体产业的鱼塘，胀大的速度比鱼更快①。

瑙姆的妻子是法学教授，担任美国公民自由联盟(ACLU)的现任主席。作为左翼自由派组织，该联盟不但为一般意义上的弱势群体伸张权利，还为从同性恋到色情产业一系列为主流社会排斥的东西打抱不平。或许可以猜想，至少就意识形态倾向而论，瑙姆教授该不是为大企业张目的右翼保守派学者。但作为经济学家的他和作为媒体批评家麦克切斯尼为什么竟得出截然不同的统计结果？无论是瑙姆的短文还是麦氏的长篇大论都没有正面说明他们选择统计对象的标准，因此无法讨论其方法上的得失。但从文章行文去看，瑙姆的统计对象是广义的传媒产业，包括微软，IBM一类电脑，电子通讯的企业，而麦式更多地关注传统意义上的媒体，特别是直接和媒体内容相关的企业。套用瑙姆的比喻，由于两人对何为“鱼塘”的定义不同，对“鱼塘”里该游多大的“鱼”自然有着异议。

为集团化申辩的第二种角度可用里查德·哲善(Richard A. Gershon)的论点来说明。哲善承认美国媒体日趋集中。在《越国媒体公司：全球性信息和自由市场竞争》(The Transnational Media Corporations: Global Messages and Free Market Competition)一书中，他从经济全球化的趋势着眼为大型媒体公司辩护。在哲氏看来，由于二战至冷战后国际局势的变化和市场经济的胜利，跨国公司，包括他所讨论的“越国界媒体公司”(transnational media corporations)成了世界经济中难以抗拒的力量。虽然集团化有不少经营失败的案例，这些公司在对比优势

① Noam, Eli, and Freedman, Robert, The Media Monopoly and Other Myths. http://www.citi.columbia.edu /elinoam/articles/media_monopoly.htm, 2002/3/2 访问.

(comparative advantage)，纵向整合战略(vertical integration strategies)，分散管理(decentralization)和财务偿付能力(financial solvency)等方面是小型公司难以比肩的。因此，哲善相信，一旦法规解禁，如果媒体企业追求效率和优化使用资源，便会走上集团化和跨媒体经营的道路，别无选择。①

哲善还同时争辩，这些集团不是必然地要走上垄断思想传播的道路. 他相信由于传媒技术迅速的发展变化——如多元化的因特网，任何政府和企业对传媒内容的控制都变得十分困难。哲善承认媒体对政治过程，特别是对作为美国政治制度核心的选举过程的影响。但他争辩，这种行为并非是今日媒体集团的专利，美国历史上一直存在报业领袖影响政治运作的案例。烂账不该算在媒体集团化头上。虽然媒体集团中有默多克这类以积极影响政治而知名的人物，其他集团——如时代—华纳，贝塔斯曼——恰恰由于过于庞大、多元，很难形成某种统一的政治谋划。哲善相信，即便是默多克，在根本上也还只是一个商人。默氏对政治的干预在本质上是其商业活动的延伸。哲氏承认，为了追求利润，媒体会采取自我审查方式，以避免和媒体广告购买者产生冲突，以避免伤害拥有媒体的母公司的利益，而这种行为无疑亵渎了追求公正的新闻职业道德。但哲氏相信，在由广告收入支持的传媒工业中，类似的自我审查几乎是难以避免的。他不否认，由于媒体集团追求最大利润，这些企业可能会投合低级趣味，在节目中夹杂暴力，色情和其他不健康的内容。就越国界媒体集团而言，一些节目还可能有违背他国政治，经济利益和文化习俗的内容。这无疑将是媒体集团面临的一类问题。但哲善相信，如果媒体集团是以最大利润为其存在的真正目标的话，由于这类节目或各种政治性的行为将伤害企业的目标，媒体集团更可能采取节目"内容中立"的经营方式，以求避免和各类公众团体乃至政府的冲突②。

虽然哲善几乎逐条反驳了巴格迪坎们对媒体集团化的指控，他的反驳是建立在一个个单独的案例之上的。例如，他寄希望于默多克对政治不真正感兴趣，他相信时代—华纳或贝塔斯曼由于庞大、多元，因此不会形成系统化影响国家政治运作和经济政策的公司战略。但他没有回答，如果默多克恰巧对政治兴趣盎然，时代—华纳的公司组织碰巧不那么多元化，这些强大的媒体集团将会对政治产生什么样的影响。他也没有回答，当世界最大的军火供应商的 GE 和西屋拥有四大商业网

---

① Gershon, Richard A. (1997), *The Transnational Media Corporation: Global Messages and Free Market Competition*. Manwah, NJ: Lawrence Erlbaum Associates, Publishers.

② 同上.

络电视台中的两个——NBC和CBS——时，什么样的机制可以保证这些电视台在报道战争新闻时持论公允。哲善似乎忘记了，在讨论一组社会和经济现象时，着眼于个别案例中随机的因素，不去发现现象背后的结构性的规律，便无法预测这一组现象可能的发展走向。哲善相信媒体集团的目标是营利，因此这些集团更可能销售不激怒不同利益集团的中立节目。但他没有回答，内容中立的节目是否是符合公众利益和社会健康发展需要的节目。他还回避了回答，如果美国或他国的政策阻碍了媒体集团获利，这些对美国甚至他国都有强大影响力的集团，是否会通过这种影响改变有益于公众的政策以实现其营利的目的。哲善好像忘了，历史上有多少政治变化正是由强大的产业集团为了追逐利润而推动的。哲善对于互联网的理解也是流行于20世纪90年代中期的那种日渐过时的观念。其特征在于相信网络媒体的启动费用低廉，这种新的传播技术因此将导致传播前所未有的多元化。在网络经济泡沫破灭后，极少数网站已经不成比例地拥有绝大部分市场份额，小型公司大多无法负担巨大的经营费用而颓萎乃至破产。而那些成功的大型网站，其内容来源也是为数不多的几个集团化的提供商。

巴格迪坎从信息资源平等和维护民主制度着眼。哲善则从市场经济自然竞争的角度出发。而他们争辩的对象——媒体产业——恰恰是存在于市场之中又与政治制度紧密相关。因此，其争论的纠结之处在于民主的社会制度和自由的市场经济究竟该是什么样一种关系。

三、对于争论根源的解释

自由市场的强力辩护人弗里德曼在《资本主义与自由》中断言："竞争性资本主义（即大部分经济活动是通过在自由市场运作的企业组织起来）是个自由经济体系，亦是政治自由的必要条件。"这里，他明白无误地结合了政治和经济层面上的自由主义。据陈方正考察，欧洲古典自由主义的出现既立足于政治诉求，也是经济主张的反映。自由主义曾是民主政治制度和市场竞争经济共享的意识形态基础。二者有过长时间的蜜月期。政治自由——包括信息流通的自由——和自由市场竞争没有十分严重的冲突。随着市场竞争的发展，经济获得了活力，同时也造成了社会财富分配极端的不平等。而这种不平等逐渐危及民主制度的运行。当超级企业开始控制大部分市场资源时，社会只能利用非市场手段来制约企业。例如使用政府手段加大税收和立法规范商业活动，通过对财富资源的再分配来实现社会稳定所需要的"平等"和"社会公正"[①]。西方各国都在相当程度上实施了这种政策。20世纪后半期欧洲国家的社会福利政策则是政治和市场关系的调整的典型表现。这种政府干预反映出民主政治制度和自由市场竞争和谐关系的动摇。

近二十年来，超大型跨国公司已发展到富可敌国的程度。其可运用的资源，组织的有效程度使之拥有了颠覆市场竞争机制和动摇民主制度的潜能。由于宣布"历史的终结"而暴得大名的佛朗西斯·福山(Francis Fukuyama)这样描述："民主国家发现其政治决策——无论是社会政策，经济法规还是文化——都被日益增长的资本和信息的机动性所剥夺。你想稍微强化一些你的社会安全阀？不见其面目的证券市场会立刻斩杀你们国家的利率。你想防止你们的电波被霍华德·斯登或《海湾瞭望》占据(霍华德-斯登是美国节目主持人，以讲话下流而著称；《海湾瞭望》是一部大量暴露人体镜头的电视连续剧——笔者注)？做不到，因为信息世界在本性上是无疆无界的。你想通过一项法令来保护你们国家某种濒临绝境的物种？一伙不见面目的国际贸易组织的官僚可能宣布此举是贸易壁垒。"[②]陈方正因此认为："回顾过去二百年间民主政治及市场经济的发展历程，不能不承认自由主义当初出现时的那个政治—经济—社会环境今天已经彻底改变了：控制市场的仍然是'无形的手'，但这支手所代表的，已不是各为私利筹划打算的许多个人，而是能够影响政府，左右舆论，在无形之中操纵千百万人命运的数百家跨国财团了。在很大程度上，这一巨变正是自由主义—资本主义这一强力组合的成功所致。若是如此，我们仍不能不承认，这异化了的自由主义正在反过来颠覆其原本理念，迫使我们重新检验它的论据。"[③]

当巴格迪坎们和哲善们的争论被放置在这样一个背景下去考察，所争论问题的实质变得清晰了许多：几十年来西方经济发展创造的前所未有的大型国际化企业是否开始挑战支撑西方经济的民主制度？而巴格迪坎们和哲善们争论的传媒工业，由于其自身制造舆论，塑造公众观念的性质，更加鲜明地表现出这种社会制度与市场竞争冲突所引起的焦虑。

这种冲突是否真正存在？如果存在，它能否获得解决？这是西方知识界不可回避的问题。可以想见，随着包括超级媒体集团在内的跨国企业在世界的不断扩张，非西方国家也将被迫对这种原本属于西方的问题做出自己的回答。

---

① 陈方正.自由主义在新世纪所面临的挑战.《二十一世纪》(双月刊)，2001年12月号：4—14.

② Fukuyama, Francis, Will Socialism Make a Comeback? http://www.time.com/time/reports/v21/work/ mag_socialism.html，2002-3-2访问.

③ 陈方正.自由主义在新世纪所面临的挑战.

传播控制与社会恐慌

——珠江三角洲SARS消息传播案例的试验性研究[①]

葛 岩

一、背景和问题

2002年11月至12月，广东河源、中山等地开始出现有类似肺炎症状的患者。2003年1月中旬，一些患者被转入广州医院接受治疗。继而，广州市开始出现包括医护人员在内的同类患者。2003年2月伊始，广州和珠江三角洲多个城市的公众开始获知，病因未知的"非典型肺炎"即SARS，正在该地区蔓延并造成死亡。同时流传的消息包括板蓝根、某些抗生素和白醋等物可预防该病。2月8日到10日，广州、深圳等地相继出现抢购上述物品的风潮，致使其价格飞涨，相关商品脱销，局部地区还发生哄抢大米和食用水的现象。之后，这一风潮在不同程度上波及北京、武汉、贵阳、海口、长沙等城市。2月10日开始，广东大众媒体开始大量出现有关SARS的报道。2月11日，广州市政府召开新闻发布会，通过电视转播，向媒体和公众通报疫情。2月中旬后，虽然该疾病连续在中国香港、中国台湾、东南亚其他国家乃至欧洲和北美出现，联合国卫生组织表示严重关切，但珠三角地区社会秩序恢复正常。再后，北京出现举世关注的SARS疫情。

在2003年，SARS尚是一种人类尚未遭遇过的致命传染病。面对这类突发事件，社会出现恐慌性反应或许难以完全避免。然而，一类成熟的社会传播控制体系应能够在重大事件突发时保持有效和均衡运行。或言之，它应该有助于减少社会性恐慌行为而非相反。在这种意义上，我国现行传播控制体系是有效的吗？珠江三角洲SARS爆发时期的传播现象为回答这一问题提供了一个机会。

---

① 本文首次发表于张国良、姚君喜编(2008)，《全球化背景下的新媒体传播》。上海交通大学出版社。作者感谢深圳大学传播系1999届和2000届的部分同学及陈海伦等友人为本研究发放问卷；感谢深圳大学吴予敏博士与笔者讨论调查方案，并细心阅读了数据处理的初步报告。

参考结构—功能主义的思路，本研究基于这样一个分析框架：政府，大众媒体和公众是社会传播体系的三个基本构成部分，各自拥有各自的信息和信道资源，且在运行时相互汲取利用。如SARS那样重大突发事件在各部分中给予了大体相仿的重视，各部分在传播相关消息时可能做到相互配合和印证，使整个体系平衡运行。如不同部分的新闻议程发生大幅度偏差，部分间相互协同的关系会被动摇，致使传播体系，继而公众行为出现失衡。根据这一框架，本研究将① 对比不同信源（政府管理部门，大众媒体和公众），不同信道（管理部门，大众媒体和公众人际传播渠道）在给定时间里各自的表现，确定是否出现失衡；② 考察不同信源、信道表现与社会恐慌行为之间是否存在关联。由于数据搜集的范围，本研究限定在珠江三角洲地区和自2002年12月至2003年2月15日的时间段内。

二、思路与方法

按照最简单的分析模型，传播过程涉及信息传播者、信息内容、信息传播渠道、信息接收者和信息传播结果等五个方面[1]。就本研究的问题而论，信息传播者可被划分为管理部门、大众媒体和公众三类；内容是不同传播者散布的有关SARS的消息；传播渠道是由政府控制的大众媒体和公众可以利用的人际传播工具；传播接收者为公众；效果则是基于本研究目的从诸多可能的传播效果中剥离出来的恐慌行为。由于我国大众媒体的国家所有制性质和管理政策，虽然因不断强化的利润取向有力地诱导着媒体依市场需求设定新闻选择标准，但在涉及社会稳定的重大事件面前，大众媒体难有例外地采取和管理部门相同的立场，依照后者的意志把关新闻。就SARS事件而言，因此，有理由将管理部门和大众媒体两个变量合并，归为同一信源和信道。再之，从珠三角SARS爆发期间流传的有关信息来看，管理部门/大众媒体提供了有关患者和死亡人数，病毒来源等口径统一的信息；公众人际传播中的同类信息则差别较大。除此之外，大众媒体和公众人际传播的内容大体相仿，均以描述病状，提供相近预防建议为基本内容[2]。因此，有理由将不同信道有关SARS信息的内容变量合并，当作大体一致的常量来对待。基于上述两点分

---

① 拉斯韦尔. 社会传播的结构与功能. 载张国良主编(2003).《20世纪传播学经典文本》：复旦大学出版社，199—200.

② 与广东的情况不同，北京SARS爆发时期，政府早期公布的疫情与公众从其他渠道获得的消息存在明显的差别，致使不同信道内容的分析和对比成为了解北京社会性恐慌的另一重要变量。

析,本研究观察的主要变量设定为① 信源态度:作为信源的管理部门/媒体和公众对于 SARS 消息传播的态度,表现为重视程度;② 信道效率:管理部门/媒体控制的大众传播渠道和公众使用的人际传播渠道在传播 SARS 消息时的效率,体现为传播速度和受众覆盖范围;③ 不同信源的态度,信道效率和恐慌行为的关联性。信源态度和信道效率为独立变量,恐慌行为是依赖变量。对于操作来说,态度或重视程度仍然是颇为模糊的定义。鉴于 SARS 一类事件的严重性质,有理由相信政府、大众媒体和公众都会持重视态度。但这种重视可能带来对 SARS 消息的传播,也可能意味着对消息的封锁。事实上,独立变量①信源态度是通过变量②信道效率体现出来的。换言之,经过变量合并,调查实际上所需发现的,是大众媒体和人际传播的效率分别与恐慌行为之间的关系。

从 2003 年 3 月 5 日至 3 月 15 日,笔者查检了 2002 年 12 月至 2003 年 3 月 15 日珠三角地区报纸中 38 篇有关报道和评论,访谈了 7 名 SARS 爆发期在广州、深圳、东莞等地生活的人员,对 SARS 消息传播的信道,消息传播的时间序列,以及社会性恐慌行为的发展情况做了搜集和归纳。资料分析显示,作为信源和信道的管理部门/大众媒体在传播时间、覆盖范围上分别滞后、狭小于公众人际传播,可能对恐慌行为的蔓延负有责任。在此基础上,调查形成了待测假说。2003 年 4 月 1 日至 4 月 20 日,由深圳大学广告专业学生在广州、深圳等地随机发放问卷 85 份。至 5 月 1 日,收回问卷 80 份,其中有效问卷 78 份。由于条件限制,本研究无法按照严格的概率抽样方法获得大量样本,故难以确保统计结果全面、准确地反映了整体的特征。因此,研究目标设定为使用便利样本产生的数据来检验工作假说,以图为建立若干更具普遍意义的假说进行试验性研究(pilot study)[①]。

三、假　　说

本研究建立了三个工作假说。第一个假说意在证实(或证伪)人际传播信道在效率上高于管理部门/大众媒体信道;这种效率的不同,按照上文的分析,反映出公众与

① 试验性研究(pilot study)是一类为检验研究设计和方法是否合理有效而进行的尝试性小型研究。通常,它采用非概率方法获得的便利样本,意在发现问题,测验设想,确定研究程序,为更大规模的研究打下基础。然而,由于使用小规模便利样本,试验性研究所得出的结论不保证代表总体的实际情况,通常不做统计推论。参见 R. Wimmer, J. Dominick(1991), *Mass Media Research: An Introduction*, Third Edition, Wadsworth Publishing Company, Belmont: 65, 172。

管理部门/大众媒体对于传播SARS消息的态度不同，进而导致社会传播体系中各部分议程设定之间失衡。第二和第三个假说意在判定这种失衡与恐慌行为的关联。

H1. 在管理部门/大众传播（报纸、杂志、广播、电视）信道普遍报告SARS之前，多数（不少于51%）样本已通过人际传播信道（口头、手机、座机）和网络获得SARS消息。

H2. 在管理部门/大众媒体信道普遍报告SARS之前，样本恐慌行为已经大量（不低于总恐慌人数的35%）出现。

H3. 在管理部门/大众传播媒体普遍报告SARS之后，样本恐慌行为明显（不低于总恐慌人数的35%）减少。

为更具备可操作性，研究对使用的主要概念做了进一步定义：

信道：

(1) 人际传播信道：口头、手机、电话、信件；

(2) 大众传播信道：电视、广播、报纸、杂志；

(3) 人际/大众传播信道：网络。

恐慌行为（同时满足下列条件）：

(1) 获知SARS消息后，三天内通知3个或以上的他人；

(2) 十分关注有关SARS的消息；

(3) 购买“预防”SARS的商品。

恐慌行为消除：

(1) 不再特别关注有关SARS的消息；

(2) 不再特意购买有关“预防”SARS商品。

议程在公众中形成（满足下列任何一条件时）：

(1) 50%或以上的样本了解SARS事件在发生；

(2) 50%或以上的样本认为SARS事件重要；

(3) 15%或以上的样本针对SARS事件做出行为反应。

公众和管理部门/媒体之间的传播议程失衡：

50%或以上样本了解到SARS事件，但仍无法从大众媒体获得相关信息。

四、样　　本

调查样本中的人员出生年代分布于1941年至1985年之间，涵盖青少年、青年、中年和老年。SARS消息传播期间,样本中的人员均居住在广州(20.5%)、深圳(64.1%)和顺德(2.6%)、茂名(2.6%)、肇庆(1.3%)、新会(1.3%),或香港(1.3%)等珠三角地区以及邻近的香港。他们的教育程度分布于大学以上(11.5%)、大学(62.8%)、高中(15.4%)、初中(7.7%)和小学(1.3%);职业分布为企业家/业主/经理(16.7%)、政府官员(3.8%)、专业人员(含教师、医生、律师、会计师、演艺人员、设计师等,21.8%),工人(含第三产业服务人员,7.7%),大学生(含研究生,35.9%),以及家庭妇女、退休人员和下岗人员在内的其他人员(12.9%)。样本中男性占42.3%,女性占57.7%。

五、发现与假说检验

第一,在管理部门/大众媒体公布疫情前,56.4%的样本已获得有关SARS的消息

调查表明,在大众媒体开始报道SARS(2月10日)和广州市政府通过电视通告疫情(2月11日)之前,高达49人,或62.82%的样本,已获知SARS消息。在这些样本中,有5人报告在2月10日前通过主流大众媒体获得有关SARS的消息。这可能是由于样本记忆错误,或他们接触到研究者不知道但却报道了SARS的大众媒体①。如减去这5起不够准确的报告,有56.4%的样本在2月10日前获得SARS的消息。这一发现支持H1有关陈述——“在主流大众媒体(报纸、杂志、广播、电视)报道SARS之前,多数(不少于51%)样本已经获知SARS的消息”。同时,按照本研究定义,2月10日前有关SARS的议程已在公众中形成。

第二,在管理部门/大众媒体公布疫情前,56.41%的样本已通过人际传播或网络渠道获得了SARS的消息

调查表明,在2月10日管理部门/大众媒体公布疫情前,通过座机、手机、交谈或网络获得有关SARS消息者有44人,占样本的56.41%。这一发现支持H1中的另一部分陈述,即在大众媒体报道前,不少于51%样本已通过人际传播手段和网络获得SARS的消息。依照本研究的定义,公众与管理部门/大众媒体之间的传播议程失衡。

---

① 2003年1月5日,发行量约40万份,以广州为出版地的《新快报》曾报道河源出现SARS病患的消息。据研究者所知,这是广东大众媒体有关SARS最早的报道,也是2月10日之前大众媒体有关SARS的唯一的公开报道。感谢暨南大学新闻传播学院吴文虎教授提供了该报发行量的数字。

第三，政府管理部门/主流媒体开始报告SARS消息后，恐慌人数未能立即减少

调查表明，有60.3%的样本在SARS爆发期间曾出现恐慌行为①。其中，在2月10日前已有恐慌行为者占样本人群的53.2%，占有恐慌行为者中的71.8%。按照本研究的定义，这一数据支持H2。然而，调查还表明，在2月10日到14日5天之中，有22人开始出现恐慌性表现，占整个有恐慌行为人群的46.8%，占整个样本的28.2%。而且，这5天也是恐慌人数最高的5天。由于恐慌人数未能在10日至11日后呈现35%或更多的下滑(如表1、图1所示)，H3遭到拒绝。换言之，政府/主流媒体开始传播SARS消息，并不能立即减少有恐慌行为的人口数量。

表1 恐慌人数统计(日)

日　期	增加恐慌人数	减少恐慌人数	当日恐慌总人数
2002-12	0	0	0
2003-1	1	0	1
2003-2-1	0	0	1
2003-2-2	0	0	1
2003-2-3	1	0	2
2003-2-4	0	0	2
2003-2-5	3	0	5
2003-2-6	2	0	7
2003-2-7	2	1	9
2003-2-8	8	1	16
2003-2-9	8	0	24
2003-2-10	10	0	34
2003-2-11	7	4	37
2003-2-12	1	3	35
2003-2-13	3	3	35
2003-2-14	1	3	33
2003-2-15	0	17	16

① 调查样本中，现为大学生者高达28人，占样本人群的35.9%。在大学生样本群中，42.9%的人未出现恐慌行为，而在其他职业的样本群中，未出现恐慌者仅占28.8%。这种差别可能和大学生特定的年龄阶段，在家庭和社会中的位置与责任，以及教育程度等多种因素有关。大学生样本比例过高可能为抽样带来偏见，使调查所发现的有恐慌行为者的人数偏低。

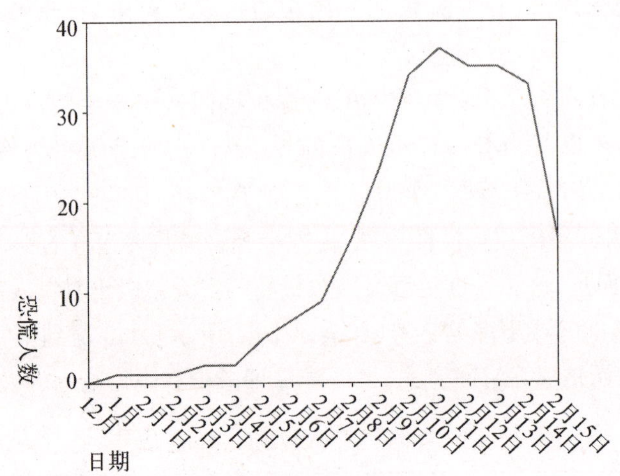

图1　恐慌人数统计(日)

第四,政府管理部门/主流媒体公布疫情后,恐慌行为的人数增长率降低乃至消失

对恐慌行为人数增长率的观察发现,虽然在管理部门/大众媒体开始报告SARS消息的2月10日和11日,恐慌人数达到最高值,但也是从2月10日开始,恐慌人数增长率发生变化。从2月5日到9日,5天恐慌人数均增长率为38.9%。在10日,增长率下降为29.4%。广州市政府通过电视发布SARS疫情的2月11日,恐慌人数增长率更下降为8.1%,自12日起,开始出现了零增长乃至负增长(如表2、图2所示)。换言之,虽然上述发现三显示公开疫情并未马上降低恐慌人数,公开疫情之日恰巧是恐慌人数增长率的逆转点,恐慌人数增长迅速获得抑制乃至消解,这一发现间接支持H3。

表2　恐慌人数增长(%)

日　　期	恐慌人数	人数增长(%)	恐慌总人数
2002－12	0	0.000	0
2003－1	1	1.000	1
2003－2－1	0	0.000	1
2003－2－2	0	0.000	1
2003－2－3	1	0.500	2
2003－2－4	0	0.000	2
2003－2－5	3	0.600	5

续 表

日　期	恐慌人数	人数增长(%)	恐慌总人数
2003-2-6	2	0.350	7
2003-2-7	2	0.222	9
2003-2-8	7	0.438	16
2003-2-9	8	0.333	24
2003-2-10	10	0.294	34
2003-2-11	3	0.081	37
2003-2-12	−2	−0.057	35
2003-2-13	0	0.000	35
2003-2-14	−2	−0.061	33
2003-2-15	−17	−0.106	16

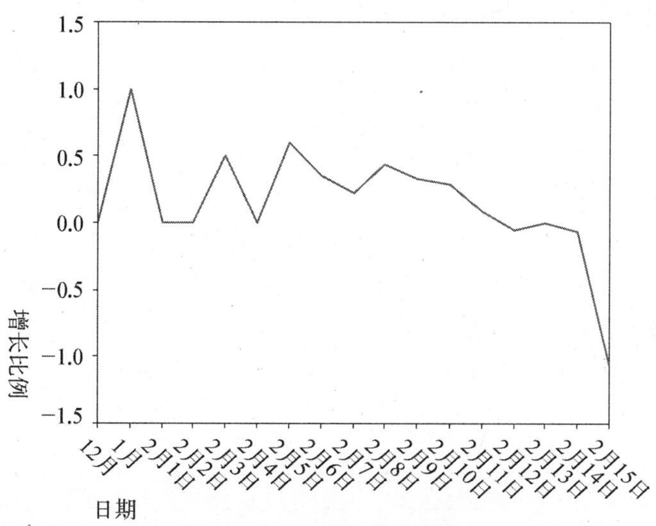

图 2　恐慌人数增长示意图

第五，使用人际传播信道与恐慌行为发生有正相关性，使用大众媒体与恐慌行为发生有负相关性

对信道使用和恐慌行为关系的交叉检验进一步发现，通过人际传播信道第一次获得 SARS 消息与恐慌行为发生之间有相对较强的相关性(0.333，p<0.01)(见表 3)，通过管理部门/大众媒体信道第一次获得消息与恐慌行为发生之间呈负面

相关性（-2.81，p<0.05）（见表 4）。这一发现呼应了上文对发现四的解释，即通过大众媒体公开疫情可能对恐慌行为有一定抑制作用，因而间接支持 H3。

表 3　信道与恐慌行为相关性检验：人际传播

		恐慌行为
人际传播渠道	Perason Correlatin	0.330
	Sig(2-tailed)	0.003

表 4　信道与恐慌行为相关性检验：大众传播

		恐慌行为
大众传播渠道	Perason Correlatin	-0.281
	Sig(2-tailed)	0.013

其他发现：

第一，大众媒体是大多数样本在日常生活中获得社会性信息的第一信道，但人际传播媒体在 SARS 爆发期间为第一信道

调查发现，在日常生活中，大多数样本使用大众媒体为获取社会性信息的第一信道。其中，使用报纸、电视、广播为第一信道者占 57.8%，境内电视高居这类媒体榜首，达 29.5%。这表明，拥有强大传播资源的管理部门/大众媒体在社会信息传播中拥有权威地位。虽然有多家境外电视在珠三角地区拥有电视落地权，但以境外电视为第一信道者仅有两人，包括一名在粤香港人员。使用人际传播信道、手机、座机和交谈作为第一信道者占 25.6%。其中，口头交谈高居榜首，占 19.2%。在样本人群中，以网络作为第一信道者高达 16.7%（见表 5）①。

表 5　平日获知社会性新闻媒体分布

	频　度	百分比	累积百分比
报　纸	18	23.1	23.1
境内电视	23	29.5	52.6

① 有关网络的数据或许不能代表一般公众的媒体使用习惯，而是和大学生在样本群中比例过高有关。在 28 名大学生中，8 人视网络为获得社会性新闻的主要信道，约占 36%；而在其他职业的 50 人中，把网络作为主要信道者仅有 5 人，占 10%。

续　表

	频　度	百分比	累积百分比
境内广播	2	2.6	55.2
交　谈	15	19.2	74.4
境外电视	2	2.6	76.9
手　机	4	5.1	82.1
网　络	13	16.7	98.7
座　机	1	1.3	100.0
	78	100.0	

作为对比，如上述，56.4%的样本在2月10日前通过人际传播信道获得SARS的消息。截至2月15日，整个样本人群中，通过人际传播信道、交谈、手机、座机第一次获得消息的样本高达84.6%（口头交谈：55.1%：手机和座机：15.4%，14.1%）。通过网络者达3.9%，而通过国内报纸、广播、电视等大众媒体者仅占11.5%（见表6）。这说明，在SARS消息的传播中，由于议程的失衡，公众对于管理部门/大众媒体的信心动摇，转而使用人际传播信道，也说明境外媒体于SARS爆发期间在珠三角地区无显著影响①。

表6　获知SARS消息媒体分布

	频　度	百分比	累积百分比
报　纸	3	3.8	3.8
境内电视	6	7.7	7.7
交　谈	43	55.1	66.7
手　机	12	15.4	82.1
网　络	1	1.3	83.3
网络(BBS)	2	2.6	85.9
座　机	11	14.1	100.0
	78	100.0	

① 北京SARS爆发时香港疫情已大规模蔓延，境外媒体对此做了广泛的报道。这使北京的SARS恐慌研究和广东不同，必须考虑境外媒体这样一个不能回避的影响变量。

第二,SARS爆发期间,由新媒体支持的人际传播削弱了管理部门/大众媒体的传播控制

调查还显示,在获知SARS消息后,88%的样本曾在三天内通知他人。其中,通知3人或3人以上者达69.2%,更有23.1%的样本通知7人以上。如果十分保守地将7人以上计算为8人,被通知人平均数为4。若以均增长值为4次方的传播速度,几轮之后,将可能使人际传播覆盖率超过许多大众媒体(见表7)。调查进一步显示,占25.6%的样本利用口头交谈,占55.2%的样本利用手机、座机或网络(BBS和QQ)等人际传播信道传播了SARS的消息(见表8)。这表明,由新型媒体强化了人际传播能高效率地传播信息,消解了管理部门/大众媒体对传播的控制。

表7 传播SARS消息后三天内所通知的人数

	N	传播人数(3天)	人均值	标准差
人数	78	312.00	4.00	2.851 3

表8 通知他人SARS消息时使用的媒体

	频　度	百分比	累积百分比
口头交谈	20	25.6	25.6
手　机	18	23.1	48.7
网络(BBS)	1	1.3	50.0
网络(QQ)	1	1.3	51.3
不记得	15	19.2	70.5
座　机	23	29.5	100.0
	78	100.0	

六、研究结论与局限

若在一定程度上,本试验性研究的发现反映出公众在SARS一类突发事件中的行为,可得出以下几点结论:

第一,在珠三角地区SARS爆发期间,管理部门/大众媒体的传播速度和覆盖范围明显滞后和狭小于人际传播信道(发现一、发现二,其他发现一)。

第二，在珠三角地区 SARS 爆发期间，虽然管理部门十分重视[①]，但在一段时间里，管理部门/大众媒体保持沉默。这种传播控制导致公众和管理部门/大众媒体传播议程之间的失衡（发现一、发现二）。

第三，在珠三角地区 SARS 爆发期间，大规模社会恐慌行为与传播议程失衡有明显关联性（发现四、发现五）。管理部门/大众媒体的传播控制对社会恐慌行为的增长规模负有责任（发现四、发现五）。

第四，在珠三角地区 SARS 爆发期间，通过由新媒体强化了的人际传播信道，公众拥有接受和传递有关信息的强大能力（发现一、发现二，其他发现一、其他发现二），利用封锁消息方式以达到保持社会稳定目的的传播控制因此失效（发现三）。

一般认为，历史与现实两方面的原因造成了管理部门/大众媒体的表现：其一，对重大突发事件实行新闻封锁的历史传统；其二，对负面消息在经济、政治、社会秩序等方面的社会影响的现实忧虑。对此，许多论者从新闻学或政治学的角度，围绕诸如公众"知情权"等问题进行了讨论，试图说明政治和新闻改革的一个重要方面是尊重公众的知情权利。鉴于"知情权"是一个获广泛重视的问题，似有必要就本研究提供的案例做进一步讨论。

"知情权"是对一种理想状态的诉求，唯其过于笼统，并非总是一个具有操作性的真实问题。具体言之，对传播者而言，报告全部"情"的成本是无法承担的。对于公众来说，了解全部"情"没有必要，也不可能。这样，在现实中，"知情权"实际上是一个新闻选择标准的问题。选择什么样的"情"才是问题的关键。有关新闻选择的标准是国内外学者、从业者反复讨论的问题。政治体制、市场需求、价值观念、经济利益、媒体所有制、职业道德，乃至从进化过程衍生出来的人类对不同信息类型的偏好程度都会对新闻选择发生影响。而不同利益群体之间的利益和价值博弈，在给定社会体制中权力的分配方式，是解释新闻选择标准最常见的角度。就本案例而言，管理部门，无论是依照以往传播控制的传统，还是出于经济发展、社会安定的考虑，曾试图控制大众媒体对 SARS 消息的传播。从价值观念上去看，这种控制来源于社会、群体利益高于个人利益的功利主义道德观（社会总体福利是决策的出发点），忽略了个体有知晓疾病、生命状态所遇威胁的权利。不能不承认，这种控制方式在不同社会制度下，在历史的不同阶段都不少见，唯其对社会福利的影响，短期

① 1月12日前后，广州市的几家医院开始收治外地转来的患者，标志着广东省已开始针对 SARS 做政府直接领导下的协同治疗；1月21日广东省卫生厅向省政府递交了有关疫情的专门报告，表示出管理部门内部对于 SARS 十分重视。

或长期，究竟是福是祸并非总能轻易判定。在本案例中，如果不从价值而从效率去评判，导致管理部门控制失败的直接原因或许不是忽视了这种公众权利或需求，即便这是一种人性中所固有的，由对危及性消息的天然敏感所带来的需求，而是没有意识到现代人际传播已使这种旧式控制变得十分困难，如果不是完全不可能的话。在本案发生的珠江三角洲，城市化进程已使那里居民大都生活在都市型聚落之中，其人际间交往和信息传播的范围与频度都远非乡村聚落中的居民堪与相比。新媒体又在技术层面上极大提升和丰富了人际传播的手段，致使人际信道有足够的能力将 SARS 那样的危机新闻散播开来。社会结构中的特定部分——居住形态、传播技术——的变化打破了原有的结构均衡状态。于是，在价值上或可争辩的传统新闻控制方式在实际操作中无可挽回地丧失了可行性。

然而，并非所有的"突发事件"，或管理部门/大众媒体与公众之间传播议程设置的失衡，都会如 SARS 那样引发大规模社会恐慌行为。在我们的社会生活中，公众广为关注却在大众媒体报道中阙如的传播议程不在少数，但能引发社会恐慌或动乱者少有可陈。SARS 危及生命，且其病理不详；它和每一个体利益相关，又充满不确定性。公众因此对有关消息高度敏感，反应强烈。如果珠江三角洲遭遇的是一个与此不尽相同的"突发事件"，如果 SARS 爆发在城市化聚落尚未形成的边远地区，传播控制是否也会带来如此令人尴尬的结果？

上述追问所透露出的恰好是本研究明显的局限：它只是对一个地区性案例的试验性研究，它分析的对象是一类罕见事件。显然，传播控制是影响社会效果的重要变量。那么，传播所涉事件性质、事件所发生的地理位置同样是。就理解传播控制带来的社会效果而言，对哪类事件消息的封锁将导致社会的动荡？传播控制与不同类型事件、与事件发生的具体环境之间的相互关系是怎样影响到最终的社会效果？这些有意义的问题恰是本研究无力回答的。只有不断积累政府与公众议程失衡的多种案例，叙述、对比、分析不同"突发事件"的性质和环境、传播控制方式，社会后果之间的各种可能的联系，并将之放在媒体资源、话语权力的社会配置体制中加以理解，我们或许才能更全面地理解传播控制对社会的影响，给出更接近事实的评价，无论是效率的，或是价值的。

中国媒介集团化研究的论域与争论盲点[①]

卢嘉杰[②]

一、导　言

媒介集团化是一个包含了多个层次的问题——媒介是否要集团化？如果要，该如何集团化？这是国内大部分研究中所关注的两个层面。不过，由于媒介产品具有公共性和外部性，因此其集团化的行为不仅仅是媒介个体的行为，同时还可以看作是一种社会行为。那么，媒介集团化之后会对社会产生什么影响呢？相对于前两个问题来说，关于这个问题的讨论是相对较少的。

本文以媒介集团化这一现象为研究对象，沿着从“是否该集团化”出发，进而讨论“如何集团化”，最后追问“媒介集团化之后会对社会带来什么影响”这一逐步递进的思路，对中国媒介集团化研究中的论域和争论作出分析。

二、关于媒介集团化本身的争论

1. 问题提出的背景

媒介集团化是发端于欧美国家，近年来在中国炙手可热的潮流。因此，要了解媒介集团化这个问题，有必要从回顾其在欧美地区的发展历史开始。

美国是目前世界上媒介市场化程度最高的国家，由于其自由开放的经营政策，

---

① 本文首次发表与《新闻界》2005 年 6 期。在撰写过程中，葛岩博士给予了笔者悉心的指导和宝贵的修改意见，深圳大学法学院的在读硕士生汪皓与笔者就文中的法律相关问题进行过有启发意义的讨论，在此表示感谢。

② 卢嘉杰，深圳信息职业技术学院商务管理学院讲师。

使得美国同时也是媒介集团化现象最突出的国家。从20世纪70年代开始，少数控制着国际节目市场的媒介公司就已经开始了大规模的兼并。这个趋势在80年代进一步增加，到90年代则发展到了极致。图1列出了全球前6名的企业公司在2000年的收入统计。

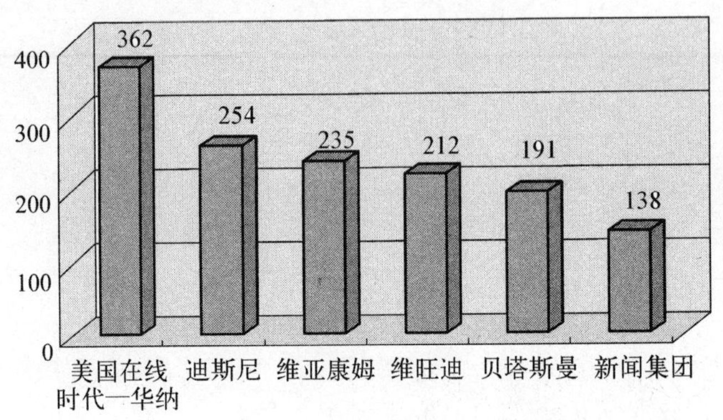

图1　六大跨国媒介公司在2000年的收入情况(单位：亿美元)[①]

根据相关统计资料指出，中国广播电视产业在1999年的总收入是360亿元，[②]折合45亿美元。这个数字还不及六大跨国媒介公司中排在末位的新闻集团在2000年中收入的1/3！难怪有学者形容这个现象为媒介产业中“在全球范围内被少数几个媒介集团支配的趋势”[③]。

只要我们仔细留意一下六跨国媒介集团的发展历程，就不难发现它们都是通过不断兼并和收购来达到发展扩张的目的的：美国在线与时代一华纳合并、迪斯尼与ABC合并、维亚康姆收购CBS、维旺迪收购美国电视网、贝塔斯曼收购兰登书屋(Random House)、新闻集团收购英国天空广播(British Sky Broadcasting)和香港的Star Television。从以上的典型例子中我们可以看出，它们兼并和收购的目标基本上都集中在欧洲和北美地区，偶尔也会涉及亚洲等发展中地区。美国密歇根大学的研究人员对比了美国和欧洲两个地区媒介之间兼并与收购的情况。从他们的研究结果之中我们可以看出，虽然这两个发达地区的具体政治经济环境及媒介经营模式有所不同，但两个地区的媒介兼并与收购案例在20世纪90年代总的来

① 曾华国(2004).《媒体的扩张》.广州：南方日报出版社，2004.

② Zhou, W. (ed.) (2002). *Meida Industry in China*. Beijing: Guangming Press: 33.

③ Herman, E. S. & McChesney, R. W. (1997). The Global Media: The New Missionaries of Corporate Capitalism, London: Cassell.

说是呈上升趋势的(见表1)。

表1　美国与欧洲媒介企业收购兼并案例年度统计表

时　间	总　数	美　国	欧　洲
1990年	82	46	34
1991年	115	51	62
1992年	102	53	44
1993年	147	105	40
1994年	210	144	62
1995年	287	194	87
1996年	313	210	95
1997年	287	187	93
1998年	271	156	103
1999年	257	148	103

数据来源：曾华国.媒体的扩张[M].广州：南方日报出版社，2004：94.

媒介兼并收购和集团化的趋势之所以会在西方发达地区愈演愈烈，可以从外部环境与内部需求两个方面去解释。

在过去，由于电波频道资源的有限性，以及出于对公众利益的考虑，欧美政府对广播电视媒体的经营进行了严格的控制。然而，从20世纪80年代开始，通讯科技的发展，使电波频道不再成为短缺的资源。因此，欧洲各国的政府逐步对电信业实施"撤管"(deregulation)政策，使得在六七十年代一直主要处于国家控制和管理之下的电信业进入完全自由的市场竞争中。同样的，在美国，电信业的"自由化"(liberalization)的规则孕育了收购和兼并的环境。这是理解少数跨国媒介为何得以迅速扩张的基础①。

但值得注意的是，科技手段只能够解决技术上的问题——使电波频道不再短缺，而对于社会层面的问题——政府对电信业撤管之后所带来的社会影响，则显得鞭长莫及。

而在内部需求方面，我们可以从了解媒介集团扩张的主要方式入手。媒介企业集团化的主要方式有三种：横向扩张、纵向扩张、混合扩张②。横向扩张指的是

① 曾华国.《媒体的扩张》：94.
② 胡正荣(2003).《媒介市场与资本运营》.北京：北京广播学院出版社.

一个媒介企业兼并收购其他同类媒介企业，这种集团化方式可以迅速提高媒介企业的市场份额，扩大销售面，既减少了竞争对手，又可以有效压制剩下的其他竞争对手的发展。纵向扩张是指媒介企业在媒介产品生产链上进行整合。纵向整合把分散在媒介产品生产过程中的各部分交易成本转化为了企业内部的管理成本，在通常情况下，只要企业管理得当，转化之后的管理成本会大大低于转化之前的交易成本(因为省去了税金和原本属于其他企业的利润那部分资金)。更重要的是，一旦某一媒介企业掌控了生产链中的一个重要环节，就能够使竞争对手处于非常被动的境地。而混合扩张的意思是，一家媒介企业兼并收购了另外一种媒介的企业，或者是指原属于其他行业的企业兼并收购了媒介企业。混合扩张可以让媒介企业充分利用其资源，将同样内容的文本应用于各种不同的媒介之中，创造出比单一媒介更多的效益；同时又可以帮助其他行业的资本进入媒介业，使媒介业得到更大的发展动力。

综上所述，欧美发达地区的媒介集团化趋势是媒介业发展成熟之后的产物。在媒介和电信业经过多年的发展逐步走向规范化和对公众负责之后，政府方开始对其撤销管制，使其过渡到市场化，造就了如今风起云涌的巨型媒介集团扩张格局。

然而，在崇尚市场经济、自由商业的美国，对于媒介集团化的问题也并非是众口一词地持赞成态度的——是满足股东，尽量赚钱呢，还是满足社会，提供一些对社会发展有利的信息呢？是满足广告客户的需求，还是满足受众对全面、客观信息的需要？在美国的报纸行业存在着以上激烈的争论。在20世纪40年代，几乎所有的美国日报都是由独立家族经营的。到了现在，报纸总数与当时的1 500家相差无几，但几乎所有日报都是由公司化的媒体集团所控制[①]。因此，有人认为媒体的集团化是对新闻产品独立性和质量的直接损害，是对公众利益的伤害。在媒介集团化最活跃的美国，同时也是对媒介集团化的负面影响揭露得最尖锐的地方。其中，罗伯特·麦克切斯尼在他的《富媒体穷民主：不确定时代的传播政治》中就尖锐地指出了联合媒介体系与民主社会内在需求的传播之间形成的结构性的矛盾。

相比之下，中国的媒介集团化步伐则走得有些仓促和蹒跚。

媒介经营主要有三种模式：以前苏联为代表的权威制、以英国为代表的家长

① 曾华国.《媒体的扩张》：242.

制、以美国为代表的放权制[①]。在过去,中国的媒介经营使用的是权威制,媒介一直被认为是党和政府宣传的喉舌,而忽略了其对公众负责和获得经济利润的职能。受到这种观念的影响,在20世纪80年代以前,对媒介的经济性和公共性的研究基本上是空白的。

正如一些学者——赵月枝、童兵——所总结的那样,从1978年至今,中国大陆的新闻传播业经历了两次发展的高潮。第一次是在1985年前后,在全国和全党的工作真正确立以经济建设为中心之后,新闻媒介的诸多观念也随之更新;第二次突破出现在1993年前后,中国大陆正式确立了社会主义市场经济体制,新闻体制改革的内容围绕多种所有制形式和多种经营权形式、所有权和经营权的分离展开,媒介经济逐步实行"外部断奶,内部开放"的自收、自支、责任承包的管理制度[②]。

到了20世纪90年代以后,由于新闻体制改革的深化、传媒业的飞速发展以及加入WTO之后所带来的压力,中国大陆的媒介不得不作出相应的改变。尤其是巨型跨国媒介集团对中国大陆这个巨大市场都虎视眈眈,更是使他们感受到了前所未有的生存危机。在这样的背景下,"做大做强"这个口号在传媒业中响彻天际,一时之间,媒介集团化似乎成了能解决各种问题的灵丹妙药——多数集团化都是政府行政手段干预下的产物。随着人们对媒介集团化问题越来越关注,相关讨论也越来越多,下面让我们一同看看"目前媒介是否要集团化"这个论域中的主要争论。

2. 主要争论

在"目前媒介是否要集团化"这个论域中,主要有两派观点——一派是对集团化持热切期待的态度,认为集团化是中国大陆媒介业发展的必经过程和抵御外来冲击的重要手段,越快完成越好;另一派则对集团化持冷静对待的态度,认为媒介集团化的进程不应该操之过急,要分析清楚集团化会带来哪些利与弊之后再从容面对。

由于中国大陆的媒介业过去一直处于国家垄断的状态,没有经历过市场竞争的洗礼。因此,在这个论域中,主流观点是热切期待集团化。面对西方传媒列强的觊觎,中国媒介集团唯有通过跨媒体、跨地区、跨行业的整合与重组,迅速做大做强

---

① 胡正荣.《媒介市场与资本运营》.

② 曾华国,《媒体的扩张》:7。

才有出路。[①] 而在“做大做强”这个原则上，提出者们又有如下的论述：做大是指形成一定的经营规模，属于量的变化；做强是指形成一定的核心竞争力，属于质的变化[②]。直接点说：做大不是组建集团的最终目的，最终目的还在于做强[③]。

同样是面临着加入 WTO 的环境，另外一些学者却对传媒业是否会遭遇强烈的冲击持有截然不同的看法。清华大学传播系的刘建明教授指出，在中国加入 WTO 的议定书上，根本就没有就外国媒体批准进入中国和中国媒体进入外国市场达成任何协议，但许多杂志的文章却让人觉得我国的媒介产业面对国外媒体的冲击将岌岌可危[④]。既然跨国媒介集团的必然威胁论无法成立，那么，在此基础上建立起来的媒介集团化观点也就失去了其存在的依据。

除了外部原因受到了质疑之外，还有一些学者深入分析了目前传媒业的状况，发现集团化并不是解决传媒业问题的灵丹妙药。媒介集团化并没有像原先所期待的那样迅速解决中国大众传播事业所存在的问题。除少数媒介集团以外，大多数媒介集团的建立反而带来了许多令人费解和尴尬的问题。有的媒介集团事实上成了被学者比喻为试图与“航空母舰”相抗衡的捆绑起来的“小舢板”。“先做大，再做强”的思路似乎并不能在短期内解决同跨国媒介集团竞争的实力差距问题[⑤]。

从以上的分析中我们可以看出，虽然目前支持集团化的声音占据着主流位置，但是呼吁理性对待集团化的建议也有支撑其存在的充分理由。而且，随着媒介集团化的进程一步步往前推进，其遭遇的问题将会越来越多，届时，业界也许会回过头来关注那些对媒介集团化持保留态度的意见。

三、媒介集团化发展的三种模式

尽管在“媒介目前是否需要集团化”这个问题上，各派学者争论不休，而且也有各自的道理。但是，就目前业界的实际情况来看，集团化似乎已经成了一个必然的趋势。自 1996 年 1 月广州日报报业集团成立以来，到 2002 年为止，已经组建成的报业集团共有 26 家；而在 2001 年 4 月之后，上海、北京等地也先后成立了广播电

---

① 林如鹏，跨媒体、跨地区、跨行业——中国媒介集团做大做强的必由之路，《新闻大学》，2002(冬)。
② 同上。
③ 曾凡安，传媒产业 重在做强，《新闻战线》，2002(5)。
④ 刘建明，WTO 架构下传媒入世的杜撰，《当代传播》，2002(2)。
⑤ 段京肃，媒介集团化的喜悦与尴尬，《广播电视大学学报(哲学社会科学版)》，2004(3)。

视电影集团[1]。从以上例子中我们可以看出，对于“是否该集团化”这个在学术层面上悬而未决的问题，业界在实践层面其实已经做出了肯定的回答。因此，本文的分析思路有必要进一步深入，从“是否该集团化”这个层面过渡到“如何集团化”这个层面上。

在“媒介该如何集团化”这个论域中，因为各种观点之间并没有绝对的排斥性，所以虽然各种各派的观点不少，但似乎没有引发激烈的讨论。同时由于这个论域具有较强的实际操作性，因此之中讨论多数以案例研究和经验介绍的形式出现。

以下是对媒介集团化三种常见模式的介绍，并且讨论了它们各自的优点与不足。

1. 政府主导型

深圳报业集团是政府主导型的媒介集团化的典型例子。

深圳报业集团由深圳特区报业集团和深圳商报社合并组成，于2002年9月30日正式挂牌。深圳报业集团目前属下有9报4刊——《深圳特区报》、《深圳商报》、《深圳晚报》、《晶报》、《深圳法制报》、《深圳都市报》、《深圳青少年报》、《深圳新闻日报》、《香港商报》、《旅游天下》、《深圳周刊》、《焦点》、《汽车导报》——后4者为期刊。

在组建成集团之前，《深圳特区报》和《深圳商报》都是综合性的党报。深圳报业集团成立之后，对这两大报的功能进行了调整。对《深圳商报》提出了三个定位：性质定位——党报；内容特色定位——以经济报道为主的大型综合性日报；目标读者定位——白领或中等收入阶层。强调综合性，突出经济性，增强权威性。综合性是基础，经济性是核心，权威性是关键。《深圳特区报》是市委机关报，调整之后是以政治、文化、经济报道为主的大型综合性日报。它的特点是大力传播特区实验场的新观念和新经验，积极为中国改革的大业鸣锣开道，以浓郁的“窗口”色彩和鲜明的改革精神满足读者的需要[2]。

深圳特区报业集团和深圳商报社这两个媒介进行了集团化之后，在经营方面带来了以下优点。

在深圳报业集团成立之前，《深圳晚报》、《晶报》的广告都没有独立核算。报业

---

① 林如鹏，跨媒体、跨地区、跨行业——中国媒介集团做大做强的必由之路。

② 邹武元，深圳报业集团的成功探索，《当代传播》，2004(6)。

集团成立之后，每个报社都有自己独立的广告部，经济单独核算，各报总编对报纸的采编、发行、广告收入等情况心里都清楚①。除此之外，由报业集团成立之后所带来的统一协调安排，能够使各份报纸在市场定位、广告客户、订阅发行方面有了明确的划分，这就有效遏制了各报刊之间的内耗现象，有效促进了良性竞争的发展。

不过，这种行政手段促成的集团化存在着以下问题：

首先，深圳报业集团和深圳商报社是两个分量相当的报刊经营单位，两个同级别的单位进行合并，而其中又没有考虑两者之间的资本实力的优劣，而纯粹以行政手段来实行合并，这使得合并之后的经营权只能由政府来授予，这点并不符合作为产业的标准。

其次，人为地对业务范围进行划分，而不是让企业自由发展，会对集团的成长产生阻碍作用。这是因为，市场环境变化无常，企业是直接与市场接触的，是对市场最敏感的组织，因而它比政府更能根据市场实际情况作出适当的决策。而一旦以行政决策代替市场调节，这对集团发展来说是不利的。

第三，这种行政手段促成的集团化，会使得集团内部的成员过分关注彼此之间的行政关系及协作，而忽略了业务上的协作及资源整合。

2. 中外合作型

默多克是一位深谙与中国合作之道的国际传媒巨人，新闻集团下属的凤凰卫视是目前最成功的中外合作型媒介集团之一。

从资本结构和总部设立地点来看，凤凰卫视实属于境外媒体。但默多克本着“资本全球化，文化本土化”的战略，看起来并不干涉凤凰卫视的管理工作②。现任凤凰卫视董事局主席兼行政总裁刘长乐在谈到和新闻集团的关系时说：“新闻集团非常放手，让凤凰卫视的管理层大胆尝试他们的努力。我们的董事会从来没有发生过任何争议，股东之间从来没有发生过令人不愉快的甚至是微小的争论，这在很多公司的合作中都是罕见的。”③而且，凤凰卫视的主要收视群体是中国大陆的观众。因此，无论从管理还是从收视群体来说，凤凰卫视与境内媒体之间在一定层面

① 邹武元，深圳报业集团的成功探索。

② 肖珺，资本游走中的文化转型——再看鲁伯特·默多克的“资本全球化，文化本土化”战略，《中国传媒报告》，2005(1)。

③ 同上。

上来说是具有可比性的。

凤凰卫视的前身是卫星电视(即现在的"星空传媒")旗下的卫视中文台,于1991年开播。卫星电视由李泽楷于1990年创办,在经历了连续三年的亏损之后,于1993年,他以5.25亿美元的价格,将卫星电视64%的股份出售给了默多克的新闻集团。到了1999年,默多克又购买李泽楷手中剩余的卫星电视的全部股份。至此,卫星电视成为了新闻集团旗下的全资子公司,成了默多克进军中国大陆的桥头堡。

凤凰卫视于1996年3月31日启播,全力攻占泛亚地区商业卫星电视的服务领域。节目通过亚洲三号S卫星播出,信号覆盖面积达50多个国家和地区,人口超过20亿,其中华语人口占62%以上。凤凰卫视有限公司由三家股东组成:今日亚洲有限公司、香港卫星电视有限公司及华颖国际有限公司。卫星电视及今日亚洲各占45%的股权,而华颖国际则拥有余下10%。香港卫星电视由美国新闻集团全资拥有,具有丰富的国际经验。今日亚洲主要股东实力雄厚,在中国大陆市场有丰富的运作经验,多年来已在石油贸易、公路、交通、地产实业等领域投资近百亿。今日亚洲与中国大陆各界广泛、密切的关系,为凤凰卫视进入中国市场创造了良好的政策环境。华颖国际是中国银行的下属公司,具有丰富的金融及中国大陆项目开发的实力,其母公司中国银行的总资产约为2.8亿元。(http://www.cmni.com.cn/othres/xg/fhwsjj.htm,2005-6-30访问)

通过资本构成我们可以看出,凤凰卫视是一个具有境内和国际背景的媒介集团。来自中国大陆、香港,以及其他国家和地区的资本多元化共存的资本组成方式,使其在发展中具有以下的优势:

(1) 为凤凰台向国际大台发展打下了良好的基础[①]。

(2) 资本构成多元化造就了凤凰台内文化环境的多元化。凤凰台尝试将代表内地深厚传统的北方文化,代表港台前卫潮流的南方文化以及现代西方的表现手法共冶一炉,形成凤凰台独特的"边缘风格"[②]。

(3) 资本来源的多元化还促进了凤凰台在人事上的国际多元整合。凤凰卫视的高层管理人员包括了来自中国大陆的、香港的和西方各国的,在制定决策时经常发生争论,但这种争论对于凤凰台整体发展来说是有益的。

---

① 陈新华,凤凰卫视何以快速发展,《新闻知识》,2000(4)。

② 同上。

(4) 多元化的资本来源，同时还使得凤凰台的新闻触觉更具有国际性。凤凰台报道了许多中国大陆电视台没有报道的西方新闻，在报道国际新闻时也比中国大陆绝大多数电视台具有更高的时效性——如对美国"9·11"和俄罗斯别斯兰事件的报道。这对处于改革开放中进程中的中国民众来说是非常重要的。

不过，凤凰卫视这种拥有外资背景的身份在另一方面也使得其在发展中遭遇到了一些障碍：

(1) 在中国大陆有很大一部分地区仍无法收看凤凰卫视，凤凰卫视在中国大陆的收视率与大部分当地电视台相比仍然偏低。

(2) 由于凤凰卫视是总部设在香港、面向全球华人的卫星电视台，其节目的制作和播出均不需经过中国政府审查。而在中国大陆，民众只能通过当地有线电视系统才能收看凤凰卫视。因此，一旦凤凰卫视的节目涉及敏感内容时，会立即遭到删节，从而降低了凤凰卫视的到达率，并大大影响了节目的完整性。

(3) 在中国大陆的媒介业中，凤凰卫视被介定为境外卫星电视。根据有关规定，当地的有线电视台是可以在境外卫星电视的节目中插播广告的。因此，凤凰卫视的节目时常被地区有线电视台插播广告，这严重影响了凤凰卫视中广告信息的到达率，有时甚至影响了节目的完整性。

3. 传统行业资本进入型

2002 年 12 月 18 日，中国传媒业和中国企业界的"两大巨头"成功地"握手"：上海的文新报业集团和江苏的上市公司春兰(集团)公司签署协议：文新报业集团及其所属的上海星期三报社向春兰(集团)公司转让上海星期三报业经营有限公司部分股权(文新报业集团和上海星期三报业经营有限公司各 15%，共 30%——笔者注)，作为文新报业集团旗舰之一的《文汇报》与春兰(集团)公司就今后的发行、广告、企业形象宣传和版面联动等方面开展多方位合作。两大巨头的成功"握手"，被专家称为"开创了中国传媒业与企业界深层次合作的先河"，"其意义远远超过一般概念上的投资和合作"。①

文新报业集团是我国第二大报业集团，拥有十几份报刊以及文汇出版社，旗下有 3 大主报《新民晚报》、《文汇报》和《Shanghai Daily》；另有子报《上海星期三》、《新民体育报》、《文学报》、《文汇读书周报》、《行报》等；杂志则有《新民周刊》、《新闻

① 承伟毅. 中国传媒业面临五大变局.《中国经济快讯周刊》，2003(5).

记者》、《新民围棋》、《萌芽》等，同时公司还涉足影视传媒业，如参与电视剧《长恨歌》的投资制作。

媒介行业是一个新兴的“朝阳产业”，由于其在一定程度上的垄断性，更被誉为是“最后一个暴利行业”。面对着媒介行业这棵摇钱树，各大资本纷纷出手发起攻势。传统行业的资本进入媒介行业，至少在两个方面是有益的。

首先，对于处于传统行业的企业来说，经过了多年的发展，行业逐渐趋于成熟，企业所能获得的利润已经非常接近平均利润。在这种情况下，传统行业的企业投资媒介业，可以为其带来新的利润增长点。同时，这种跨出原本行业的投资，可以使企业的业务更加多元化，从而保证了企业收入的稳定性。

另一方面，媒介业是一个新兴的行业，缺少资本原始积累。而传统行业资本的进入，能够很好地填补了媒介业的这个空缺，为媒介业的发展提供动力。

基于以上两点有利之处，可以看出，传统行业的资本进入媒介业，能够带来一个双赢的局面。

不过，这种跨行业的结合也会导致一些问题，尤其是在经营方针方面。传统行业的经营与媒介经营有着很大的区别，因此，来自传统行业的出资方与来自媒介业的经营者之间常常会发生矛盾。

四、总　　结

1. 支持媒介集团化的理由不足

目前，支持媒介集团化的合理性的原因主要有两个：其一，集团化能抵御国际传媒集团对中国媒介的冲击；其二，媒介集团化之后，收入比集团化之前有所增长。

对于第一个原因，在前文中已经指出，有关中国传媒入世的传言是缺乏根据的，只不过是人们对于形势的错误判断，或者是为别有用心的人所利用的借口。

至于第二个原因，则是许多媒介集团成立之后所宣扬的成绩。以深圳的广告业为例，媒体广告在总户数上占少数，但在产出和收入方面是深圳广告业的主导和强势产业。2002 年深圳广告营业额为 34.8 亿元，其中的 60.2%为媒体所有[①]。而在这 60.2%当中，绝大部分为深圳报业集团与深圳广播电视电影集团这两个媒介

① 李蕾蕾，张晓东，胡灵玲. 城市广告业集群分布模式——以深圳为例.《地理学报》，2005(3).

集团所占。从以上数据中我们可以看出，媒介在集团化之后，由于垄断了媒介资源，使得相关产业——尤其是广告业——在发展上遭遇到了障碍。

媒介集团化所造成的资源垄断除了会阻碍相关行业的发展，更加会造成社会资源的浪费，从而影响社会福利的最大化。由于垄断者收取高于边际成本的价格，并不是所有对物品评价高于物品成本的消费者都买它①，因此，垄断者生产并销售的数量低于社会有效率的水平，导致社会资源造成无谓损失。

既然抵御外来冲击只不过是一个实际上并不存在的借口，那么，这股不惜浪费社会资源、损害社会福利来大力鼓动媒介集团化的动力又是什么呢？答案就是——幕后各个利益集团的角逐。

目前，中国大陆媒介集团化的大部分动作都只是区域性的（而且基本上都集中在媒介利润丰厚的经济发达地区，且其划分与行政划分有惊人的一致性）——同一区域内的报纸媒体合并成报业集团；广播电台、电视台和电影厂合并为广电集团——而不像国际上常见的跨区域合并。这种不以经济利益为指导原则的集团化活动，背后隐藏着的似乎更多的是各个强势媒介在政策庇护下的圈地活动——这种圈地运动是以各个势力不相互干扰为潜在规则的。

然而，目前这个论域的大部分讨论都没有涉及这个更深层次的利益问题，而只停留在前文所提到了两个表面原因上，这是不够深刻的。

2. 对媒介集团化的制度性讨论不足

媒介要实现集团化，首先要明确媒介的产权——只有产权明确了，媒介才能自由进行买卖，才能真正通过市场行为实现集团化。不过在中国大陆，媒介一向被视作政府宣传工具，其在绝大部分情况下属于国家财产。因此，目前大部分所谓的媒介资本运作的实质都只不过是在“替政府投资媒介”。投资者投入了资本，并且从中获得了一些利润，但媒介的产权仍旧是归国家所有，媒介集团仍旧是国家的媒介集团——虽然其中包含了国有资本以外的资本（这种投资与产权的分离，把中国的媒介集团化操作推至了一个尴尬的境地，本文将会在下面的讨论中对其进行分析）。产权的不明确，使媒介集团化缺乏了依据。

而且，虽然目前中国的媒介集团化操作受到《中华人民共和国公司法》和《中华人民共和国证券法》的保护，但却没有行业专门立法，使得其中某些操作过程缺乏

---

① 曼昆(2004).《经济学原理》(上册)(第三版).北京：机械工业出版社.

透明度。有些媒介投资者则形象地形容,“投资媒介业,既要获得利润,又要不触犯政府的底线,需要一种走钢丝的艺术”。

因此,在讨论媒介集团化该如何实施时,不应该只把眼光局限在具体形式和操作上,更重要的是考虑现实中是否具有实施集团化的基础。只有产权明确了,集团化才能真正实施;只有有了相关法律法规的出台,投资才能更透明、更有保障。

3. 缺失的论域——媒介集团化所带来的社会影响

跟一般的产品不同,媒介产品具有公共性和外部性,这是众所周知的道理。但是,自从媒介集团化问题出现以来,人们的关注点似乎都集中在“集团化的必要性”以及“集团化的方式”这两个实用性的焦点上,而忽略了媒介集团化之后给社会所造成的影响。

媒介集团化在西方和中国分别导致的困境

要填补国内研究在这个层面上的空白,首先要让我们一起来看看国外学者在这个领域的研究成果。

在20世纪六七十年代,美国新闻学界针对媒体产权越来越集中的状况,提出了把资本主义社会的自由主义媒体模式发展成为新闻民主参与模式。一些学者认为,媒体对民主产生了以下重要作用:

(1) 一个完整的媒体制度可以迫使执政者要向人民负责和解释。这个制度同时也使那些想要成为执政者的人向人民作出解释。

(2) 一个完善的媒体制度必须对当前重大的社会和政治问题提供足够的、全面的、可靠的信息。

(3) 一个完整的媒体制度能够保证所有公民都有权利在其框架上进行议事,发表自己的意见。

在这种理论下,西方一些学者提出民主参与理论,来改良原有的媒体制度。其中的代表人物有:美国学者J. A·巴隆,著有《媒介接近权:为了谁的出版自由》(1973);以及B. H·巴格迪坎,著有《传播媒体的垄断》(1983)[1];而罗伯特·麦克切斯尼则从媒介大亨控制对民主社会的危害着手进行研究,著有《富媒体,穷民主——不确定时代的政治传播》。

结合目前西方的媒介集团化状况和以上的结论,我们不难发现,媒介集团化在

① 曾华国.《媒体的扩张》:242.

西方的发展导致了一个悖论——媒介集团化作为自由市场经济的产物，到头来却损害了自由市场经济健康发展所必需的民主制度——这是媒介集团化为西方所带来的困境。

而在中国，媒介集团化所导致的却是另外一个困境。

在前文中已经提及，媒介集团化的前提是明确产权，只有通过市场上公司股份的买卖才能最终实现集团化。但是，一旦媒介进入了市场，则必然会对其原本的"政府的喉舌"的属性带来影响。要实现集团化，就先要市场化，而市场化又会削弱媒介作为"政府喉舌"的功能，这明显是政府不想看到的后果——市场化和作为喉舌之间的矛盾，是中国媒介集团化所处的困境。

有关媒介集团化的社会影响的三个思考角度

除了市场化和喉舌功能之间的矛盾外，媒介在集团化之后，对媒介产品会产生什么样的影响，也是需要关注的问题。对此，我们可以从以下三个角度去思考：同质化、媚俗化、公共领域的消失。

在媒介集团的眼中，受众不是具有独立思考能力的市民，而是能为它们带来利润的消费者，是广大的市场。而它们的任务，就是制造能够影响受众认知和行为的流行文化。法兰克福学派的代表人物阿多诺曾经尖锐地指出，流行的显著特点是标准化和虚假个性，即只以自身为目的，而不是引导更深入的欣赏。一旦它的某个程式获得了成功，工业社会就会借助于复制技术大肆渲染某种同样的东西，并且通过被动的强化，最终使之成为一种社会的黏合剂[①]。出于对成本的控制和生产效率的追求，媒介集团会使用标准化的方式来进行生产，好莱坞电影就是典型的例子——从其剧本、拍摄和宣传手法中处处可见标准化生产的痕迹。即使在大众流行文化的边缘地带可能会出现另类文化，媒介集团也可以凭借其强大的资本和媒体资源，吞并或扼杀新生的另类文化。媒介集团的以上行为，导致了媒介产品的同质化。

同时，一些美国学者以美国在线和时代—华纳的合并为例子，指出了在《Telecommunications Act of 1996》通过之后，媒介整合的趋势开始朝原先仍被认为是具有民主性和多样性的互联网发展——互联网上的整合现象越多，其信息源的多样性就会越来越少[②]。

① 殷晓蓉. 传播学方法论的第一次冲突及其后果.《新闻与传播研究》，2002(4).

② Blevins, J. L. (2002). Source diversity after the telecommunications act of 1996: Media oligarchs begin to colonize cyberspace. Television & New Media. Vol. 3 (1): 95 - 112.

既然媒介集团的终极目标是追求自身利润的最大化，那么它必然会尽其所能迎合消费者的口味。而且我们不得不承认，绝大部分受众都是向往简单的快乐的。在以上两个因素的作用下，在媒介集团主宰信息传播的情况下，高雅文化无可避免地会因为失去市场而消亡，整个社会的文化会趋向媚俗化发展——这种降低大众品味、阻碍艺术发展的影响是大众媒介的负功能之一①。当然，高雅文化会消亡是一种对于极端情况下的预言，但是，媒介集团唯利是图的本性会使社会文化媚俗化确实是一个不容忽视的问题。

对于媒介技术发展持乐观态度的人都会认为每种新技术的发明都是带来更多的民主和自由。但是事实证明，无论是印刷书、广播电视，以至于当今如日中天的互联网，都会随着大媒介集团的介入而逐渐丧失其民主性。曾经有人将电视媒介比喻为新的“公共领域”。然而，随着集团化动作的升级，即使是在以民主自由著称的美国，电视节目的制作与播出都已经慢慢为四大电视网所控制——对新闻进行戏剧性处理，忽略深度报道，忽略幕后新闻，忽略因果关系；通过预先串通好的“辩论”迷惑受众；请出“快思手(fast-thinkers)”②来引导受众的思想。媒介集团通过单一的信息阻止和误导了公众对时事的客观判断，从而削弱了媒介营造民主的“公共领域”的功能。

媒介集团化对于民主会造成怎样的冲击，是讨论媒介集团化时需要考虑的重要问题。

五、结　语

“集团化”这一在其他行业司空见惯的现象，一旦触及敏感的媒介业，便衍生出了许多引人深思的问题。本文循着从“是否该集团化”开始，进一步探索“如何集团化”，最终追问“集团化会带来什么影响”这一思路，总结了媒介集团化这一研究领域中的主要论域与争论。并且在现有的基础上，试图挖掘出隐藏在集团化背后的利益集团的角逐，以及唤起人们对媒介集团化的社会影响的思考。

也许时至今日，媒介集团化已经不能称作是一个新鲜的热点问题，但它却对中

① 赛佛尔，坦卡德(2005).《传播理论：起源、方法与应用》.北京：华夏出版社：350.
② 布尔迪厄.《关于电视》.沈阳：辽宁教育出版社，2000：29.

国社会发展的进程产生着巨大的影响作用。而且，至今为止，对这个问题的讨论也未能说是已经到了一个透彻和清晰的程度。因此，对于集团化问题继续给予关注，并进一步挖掘更深层次的问题，无论对于学术界还是对于业界来说都是很有必要的。

编 后 语

葛 岩

2004 年底，我还在深圳大学传播系教书，深大刚成立的传播与文化发展研究中心获得了广东省教育厅这个报业研究的项目。从 2005 年起到 2009 年结项，我们做了四年多。到现在结集面世，竟过去了近七个年头。当时协助调研和写作的本科生、研究生，有的就要读完博士，有的已工作有年，身为人父。听说予敏和我在编这个集子，他们会调笑说："是那个'考古'项目么?"至于论文中描述的东西，相关的发现，提出的观点是否仍然有效，予敏在《序言》中有所评论，读者心中也会各有其数。

在此，我想感谢那些帮助过我们的人们。我感谢江艺平女士。我们本不相识，她却热心帮我联系几次重要访谈。她是大忙人，但仍大早赶到我住的招待所，一路送我去见被访者。在国外生活的时候，读过她激情洋溢的《让无力者有力，让悲观者前行》。见了面，才知她本谦和、含蓄、低调，与她激越的理想主义，貌似对立，实为交响。

我感谢范以锦先生。在百忙之中，他给了李明伟和我长达四小时的访问时间，且有问必答，既直也谅。和他轰轰烈烈的事业对比，范先生谈吐朴素、恳切、厚道，让我想起 1985 年第一次南下广东时的感受：没有北京的高屋建瓴，没有上海的精细雅致，广东多了些实在，和实在一起的，是韧性包裹着的倔强。分手前，范先生留给我一句与访谈无直接关系，却能帮助理解他的事业和为人的话："想要高调做事，就要低调做人。"

我感谢《南方周末》的第一任主编左方先生。2007 年，在一个上岛那样的咖啡店里，年逾七旬的他接受了明伟和我长达七个小时的访谈。左老是性情中人。他的故事生动，言辞淋漓，融汇时弊鞭挞与人生自嘲，活灵灵道出一个老报人事业和生活的起伏跌宕，折射出广东报业戏剧化的发展，中国报业乃至社会时喜时悲的巨大变迁。老人明言，他拒绝写回忆录，真是令人嗟叹。

我感谢广东新闻传播研究的前辈吴文虎教授和暨南大学的董天策教授。吴老在广东传媒行业学生众多。调研的时候，蒙他介绍，我们才得以访问到一些二、三线城市的报人。2006年，依据当时已有的研究成果，我们在中国传播学会年会上举办了一次相关讨论。吴老和董教授不辞做了评说人，给予我们许多鼓励。

予敏和我也感谢本书中所有的论文作者。他们多是我在深圳大学时的同事和朋友。合作中，林晓光厚积薄发的才气，时而辛辣，时而优美的文字，刘劲松做事的干练，可信赖感，李新立的聪慧和尖锐，李明伟的干劲和效率，都给我留下了深刻印象。我和云南大学的杨星星、孙信茹副教授只有朋友饭桌上的一面之交。但当知道我们缺少了解云南报业的研究者，他们乐伸援手，帮了大忙。今夏去昆明，本想能见到二位，不巧，他们出去做田野调查。卢嘉杰是我在深圳大学时的学生，那种让老师骄傲的学生，现在也开始了他的教书生涯。这部集子中有嘉杰多篇文章，他的贡献不言而喻。

最后，予敏和我还要感谢上海交通大学出版社的郁金豹和易文娟两位编辑，感谢他们高成效的工作。我个人特别要感谢他们近年来不间断的鼓励和督促，执著地要求我把自己的思考变作文字。

阅读文献资料和访谈时的感慨，写作时的纠结，有了思路后的兴奋，提出观点时的自信和犹豫，获得认识或不认识的朋友帮助后的感激，如今都已消融也凝固在本书中的文字里。也许某一天，幸运的话，成为他人“考古”的对象。想起2009年元旦假期，项目答辩在即，我赶到深圳，和予敏一起对研究报告做最后的整理。夜里，每遇写得头晕脑胀，我都会站在新年酒店二十九楼的窗口边，俯望一城灯火——躲避在每扇窗后的，与车子一起流动的，想象着其中混杂的欲望、挣扎、失落和梦想。酒店钢窗的隔音效果很好，屋里总是静静的。

2011年11月30日上海·景谷东路